2011年国家社会科学基金项目（11BJY027）

Research on Standard
Lock-in Effect and Anti-lock-in
Regulation in Technical Innovation

技术创新中的标准锁定效应及反锁定规制研究

陶爱萍 / 著

中国财经出版传媒集团

经济科学出版社
Economic Science Press

图书在版编目（CIP）数据

技术创新中的标准锁定效应及反锁定规制研究／陶爱萍著.
—北京：经济科学出版社，2016. 12
ISBN 978 – 7 – 5141 – 7612 – 4

Ⅰ. ①技… Ⅱ. ①陶… Ⅲ. ①技术革新 – 技术标准 – 研究
Ⅳ. ①F062. 4

中国版本图书馆 CIP 数据核字（2016）第 305584 号

责任编辑：凌　敏　程辛宁
责任校对：杨晓莹
责任印制：李　鹏

技术创新中的标准锁定效应及反锁定规制研究
陶爱萍　著
经济科学出版社出版、发行　新华书店经销
社址：北京市海淀区阜成路甲 28 号　邮编：100142
教材分社电话：010 – 88191343　发行部电话：010 – 88191522
网址：www. esp. com. cn
电子邮箱：lingmin@ eps. com. cn
天猫网店：经济科学出版社旗舰店
网址：http://jjkxcbs. tmall. com
北京密兴印刷有限公司印装
710 × 1000　16 开　16.5 印张　250000 字
2016 年 12 月第 1 版　2016 年 12 月第 1 次印刷
ISBN 978 – 7 – 5141 – 7612 – 4　定价：48.00 元
（图书出现印装问题，本社负责调换。电话：010 – 88191510）
（版权所有　侵权必究　举报电话：010 – 88191586
电子邮箱：dbts@esp. com. cn）

前 言

伴随着事实标准对公共标准主导地位的替代及技术标准私有化属性的增强，技术标准锁定现象越来越普遍，其对技术创新的负面影响及由此而产生的非效率问题也日益凸显。但综观现有的国内外文献，研究成果多集中于对技术创新中锁定的成因和作用机制的研究，对技术创新中标准锁定强度的测度以及发达国家的标准锁定对发展中国家技术创新的负面影响则很少涉及，而对反技术标准锁定规制的研究更是基本处于空白状态。本书不仅对技术创新中技术标准的锁定强度进行测度、分级和评价研究，而且运用微观规制理论和市场失灵理论研究反技术标准锁定的规制问题，丰富了技术经济学、标准经济学和微观规制经济学的相关内容，具有重要的理论价值。发达国家的技术标准锁定使我国技术引进活动陷入低水平重复引进恶性循环、技术创新活动处于"后来者劣势"，本书应对发达国家技术标准锁定策略体系的构建对我国应对和突破发达国家技术标准锁定、促进创新型国家建设有指导意义。

本书的特色之一是通过理论梳理和理论创新，构建了一个具有创新性和前瞻性的技术标准锁定与反技术标准锁定的研究框架，其主要内容和重要观点如下：（1）技术标准锁定的影响因素和形成机制研究。技术标准锁定有顺向技术标准锁定和逆向技术标准锁定、内生技术标准锁定和外生技术标准锁定之分，虽然不同类型的技术标准锁定，影响其形成的主要因素有差别，它们的形成机理也各具特色，但在其形成过程中都离不开网络效应、转换成本、异质性等因素的作用，且都涉及技术标准拥有者、非技术标准拥有者和用户三个主体，是三方行为选择和博弈的结果。技术标准的网络效应越大，转向其他技术标准的成本越高，越有利于形成锁定；异质性是技术标准锁定得以形成和维持的基础，标准锁定源于异质性的专有知识和特质技术，标准的持续性取决于其技术被模仿和替代的难易程度。技术标准拥有者是导致技术标准锁定形成的主动方；非标准拥有者和用户主观上没有意愿促进技术标准锁定的形成，但在面临众多技术标准时的抉择行为在客观上助推了技术标准锁定的形成。（2）技术创新中技术标准锁定强度的测度与评价研究。技术标准锁定既有阻碍技术创新的作用，又有促进技术创新的作用，何种作用占据优势取决于技术标准锁定的程度及其属性，当技术标准锁定程度很深或技术标准锁定次优技术时，技术标准锁定对技术创新的负效应会超越正效应。技术标准锁定的效应具体表现为激励效应、壁垒效应、竞争效应和规模经济效应等，技术标准锁定的负效应会随着技术标准锁定的强度增加而增加，因此有必要测度技术标准锁定的强度。鉴于技术标准本身属性及其供给者、需求者和外部力量是影响技术标准锁定的四大方面因素，合理、科学的技术标准锁定强度测度指标体系必须立足于技术标准本身、技术标准供给者、技术标准需求者以及影响技术标准锁定的外部力量四大层面，并以此为一级指标构建相应的指标体系，综合运用专家权重信息合成法、专家打分法以及调查问卷等研究方法，赋予指标体系中一级指标和二级指标一定的权重，同时对三级指标进行分值化，选择 Windows 电脑操作系统和 Android 智能手机操作系统实证检验技术标准锁定强度测度指标体系的有效性。（3）技术标准锁定与技术创新中的市场失灵研究。技术创新投入要素及其成果的特殊性使得技术创新中普遍存在市场失灵；技术标准锁定不仅本身是市场失灵的一种表现，同时技术标准锁定通过作用于技术创新中的其他市场失灵现象影响技术创新，技术标准锁定或缓解或加剧技术创新中的市场失灵，也可改变技术创新中市场失灵的作用方式。技术标准锁定与技术创新中市场失灵的相关关系为反技术标准锁定规制及其机制设计提供理论依据。（4）技术标准锁定的非效率及其规制机制研究。技术标准锁定与技术垄断作为知识经济时代的两种现象，共同的技术内涵使技术标准锁定与技术垄断既具有一定的相关性，又有差异性。当处于锁定地位的技术标准所含的主导技术为处于垄断地位的专利技术时，技术标准锁定和技术垄断就交织在一起。垄断技术的所有者可以挟技术标准获得更多的利益，并借助技术标准锁定强化垄断技术的市场控制力和影响力；而技术标准锁定则可以借助技术垄断的影响力进一步扩大用户规模和网络效应，从而锁定程度加深。技术标准锁定是通向技术垄断的路径之一，技术标准锁定可以强化技术垄断；但技术垄断未必能导致技术标准锁定，技术垄断导致技术标准锁定的前提是垄断技术能够标准化。技术标准锁定除了作用于技术创新中的市场失灵以外，还会导致一系列的非效率问题。技术标准锁定与技术垄断两者的相关性使得反技术标准锁定规制可以借鉴反垄断规制的理论成果和实践经验；两者的差异性又要求反技术标准锁定规制必须在规制内容、规制方式等方面进行重构，并需要针对用户选择粘滞、技术演化失灵、技术竞争弱化、技术创新惰性等非效率问题设计相应的代际标准补偿机制、技术演进牵引机制、技术竞争激励机制、创新惰性突破机制等规制机制。

　　本书的特色之二是通过典型案例选取和案例分析，佐证和检验理论研究的重要结论，其研究内容和重要观点体现在：（1）通过分析数字电视和移动通信领域主要技术标准的特点和优势，说明这些标准在竞争中难以完全相互替代，从而导致多标准并存以致难以形成技术标准锁定；通过选择 Windows 电脑操作系统以及 QWERTY 键盘的锁定两个案例，分析两个案例中导致技术标准锁定的主要原因以及反标准锁定难以成功的主要因素；通过梳理智能手机操作系统中 Symbian 系统的标准锁定、Android、iOS 和 Symbian 系统间的标准竞争及 Symbian 系统的锁定被突破，分析导致 Android 和 iOS 系统反 Symbian 系统锁定成功的主要原因，以及未来手机操作系统的可能趋势。（2）以 Windows 电脑操作系统和 Android 智能手机操作系统为例，实证检验技术标准锁定强度测度指标体系的合理性和有效性。

　　本书的特色之三是针对我国技术创新现状以及发达国家技术标准锁定下我国技术创新和技术标准研发的困境，在对后发大国突破发达国家技术标准锁定可能性进行实证研究的基础上，就我国应对和突破发达国家的技术标准锁定提出了一系列有针对、可操作的对策建议。主要包括：（1）选择正确的技术创新策略。我国要想突破发达国家的技术标准锁定，自主创新、革命式创新、异质创新、系统创新等创新模式是必然的选择。但鉴于影响技术创新成功的因素是多方面的，我国在选择合适的技术创新模式的同时，还必须选择适宜的技术创新策略，降低技术创新的风险，助推技术创新的成功。如在依靠单个经济主体难以获得创新成功的情况下，可以组织多个主体结成联盟进行合作创新，发挥单个主体在组件创新上的优势，进行组件创新，最终形成合力实现系统创新。(2) 制定科学的技术标准化战略。我国应注重培养企业及其他创新主体的技术标准化意识，重视技术标准化建设。要根据技术创新及技术标准化竞争现状，采取标准争夺与标准跟进相结合的标准化战略，对于拥有自主知识产权的优势核心技术，可以实行标准争夺的标准化战略，参与制定国际标准及区域性标准，控制与争夺国际标准的制高点；对于自主研发的但不具有明显竞争优势的行业新兴技术，要一边跟进国际标准的发展，一边寻找机会推动国内技术国际标准化。(3) 实施合理的标准竞争策略。根据标准竞争的特征及其影响因素，我国企业可采取以下策略：首先，设定恰当的竞争目标，企业设定标准竞争目标的原则是既有利于企业在标准战中获胜，又能在竞争结束后为企业带来最大的回报；其次，选择合适的进入时机，抢先进入市场虽有利于建立产品或技术的安装基础、促进互补产品或技术的供应，但抢先进入市场的产品或技术也可能成为市场的"试验品"，企业在选择进入时机时是否采用先动策略要视具体情况来确定；最后，合理的组织安排。合理的组织安排支持企业赢得标准竞争，与利益相关者结成联盟，是标准竞争中厂商最常用的组织策略。(4) 发挥大国效应策略。在标准竞争中，大国效应表现为大国影响国际标准竞争的能力，有着大型市场规模、经济规模或人口规模的国家其规模效应及由此生成的其他效应都比较大，从而可以左右国际标准竞争的格局。我国无论是从人口规模、国内生产总值、消费支出还是从进出口贸易额方面来说，都是当之无愧的大国，在标准竞争中我国应充分地利用国家的规模优势，增强我国在国际标准制定中的话语权和国际标准竞争中的竞争力。

目　　录

第一章 技术创新中标准锁定及反锁定规制的理论基础

标准的起源可以追溯到人类社会农耕文明时代，如书同文、车同轨等。真正现代意义上的技术标准是机器大工业生产的产物，近代工业革命对生产力变革和科技发展的影响促进了市场竞争的加剧，对标准化的需要日益增加。知识经济和网络时代的到来，计算机技术和互联网技术的发展，使得世界范围内的技术标准竞争越来越激烈，技术标准和技术规范在经济生活中的作用日益显现。"三流企业卖苦力，二流企业卖产品，一流企业卖专利，超一流企业卖标准"。标准在市场竞争中的重要性已经成为各主权国家、各经济主体的普遍共识，技术标准已经成为一个国家（或地区）保持技术优势、提升综合竞争力的重要工具。技术标准竞争成为继产品竞争、技术竞争之后又一重要的国际竞争制高点，赢得了标准就意味着赢得了市场，正所谓"得标准者得天下"（陶爱萍，2009）。谁率先制定技术标准，谁就能在市场竞争中占据主导地位，甚至是把握控制权，从而获取最多的利润与最大的经济利益（王道平、方放、曾德明，2007）。为此，发达国家千方百计地争取和维持在国际标准制定和国际标准竞争中的主导权和控制权；发展中国家努力争取和获得在国际标准制定和国际标准竞争中的参与权和发言权。

第一节 技术创新与技术标准

在全球化和网络化为主旋律的当今时代，技术标准已成为技术创新的目标和专利技术追求的最高形式。技术创新和科技进步是技术标准出现以及发展的前提；同时，技术标准属性的不断演变以及各主体采取不同的技术标准战略又会对技术创新和科技进步产生不同的影响，技术标准的竞争能力和水平已经成为评估一国或地区技术创新能力和科技竞争力的重要依据。

一、技术标准的含义和分类

（一）标准和技术标准

理解技术标准的含义需要从理解标准入手。尽管从技术范畴和经济范畴来看标准通常即指技术标准，但标准作为一种规范、规则，其含义要广于技术标准。1983年7月，国际标准化组织第2号指南把标准定义为由有关各方根据科学技术成就与先进经验，共同合作起草，一致或基本上同意的技术规范性文件或其他公开文件，其目的在于促进最佳的公众利益，并由标准化团体批准（张志欣、杨彬，1996）。同年11月，我国国家标准局颁发的GB3935.1-83文件《标准化基本术语第一部分》中认定标准是对重复性事物和概念所做的统一规定，它以科学、技术和实践经验的综合成果为基础，经有关方面协商一致，由主管部门批准，以特定形式发布，作为共同遵守的准则和依据（李春田，2003）。1991年ISO/IEC联合发布的第2号指南《标准化与相关活动的基本术语及其定义》第六版中对标准所下的定义是标准是由一个公认的机构制定和批准的文件。它对活动或活动的结果规定了规则、导则或特性值，供共同和重复使用，以实现在预定领域内最佳秩序的效益（洪生伟，1996）。可见，标准作为调节社会秩序的规范，可以起到规范人类行为的作用，使每个人的行为都尽量符合客观自然规律与技术法则，标准存在的意义就是使得社会发展的技术秩序得到维护（李春田，2003）。

根据标准规范的对象和所涉及的内容，标准可以分为基础标准、产品标准、方法标准、安全标准、卫生标准、环境标准、技术标准等（李春田，1995）。基础标准是以标准化对象的某些共性要求为对象所制定的标准；产品标准是以产品及其组成要素为对象，对产品的规格、质量等必须达到的某些或全部要求所制定的标准；方法标准是以生产技术和组织管理工作中的最佳方法、程序和规则为对象所制定的标准；安全标准是为保护人和物的安全性而制定的标准，一般均为强制性标准，由国家通过法律或法令形式规定强制执行；卫生标准是为保障各类人群健康，对生产、生活环境中化学的、物理的以及生物的等方面有害因素的卫生学容许限量值，即最高容许浓度；环境标准是为防止环境污染，维护生态平衡，保护人群健康而规定环境中污染物的允许含量和污染源排放污染物的数量、浓度、时间和速度以及监测方法和其他有关技术规范。

技术标准是指技术意义上的标准，是标准在技术领域的应用。从本质上来说，技术标准是重复的技术事项在一定范围内的统一的规定。对于技术标准的界定，国际标准化组织（ISO）的定义为：技术标准是一种或一系列具有一定强制性要求或指导性功能，内容含有细节技术要求和有关技术方案的文件，其目的是让相关的产品或服务达到一定的安全要求或进入市场的要求；《企业标准体系　技术标准体系》（GB/T15497–2003）对技术标准的定义为"对标准化领域中需要协调统一的技术事项所制定的标准"；欧盟将技术标准定义为：一种与产品或服务相关并得到大多数生产商和用户承认的技术规范体系。学者们对技术标准的界定也是见仁见智，张公绪、孙静（2005）在《质量工程师手册》中将技术标准定义为：技术标准是对技术活动中需要统一协调的事物制定的标准，是企业进行生产技术活动的基本依据。葛亚力（2003）认为，技术标准是对企业生产产品、提供服务所使用技术方法、方案、路线的一种约束，限定企业按照法定的（可选择的）技术方法、方案、路线提供达到一定性能指标的产品的文件。郑成思（2005）认为技术标准的实质就是对一个或几个生产技术设立的必须要符合要求的条件以及能达到此标准的实施技术。赓金州、赵树宽、鞠国华（2012）认为，技术标准是一种在产业中具有一定市场主导地位的模型、规范或设计。鉴于技术标准与技术的紧密相关性，梅丽莎·A. 希林（Melissa A. Schilling，1999）直接将技术标准定义为"市场中占据着市场优势地位的技术或产品"；英国 Sussex 大学科技政策研究所（SPRU）经济学教授 Richard Hawkins 等（1995）将技术标准定义为：技术标准是技术的物理和运行特征中可进行比较的外部联结点。Economides（1996）认为标准是对技术活动中需要统一协调的事物制定的准则，是企业进行生产技术活动的基本依据。Gregory Tassey（2000）指出技术标准是产业范围内所有产品、生产过程、规格或程序的所有要素必须遵守的一套规范。

（二）技术标准的分类

技术标准是一个复杂的技术系统，具有不同的类型。David 和 Greenstein（1990）将标准分为无发起人标准、有发起人标准、自愿联盟标准和政府强制性标准；David（1987）和 Swann（2000）根据标准所有解决的经济问题把标准分为兼容性/接口标准、最低限度质量/安全标准、品种简化标准和信息测试标准（朱建秋，2007）。在技术经济学和标准经济学中，学者们基于不同的维度和视角对技术标准进行了分类。如根据标准使用的地域范围，技术标准分为国际标准、区域标准、国家标准、地方标准、行业标准和企业标准；根据形成的路径，技术标准分为法定标准和事实标准；按照标准与产品形成的前后顺序，技术标准可以划分为前导型标准和后追型标准；根据参与设定标准主体的数量，技术标准可以分为独占标准和联盟标准；根据实施的强制程度，技术标准分为强制性标准、试行性标准和推荐性标准；根据开放的程度，技术标准分为开放性标准和封闭性标准；按照所有权，技术标准分为专属标准和非专属标准；等等（陶爱萍，2009）。下面重点介绍几种主要的技术标准：

1. 国际标准、区域标准、国家标准、地方标准、行业标准与企业标准

国际标准适用于全球范围的标准，主要包括由 ISO、IEC、ITU 等国际标准化组织所制定的标准以及由国际标准化组织公开发布的由其他国际组织或国家制定的被世界绝大多数国家采纳和认可的标准；区域标准是由某一地区的区域标准化组织制定并公布的标准，目前欧盟标准是影响最大的区域性标准；在一个国家境内实行的标准即国家标准，由国家标准化机构通过并公开发布；地方标准是在国家的某个行政区域内，由一国地方部门制定并公开的标准；行业标准是指行业团体或机构、专业学会等非官方组织或政府主管部门批准、发布在行业范围内统一实施的标准；企业标准是指由企业单位自行制定、发布的标准，用以规范企业范围内需要统一协调的事项，有的也称公司标准。

2. 法定标准和事实标准

法定标准是由政府标准化组织、政府授权的标准化组织或国际标准化组织建立的标准。法定标准是程序化的标准，法定标准的设立通常需要遵循一定的标准设定程序，原则上要得到参与标准设立的各利益团体的一致认可方能通过，因而法定标准的制定程序相对复杂、滞后，历时较长（陶爱萍，2009）。事实标准是由处于技术领先地位的企业或企业集团制定、为市场实际接纳的技术标准，是由单个企业或少数企业组成的联盟建立的标准。事实标准的制定无须经过标准制定机构的批准，也无须遵循一定的标准设定程序，事实标准是在用户普遍认可的基础上形成的，是市场筛选的结果，如 QWER-TY 键盘和 Windows 操作系统（陶爱萍，2009）。相较于法定标准，事实标准的制定具有更大的灵活性，所经历的时间较短，更能够适应全球化和网络经济时代快速多变的技术发展需要。

3. 独占标准和联盟标准

法定标准具有公共产品或准公共产品属性，无所谓独占标准和联盟标准的划分。事实标准按照参与设定标准的经济主体数量的多少，可以分为独占标准和联盟标准。独占标准是单个经济主体利用其市场优势地位推广形成的标准，典型的事例，如 Intel 公司的微处理器标准，独占标准设立的前提是该标准提供者实力雄厚，具备优势技术或独特的核心技术；然而在技术复杂多变的高新技术时代，很多情况下单个经济主体很难独自研制和掌握优势技术和核心技术，通常是几个实力相当的研发主体在市场上展开角逐，高下难分，于是为了共同的利益它们进行磋商和协调，联合向市场推出技术标准，即联盟标准（闫涛，2008）。通常情况下，独占标准的使用者、管理者和所有者三者统一；联盟标准则表现为管理者、使用者和所有者在一定程度上的分离。

4. 前导型标准和后追型标准

若产品的标准调研与市场调研同步进行，（试行）标准在产品设计开发前被提出，由（试行）标准指导产品设计，在设计阶段结束时，经修改而完善的技术标准称为前导型技术标准；若在产品完成设计开发，通过产品鉴定和小批试生产，再投入大量生产，这时颁布并实施的标准称为后追型技术标准（李春田，2000）。由此可见，前导型技术标准与后追型技术标准划分的主要依据在于技术标准颁布或实施是否先于产品开发设计，如果技术标准先于产品开发设计提出，则为前导型技术标准；相应地，如果技术标准在产品开发设计之后才实施则为后追型技术标准。法定技术标准在通常情况下属于前导型技术标准；事实技术标准则在多数情况下属于后追型技术标准。

5. 开放标准和封闭标准

开放标准是指标准可以对拥有者之外的成员授权、许可和开放。如我国企业主导制定的闪联技术标准就是一种开放式的技术联盟标准，它的发起企业包括联想集团、TCL集团、康佳集团、海信集团、创维集团和长城计算机集团，闪联技术标准不但吸收整合国内资源，同时积极寻求外国资源，双管齐下，同步并举，使得闪联技术标准的全球竞争力得到大大提高。封闭标准是指不对标准拥有者之外的成员授权、许可和开放的标准。一般情况下，很少有绝对意义上的完全开放标准和完全封闭标准，标准拥有者都是在部分开放标准和部分封闭标准之间进行权衡，进而确定一个适度的开放度，以最大化从技术标准中获得的价值。

6. 专属标准和非专属标准

从主体来看，专属技术标准是指所有权属于单个企业或者企业集团的技术标准，专属技术标准具有私有产权属性；非专属标准是指所有权不属于某个企业或某企业集团的技术标准，非专属标准具有公共产品或准公共产品属性。从涉及行业来看，专属技术标准是指具有鲜明行业特色并仅适用于某一行业或某几个具有相似特征行业的技术标准；非专属技术标准是指没有行业特色而普适于所有行业的开放性技术标准。法定标准大多具有开放性，不独属于某一国家、地区或某一经济主体，是非专属性的公共标准，如GSM标准、WCDMA标准；而独占事实标准则是专属性的，由某一国家、地区或某一经济主体拥有全部的知识产权；联盟事实标准是由若干利益主体共同拥有标准的全部知识产权，这一标准虽不为联盟内的某一成员所独占但其中的每一联盟成员对该标准都有一定的控制权（陶爱萍，2009）。非专属标准和专属标准的划分是相对于所有权主体范围而言的，这种划分有时是针对区域的，有时是针对国家的，有时是针对产业或企业的。所有权主体不同，标准的属性会不一样，如一个产业的专属标准对于该产业内的企业来说却是非专属标准。

7. 兼容性与接口标准、最低限度质量与安全标准、品种简化标准和信息与测试标准

兼容性与接口标准指按行业惯例或协议规定的，为保证不同企业产品能够协同工作，使产品之间能够互相发送和接受信息的产品技术规格；最低限度质量与安全标准是指为保证在市场上流通的产品最起码应达到质量和安全标准的最低要求，而制定强制性的外部规定来保护市场的交易安全，这个质量和安全标准的最低要求就是最低限度质量和安全标准；品种简化标准是指将产品限定在一定范围之内，或者限定产品的型号、质量等此类特性参数数值功能的标准；信息与测试标准主要指的是在科学技术领域，描述、量化和评价产品特征的出版物、电子数据、术语以及测试测量方法等形式的技术规范。

二、技术创新的内涵与主要模式

（一）技术创新的内涵

1912年熊彼特（J. A. Schumpeter）在其著作《经济发展理论》一书中首次提出了"创新"的概念，并认为创新就是"建立一种新的生产函数"，把一种从来没过的关于生产要素和生产条件的"新组合"引入生产体系。20世纪50年代以来，第三次科技革命推动了科学技术的迅猛发展，巨大的技术变革和技术创新使得对技术创新规律及其经济影响的研究成为经济研究的重大问题。1951年索洛（S. C. Solow）对技术创新理论进行了比较全面的研究，在《在资本化过程中的创新：对熊彼特理论的评价》一文中，索洛首次提出了技术创新成立的两个条件，即新思想来源和后阶段的实现发展（刘利勇，2007），索洛的"两步论"被认为是技术创新概念界定研究上的一个里程碑，索洛注重技术创新的"来源"和"实现"，把技术创新看作是一个动态的过程。美国经济学家埃德温·曼斯菲尔德（Edwin Mansfield）从产品创新的角度，指出技术创新是第一次引进新产品或新工艺所包含的技术、设计、生产、财务、管理和市场的全部过程（王庆，2009）。泽特（Soete，1997）认为经济学意义的技术创新是指包括新产品、新工艺、新系统和新装备等形式在内的技术向商业化实现的首次转化。厄特巴克（J. M. Utterback）指出，与发明或技术样品相区别，创新就是技术的实际应用或首次使用（张建辉、郝艳芳，2010）。弗里曼（C. Freeman）将创新定义为将制造品引入市场，新技术工艺投入实际应用的技术的、工艺的及商业的首次应用（王庆，2009）。20 世纪80 年代，罗默（Romer, 1986）提出的新经济增长理论，认为技术创新是技术与经济和社会的有机结合。罗默明确提出，新技术是经济的内在要素，经济增长包含着技术创新的基本过程，技术进步是经济增长的内生变量。

我国许多学者也对技术创新的概念进行了深入研究。傅家骥（1998）在《技术创新学》一书中将技术创新定义为：技术创新就是企业家抓住市场的潜在盈利机会，以获取商业利益为目标，重新组织生产条件和要素，建立起效能更强、效率更高和费用更低的生产经营系统，从而推出新的产品、新的生产（工艺）方法，开辟新的市场，获得新的原材料或半成品供给来源或建立企业的新的组织，它是包括科技、组织、商业和金融等一系列活动的综合过程。许庆瑞（2000）认为，技术创新泛指一种新的思想的形成、得到利用并生产出满足市场用户需要的产品的整个过程；广义而论，它不仅包括一项技术创新成果本身，而且包括成果的推广、扩散和应用过程。1999 年陈昌曙也提出，必须把技术创新看作是科技成果向直接生产力转化的社会化过程（陈国玉，2008）。李春田（2003）认为技术创新是指一系列活动的过程，这个过程包括从一个新的技术思想的形成，到研究、开发、制造直到第一次商业应用等一系列技术经济活动。

因此，技术创新可以用等式简单化为：技术创新 = 发明 + 开发 + 商业化，即技术创新包括研究、发展、试制、生产制造再到首次商业化的过程，在技术创新过程中通常有新思想的产生。狭义的技术创新，始于企业的研究开发而终于市场实现；而广义的技术创新，则始于发明创造而终于技术扩散（王庆，2009）。

（二）技术创新的主要模式

技术创新的过程牵涉到许多因素，技术创新结构和驱动力上的差异及其因素组合与配置的方式构成了技术创新的不同类型。从技术创新方法角度，技术创新可以分为独立创新、引进模仿创新和合作创新；从技术创新强度角度，技术创新可以分为渐进式创新和革命式创新；从技术创新成果的重叠度角度，可以分为同质创新和异质创新；从技术创新动力源角度，可以分为技术推动创新、需求拉动创新以及两者的组合（技术推动模式、需求拉动模式）；从技术创新的覆盖面角度，可以分为系统创新和组件创新；等等。

1. 独立创新、引进模仿创新和合作创新

独立创新是指创新主体依靠内部力量进行独立研发，获取新的技术成果，同时通过内部渠道实现成果的试制、生产直至商业化。独立创新的各种创意来自创新主体内部，因而其创新成果具有原创性，创新主体在一定时期内对某项生产工艺或者某款产品的核心技术有着控制和垄断的权利，从而形成核心竞争力；但是这种创新模式对于研发资金投入、人员投入的要求较高，同时研发的风险也较高，成功面临较大的不确定性，因此独立创新最能体现技术创新的高收益、高投入、高风险特征。

引进模仿创新是指对引进的技术进行消化、吸收和再创新的过程。引进模仿再创新是许多国家或地区尤其是技术后进国家或地区普遍采用的技术创新模式，一些国家或地区也因此获得了巨大的成功，如韩国、日本等。技术的引进、模仿并非简单的复制和照搬照用，而是在此基础上结合自身的资源优势和技术需求，追加研发投入，进行完善和超越式的再创新，使引进的技术能够用得其所，并在条件具备时推动后发优势的实现，实现技术后来者居上。相较于独立创新模式，这种创新模式投入较低，市场风险也较低，而成功率却较高。但是如果模仿程度超过再创新程度，技术引进者也会陷入持续的从属地位，此时技术引进者不仅不能实现后发优势，而且还可能会陷入引进和追随技术领先者的"技术模仿陷阱"。更有甚者，技术的原始创新者往往会设置技术壁垒、市场壁垒、专利壁垒等，以限制和阻碍引进技术的使用和发展。

合作创新实质上是一种联合创新行为，是多个创新主体通过建立合作关系共同进行技术创新，具有风险共担、利益共享的特点。根据参与合作的创新主体是否处在同一产业链内，合作创新可以分为链内合作创新和链外合作创新，前者是指所有参与合作创新的主体都处在同一产业链内；后者是指合作创新的参与者处在不同的产业链中，或者是产业链内的企业与链外的高校、科研院所等的合作。链内合作创新根据合作的企业是否处于同一链环又可以分成"链合创新"（linkage innovation）和"竞合创新"（co-option innovation），链合创新是指处于同一产业链中不同环节企业之间的合作，共同进行技术研发和新产品、新工艺开发；竞合创新是处于同一产业链中相同环节的具有竞争关系的企业之间的合作，双方在实现优势互补的基础上进行技术研发合作或其他合作创新（陶爱萍、张丹丹、刘志迎，2013）。在科学技术发展迅猛，日新月异的背景下，技术的复杂性、系统性日益突出，单个创新主体越来越难以承担和应对技术创新复杂多变的新形势，合作创新因其成本和风险的共担特征而愈发受到欢迎。

2. 渐进式创新和革命式创新

英国苏赛克斯大学的科学政策研究所（Science Policy Research Unit, SP-RU）将创新分为渐进性创新、根本性创新、技术系统的变革和技术－经济范式的变革；Christensen（1997）将创新分为维持性创新和颠覆性创新；薛红志（2006）基于技术和市场两个维度将技术创新分成四种类型：渐进性创新、市场突破型创新、技术突破型创新和突破性创新。尽管上述三种分类有差异，表述上也有区别，但从本质上来说都包含了渐进式创新和革命式创新的划分。

渐进式创新是指顺沿原有的技术发展路径进行的渐进的、连续的小创新，是对当前技术的小修小补式创新，它或是改善了当前技术的性能，或是为当前技术提供了新特色。从对原有技术演进轨道的维持来看，渐进式创新是维持性的顺轨创新。例如，康柏公司（Compaq）早期采用 Intel 的 32 位 386 微处理器来代替 16 位 286 微处理器，就是一项维持性渐进创新（刘志迎，2014）；微软公司的 Windows 操作系统从 Windows 95、Windows 98，到 Windows 2000、Windows 2003，再到 Windows 2007、Windows XP、Windows 7、Windows 8 以及最新的 Windows 10 等，一路走来，不断更新换代，就是一项升级式的渐进创新。渐进式创新的优势是投入低、风险低，在当前技术处于领先地位的情况下，如果渐进式创新的步伐能够至少同步于整个社会技术进步的步伐，则渐进式创新是一种有效的技术创新模式，渐进式创新可以维持技术的领先地位；在当前技术为非领先技术的情况下，渐进式创新是一种无效率的技术创新模式，渐进式创新不仅不能使当前技术实现技术赶超，而且还可能使当前技术处于低端锁定状态。

革命式创新是改变原有技术发展路径的激进的、不连续的大创新，是对当前技术颠覆性的毁灭式创新。革命式创新既包含对当前技术的毁灭，又包含对新技术的创造，是一种替代性的变轨创新，它在突破原有技术演进轨道的同时带来观念上的根本创新和技术上的重大变革。革命式创新不是为满足已知的市场需求，而是要创造一种尚未被认知的市场需求，创新成果面临的市场不确定性和风险程度较高，投入也会随着其创新力度的增加而提高，创造性毁灭的程度越大，创新的力度越大；创造性毁灭的进程越快，创新的速度越快，投入越大。

3. 同质创新和异质创新

同质创新和异质创新主要是基于技术创新的成果（主要表现为技术）是同质还是异质来划分的，而技术的差异化可以通过其非重叠程度来度量。同质创新和异质创新既可以发生在不同创新主体之间，也可以发生在同一创新主体身上。当不同创新主体研发技术的重叠和相似程度很高时，他们进行的技术创新就是具有竞争关系的同质技术创新，这种创新虽具有竞争激励效应，但也可能因为重复创新而导致资源的浪费；当不同创新主体的研发成果含有专有知识和特质内核时，他们进行的技术创新就是不具有替代关系或替代关系较弱的异质技术创新，这种技术创新成果具有难以模仿性，因而容易形成市场控制力甚至是垄断力。如果同一创新主体研发的技术与其当前技术兼容，则其进行的技术创新在很大程度上是具有渐进替代关系的同质技术创新；如果同一创新主体研发的技术与其当前技术不兼容，则其进行的技术创新是具有一定差异化程度的异质技术创新。

4. 技术推动创新和需求拉动创新

理论界将技术创新的动因归为技术推动和需求拉动（Nelson R. R.，1959；Scherer F. M.，1986）。技术推动型创新理论认为技术创新的动力来自技术系统内部，即内源式创新，技术创新是技术发展的推动作用产生的，科学技术上的重大突破是驱使技术创新产生和开展的根本原因高小珣（2011）。如历次工业革命及其中的一系列技术革新就是技术进步驱动的结果，以第一次工业革命为例，1733 年约翰·凯伊（John Kay）发明的飞梭大大提高了织布的速度，使得纺纱的速度落后于织布，推动了纺纱技术的革新，于是哈格里夫斯（Hargreaves）发明的珍妮纺纱机（1764年）、塞缪尔·克隆普顿（Samuel Crompton）发明的骡机（1779年）先后问世，使织布的能力落后于纺纱，推动了织布技术的革新，1785年卡特莱特（Cartwright）发明了水力推动的卧式自动织布机，使得织布机与纺纱机的矛盾暂时得到解决。但是工作机的不断革新使工作机与动力机的矛盾不断加深，由此驱动了动力机的革新，1785年瓦特（Watt）发明了蒸汽机。

需求拉动理论认为技术创新是技术系统外的市场需求拉动的结果，即外推型创新，技术创新的出发点和归宿是市场需求，市场对技术提出了明确的要求，通过技术创新活动，创造出适合这一需求的技术（Schmookler J.，1966），需求拉动技术创新说得到不少学者的支持，例如，Schmookler J.（1966）研究表明投资变化领先于专利变化，而投资变化是由于市场需求变化引起的，因此在技术创新上，需求拉动因素要先于技术的推动因素；Roberts（1999）经统计发现78%的创新是由需求因素引起的。

5. 系统创新和组件创新

Kano（2000）和Teece（1996）将技术创新分类为系统创新和独立创新。系统创新（systemic innovation）是指每隔一定的时间整个系统框架将通过标准化过程进行创新，由连续的标准换代完成。独立创新（stand-alone innovation）是指竞争者在一个整体的系统标准框架下展开独立和不间断的创新（王道平、方放、曾德明，2007），如果这种独立和不间断的创新只是针对某个具体的组件，即为组件创新。因此，系统创新是整个技术系统发生重大跃迁和质变的创新，它会带来技术的突破性演进；组件创新是对技术系统的一部分组件或技术要素进行的创新，具有风险小、见效快的特征，但一般很难使整个技术系统发生实质性的飞跃。

三、技术标准与技术创新的关系

技术标准的基础是技术，技术创新是建立技术标准的重要因素，同时，技术标准又是技术积累和提高创新效率的平台，技术标准与技术创新之间存在复杂且动态的关系（Dunphy，Herbig & Howes，1996；Allen & Sriram，2000）。技术标准内生存在于技术中，是一个社会对技术编码（code）的方式。每个时代都存在着自己的技术标准，各个时代的技术标准都将会是最为文化接受并且最适宜当时技术水平的标准（毛丰付，2007）。技术是技术标准赖以建立的前提和基础，技术创新和技术进步促进了技术标准的形成和发展，技术创新的速度和技术创新的成果形式决定了技术标准更替升级的速率和技术标准的属性。技术标准的出现对技术创新起到了"双刃剑"的作用（Allen & Sriram，2000）。一方面，技术标准可以为技术创新提供平台和技术基础，引导技术创新的方向，规范技术创新的秩序，降低技术创新的成本，避免技术创新的过于分散化和无序化；另一方面，技术创新的路径在一定程度上会受到技术标准的限制，妨碍技术创新的多样化，阻挠技术的更新换代和技术创新成果的扩散（陶爱萍、沙文兵，2009）。

（一）技术创新对技术标准的影响

1. 技术创新是技术标准形成和发展的基础

技术标准的制定是以该领域不断更新的科学技术为依托，技术标准是由一系列的技术组成的，技术创新是技术产生的手段和源泉，技术创新为技术标准的形成提供了技术基础，技术的持续创新是技术标准赖以确立和发展的基础。没有技术，技术标准就失去了存在的基础；没有技术创新，技术标准就会停滞不前，技术进步是技术标准演进和替代的根本原因。标准化，尤其是国际水平的标准化，通常是围绕着一项核心的技术建立一个联盟以取得标准竞争的胜利（Heejin Lee & Sangjo Oh，2006），技术标准竞争体现了技术创新能力的较量。技术创新水平的高低决定技术标准水平的高低，技术标准随着技术的发展而发展，技术创新是推动技术标准变革的主要动力之一，技术创新客观上要求技术标准作相应的调整和变化。

2. 技术创新的速度决定了技术标准的更替频率

技术标准的技术内涵决定了技术创新的速度制约技术标准的更替频率。随着社会经济的飞速发展和科学技术的突飞猛进，技术创新的速度越来越快，技术从孕育诞生、成长、成熟到衰退的生命周期越来越短，技术标准更替的频率愈益频繁。农业经济时代，受生产力水平和技术工具的限制，技术创新速度缓慢，技术生命周期漫长，技术标准主要表现为由政府或者由政府授权的标准化组织制定的经济主体所遵循的一些技术指标，这些技术指标更新缓慢。工业经济时代，技术创新速度的加快使得技术的生命周期不断缩短，新技术不断涌现并替代旧技术，旧的技术标准不断受到新的技术标准的挑战，技术标准替代频率不断提高。后工业经济时代，知识经济与科技的全球化竞争使得技术创新的步伐空前加快，技术更替日益频繁，竞争优势正在从价格、品牌和技术向标准不断演化，不同技术之间的标准竞争把技术标准的更替频率推向制高点。

3. 技术创新成果的专利化改变了技术标准的性质

传统经济中，技术标准和专利几乎没有什么关联，作为技术规范的法定技术标准是一种公共产品，具有开放性、普遍适用性和公益性。但随着科研活动在生产过程中的深入，科研分工越来越细，生产过程中涉及的专利技术越来越多，"专利丛林"现象产生并日益普遍。无论是公共机构制定的法定技术标准还是在市场竞争中形成的事实技术标准，都难以绕开这种越来越密集的"专利丛林"。一方面，随着知识产权保护力度加大，专利申请数量急剧增加，技术创新的成果大量涌现并以专利的形式存在，专利技术几乎覆盖了生产的全过程，技术标准绕开专利技术越来越难，技术标准在形成过程中不得不被动吸纳专利技术；另一方面，标准竞争日益成为技术竞争的制高点，越来越多的专利技术通过市场竞争成为事实技术标准，技术标准和专利技术相互渗透并逐渐融合成为技术标准和技术发展的新趋势，技术标准中专利技术的渗入改变了技术标准的公共产品属性，技术标准的私有属性不断增强（陶爱萍、汤成成，2012）。私有技术标准作为技术标准与专利技术渗透融合的产物，兼顾了技术标准的公益性与专利技术的私利性，公益性通过技术标准的平台开放、标准中非专利技术的无偿使用来实现；私利性通过专利技术的有偿使用、标准中技术内核的封闭独占来体现。由此可见，现代经济中私有权属的事实技术标准在公益与私利、无偿与有偿、开放与独占之间进行抉择和权衡。

4. 技术创新的复杂性影响了技术标准的建立形式

由于技术创新众多的子系统和不确定性因素等，使得技术创新的复杂性不断提升。从技术本身看，技术创新的方式越来越多样化，创新的过程越来越复杂，多元化的技术创新主题、多变和动态的技术环境、网络化以及综合化的技术创新管理等都加剧了技术创新的复杂性。技术创新的复杂性也决定技术标准的建立形式越发多样，在传统的技术创新环境中，技术标准大多是由官方发起和制定，但是现在越来越多的事实标准正在形成。以前技术标准往往被一家技术创新能力较强的企业所垄断，但是随着技术创新的整体性、复杂性越来越高，技术标准往往由许多企业整合各自的知识产权和技术，在专利池的基础上形成技术标准联盟。以高新技术为例，由于高新技术产品的复杂性、集成性较强，一项高新技术或一种高新技术产品包含的专利较多，有的达成百上千项，这使围绕高新技术建立专利池特别是技术标准下的专利池，形成技术标准联盟成为技术标准发展的一个主要趋势。

（二）技术标准对技术创新的影响

技术标准是技术创新的"经济基础设施"之一，为技术创新提供基础和平台，技术标准影响技术创新及其扩散的进程。技术标准和技术创新之间既存在共生与互利的关系，又存在对立与阻碍的关系，技术标准对技术创新具有"双刃剑"作用。公共技术标准的公益性、无偿性、开放性使得其能够在一个广大的范围内发挥技术普及、技术推广作用，甚至可以惠及整个经济系统。具有普遍适用性的公共技术标准可以为研发主体提供创新平台，引导技术创新的方向，促进技术创新成果的扩散，但同时也会因为过强的外部经济性而使研发主体缺乏技术创新的动力。私有权属的技术标准会在权衡公益与私利、无偿与有偿、开放与独占的基础上作用于技术创新，下面分别讨论这两种属性的技术标准对技术创新的影响。

1. 公共技术标准对技术创新的影响

（1）技术标准的平台效应。技术标准作为公共的、规范的、可用的信息源，能够给技术创新提高基础平台，为新技术的产生提供基本的支撑，高度的开放性使很多创新主体可以受惠于技术标准。技术标准作为技术创新的平台，其效应主要表现在以下两个方面：第一，技术标准作为一种知识的媒介，为标准使用者提供了获得技术信息和产品信息的渠道，技术标准明确界定了产品或服务的信息，将生产过程中只能意会的知识变成了一种技术指令（熊红星，2006），有效地节约了标准使用者积累技术信息的时间和成本。第二，技术标准共享下的强大知识技术溢出效应使得每一个创新主体都可以利用现有标准提供的技术基础，从而避免了储备技术基础的重复劳动，节约了技术创新的成本，缩短了技术创新的周期。

（2）技术标准的导向效应。技术标准实际上是一种技术准则，符合这种准则的技术更容易被市场所接受，一旦某种技术被法定机构确定为行业标准，此种技术实际上就成为行业规范和行业准则，相关利益主体只能按照这一技术标准进行操作，或者沿着这种技术路径改进和完善相关技术。因而技术标准为技术创新设置了市场准入壁垒，限制了技术创新的方向和路径，迫使研发主体向符合技术标准的一方进行创新，避免技术研发活动过于分散，减少技术研发的无序性。无论是哪种类型的技术标准，都会在一定程度上限制和约束技术创新的方向和路径，如最低质量标准和安全标准，其关于产品或服务最低质量和安全方面的技术规定，影响着微观经济主体研发投资的方向（陶爱萍，2009），因为只有符合最低质量标准和安全标准的技术创新才能够被市场采纳，实现经济价值。技术标准对技术创新路径和方向的约束、限制体现了技术标准对技术创新的导向功能，技术标准框定了未来技术的开发趋向和发展轨道。

（3）技术标准的激励消解效应。研发主体只有在创新的私人收益高于创新的私人成本时才会有激励去从事技术创新活动，技术创新的私人收益越大、技术创新的私人成本越小，激励功能越强。但对于公共技术标准来说，公益性和外部性的存在使得公共技术标准的社会成本收益与私人成本收益常常是背离的，一方面，无偿使用性使得公共技术标准的使用者无须付费就可以免费使用标准所含技术；另一方面，开放共享性使得公共技术标准的提供者付出了研发成本却不能得到应有的收益回报。理性的单个经济主体在比较和权衡这两种成本收益不对等的情况以后，必然选择"搭便车"，即不进行技术创新是其占优选择，从而公共技术标准的提供者只能是社会公共机构，研发成本最终也只能由社会公共机构来承担。可见，技术标准的公共产权属性不仅不能对技术创新产生激励效应，而且无偿共享性还消解了技术标准收益对技术创新可能产生的激励效应，甚至会出现"搭便车"下的负激励效应。

2. 技术标准私有化对技术创新的影响

在市场竞争中形成的事实技术标准大多都包含着专利，加入专利以后的事实技术标准不再是纯粹意义上的公共产品、专利也不再是绝对意义上的私人产权。技术标准私有化通过权衡和缓解公共产品和私人产品的冲突作用于技术创新。

（1）公益与私利权衡对技术创新的影响。纳入专利的技术标准通过私权的介入增加私利性，减少公益性；上升为标准的专利技术通过公权的介入增加公益性，减少私利性。过于强调私利性或者过于强调公益性都会对技术创新造成不利影响，公益性过大说明技术创新的私人收益小于社会收益，从而按照私人边际收益等于私人边际成本的利润最大化原则确定的技术创新投入量低于社会福利最大化所要求的技术创新投入量，从整个社会角度来看，技术创新是不足的；私利性过大意味着技术创新的私人收益大于社会收益，从而按照私人边际收益等于私人边际成本的利润最大化原则确定的技术创新投入量高于社会福利最大化所要求的技术创新投入量，从整个社会角度来看，技术创新是过度的。技术标准私有化以后兼备了技术标准的公益性和专利的私利性，在继承技术标准公益属性的同时认可技术专利的私有性，在兼顾公益和私利中实现两者的权衡，避免了因私人收益大于或小于社会收益而引发的创新不足或创新过度，既推进了技术标准社会公共目标的实现，又保持了对技术创新活动的恰当激励。

（2）无偿和有偿结合对技术创新的影响。公共技术标准的内容是公开共享、免费使用的；技术专利是封闭独占、授权使用的。私人是不愿意提供无偿性的公共技术标准的，其所涉及的大量基础技术，基本上都是由社会公共机构进行研发创新的，公共机构主导的研发创新不利于发挥市场机制在技术创新中的基础性作用，容易导致创新资源配置的扭曲。有偿使用的技术专利虽然保护了专利持有人的利益，激发其研发创新的积极性；但却阻碍了研发创新成果的扩散，增加了技术成果市场化的成本，不利于专利技术社会价值的最大化。技术标准私有化以后，标准的使用和专利的授权是结合在一起的，技术标准中所涉及的非专利基础技术，仍然是开放的、无偿使用的；而标准中所包含的专利技术，则必须获得授权、需要支付一定费用才能使用。无偿使用和有偿授权的结合一方面可以激励专利持有人参与技术标准竞争、提供技术标准的积极性；另一方面又可以借助技术标准的权威扩大专利技术的使用范围，增大专利技术的社会经济收益。

（3）开放和控制并行对技术创新的影响。技术标准和专利技术融合产生的事实技术标准在推广和实施过程中通常采取开放和控制并行的策略，开放不是指公共技术标准下的完全开放，而是对标准中的非专利技术和非关键专利技术实行开放；控制不是指知识产权保护下对专利技术的独占，而是对标准中的关键核心专利技术的控制。部分开放策略既有利于标准技术的推广和扩散，增加技术标准的市场份额和行业影响力，又可以避免专利持有人对技术标准的独占和对知识产权的滥用；部分控制既保护技术标准提供者的利益，使得他们在承担技术研发和标准推出成本的同时享有一定的收益；又可以避免技术标准沦为公共产品进而由此引发的"搭便车"行为。对于技术创新来说，技术标准的完全开放和完全控制都不是最优的，完全开放会使技术标准在实质上演变成一种公共产品，公共产品的强外溢效应导致创新投入和创新收益在主体上的严重不一致性，造成技术创新的激励和动力不足；完全控制意味着技术标准的市场垄断和市场支配力，依靠这种垄断和支配力获取的巨大收益使得研发创新、更替技术标准的诱导效应不足，从而也会削弱创新的动力，诱发创新惰性（李丽君，2009）。技术标准私有化下的适度开放和适度控制在保证对标准中的技术内核实施掌控权的同时，最大化技术标准和专利技术的社会经济价值。适度的开放可以部分消除外溢效应对技术创新激励作用的侵蚀；适度的控制可以部分化解垄断势力对技术创新的消极效应。

第二节　技术标准锁定的影响因素和形成机理

一、锁定与技术标准锁定

（一）锁定的类型和原因

1975 年 David 首次在经济学范畴中研究锁定，他在《技术选择、创新和经济增长》一书中研究表明技术演进或制度变迁类似于物理学中的惯性，即一旦进入某一路径就可能对这一路径产生依赖（即路径锁定）（傅沂，2008）；而最早对锁定原理进行系统研究的则是 Brian Arthur（1983），他在《报酬递增与两个商业世界》一文中把锁定界定为："系统一旦达到某个解就很难退出的状态"。之后，Besen 和 Farrell（1994），Farrell 和 Klemperer（2001）等经济学家都参与了锁定原理的相关研究。以 Bale 实验室为依托的《兰德经济学杂志》在 20 世纪 80 年代后成为锁定及相关问题研究的重要研讨阵地（平新乔，2000）。许多主流经济学家也将研究的目光投向了锁定原理，Hal Varian 和 Carl Shapiro 就是其中的代表（倪云虎、朱六一，2007）。

学者们从不同角度探讨了锁定的成因。Williamson（2004）讨论沉没成本对于锁定的作用；Jensen 和 Meckling（1976）等认为知识的传递成本导致锁定；Klemperer（1987）指出交易成本、学习成本和人工及合约成本限制用户转移而产生锁定；卡尔·夏皮罗和哈尔·瓦里安（Shapiro C. & Varian H.，2000）在《信息规则》一书中将锁定的成因归结为转移成本。Witt Ulrich（1997）认为网络外部性使技术变化不仅受制于技术自身的性能改进，而且受制于技术使用者的网络规模；Katz 和 Shapiro（1985，1986）等研究表明，网络效应产品市场上均衡非唯一性和临界容量的存在，使市场表现为一边倒特征。Venables（1996）指出企业不愿放弃与现存技术连为一体的聚集经济利益，使产业集群面临"技术锁定"的高风险；Keeble 和 Wilkinson（1999）认为集群中企业长期的集体学习和连续的知识积累，可能会使整个集群被一条日渐没有竞争力的技术轨道锁定。对于如何突破锁定，Dolfsma 和 Leydesdorff（2009）研究认为锁定更容易被阻止在较大的市场规模中，进而提出了要突破锁定需要扩大市场规模；Pontiggia 和 Virili（2010）指出网络外部效应支持现有技术或广泛使用的技术，突破此种技术锁定的前提是吸引市场上一些重要的潜在使用者采用新技术，突破网络外部性的"临界点"或者"阈值"。

（二）技术标准锁定及其类型

技术标准锁定是指某一产业（或整个经济系统）长期采用某一技术作为业界标准（或经济系统标准）而难以被撼动或被替代（陶爱萍、李丽霞、洪结银，2013）。依据不同的分类视角，技术标准锁定可以分成不同的类型，如从标准内含技术的先进程度来看，技术标准锁定有顺向技术标准锁定和逆向技术标准锁定之分。顺向技术标准锁定是指标准锁定最新或最优技术；逆向技术标准锁定是指标准锁定次新、次优甚至劣质技术；从技术标准锁定的驱动力来源来看，技术标准锁定有内生技术标准锁定和外生技术标准锁定之分，内生技术标准锁定是指导致技术标准锁定的力量主要来源于技术标准系统内部；外生技术标准锁定是指推动技术标准锁定的力量主要来源于技术标准系统外部；等等。

虽然不同类型的技术标准锁定，影响其形成的主要因素有差别，它们的形成机理也各具特色，但在其形成过程中，都离不开网络效应、转换成本、异质性等因素的作用，且都涉及技术标准拥有者、非技术标准拥有者和用户三个主体，是三方行为选择和博弈的结果。本节将首先分析网络效应、转换成本、异质性对技术标准锁定形成的影响，然后通过构建技术标准拥有者、非技术标准拥有者和用户促成技术标准锁定的三维模型，逐一从技术标准拥有者、非技术标准拥有者和用户的视角分析导致技术标准锁定形成的影响因素和形成机理。

二、网络效应、转换成本与技术标准锁定

技术标准锁定的形成与技术标准的用户规模及其稳定性紧密相关，技术标准的用户规模是指技术标准的使用者数量，用户规模既能产生网络效应，也会增加技术标准转换成本。当一种产品对用户的价值随着采用相同产品或可兼容产品的用户增加而增大时就出现了网络效应（Oz Shy，2000）。转换成本是指用户从一个产品或技术转换到另一个产品或技术所承担的费用（易英，2005）。基于用户规模而产生的网络效应、转换成本与技术标准锁定之间具有一定因果的关系：一方面，用户规模越大，网络效应越显著，现有标准对新用户的吸引力越大；另一方面，用户规模越大，标准之间的转换成本越大，老用户越难以摆脱现有标准。Joseph Farrell 和 Paul Klemperer（2007）认为网络效应和转换成本对市场和顾客造成锁定，锁定市场和客户的早期选择，这

种锁定效应降低了产品供应商相应（预测的或者不可预测的）变化的效率。David（2001）认为由于网络效应的存在，厂商和用户都不愿意转换到更好的技术，同时技术转换具有高昂的转移成本，从而带来了技术锁定问题。Gábor Kézdi 和 Gergely Csorba（2011）通过企业面板数据用一种简单的方法计算了锁定效应中的转换成本的大小，说明了转换成本越高，锁定效应越大。由用户规模而产生的网络效应和转换成本在技术标准锁定形成中的作用可以通过下述模型来说明。

假设市场上现有两项技术 X 和 Y 展开标准竞争，在初始时期 t 期采用 X 技术和 Y 技术的用户数量分别为 n_1 和 n_2，N 为市场上的用户总规模，$Ux(n_1, n_2)$ 代表 t 时期使用 X 技术的网络规模效应，$Uy(n_1, n_2)$ 代表 t 时期使用 Y 技术的网络规模效应，由用户规模与网络相应的关系可知，Ux 与 n_1 正相关，与 n_2 负相关；Uy 与 n_2 正相关，与 n_1 负相关。又假定在初始的 t 期 X 技术相较于 Y 技术，在用户数量上占有一定的优势即 $n_1 > n_2$，$\Delta n = n_1 - n_2$，从而可得 $Ux(n_1, n_2) > Uy(n_1, n_2)$。t + 1 期在既有用户规模和网络效应的作用下，X 技术和 Y 技术的用户数都将发生变化，假定 X 技术的用户数变为 n'_1，Y 技术的用户数变为 n'_2。由于在 t 期有 $n_1 > n_2$，$Ux(n_1, n_2) > Uy(n_1, n_2)$，因而对 t + 1 期进入市场的新用户来说，X 技术更有吸引力，在其他影响用户选择无差异的情况下，新进入市场的用户会偏爱于 X 技术；不仅如此，在由 Y 技术转向 X 技术的转换成本低于两种技术之间的网络效应收益差时，Y 技术的既有用户也可能会退出而转而采用 X 技术。如果令 $\Delta n' = n'_1 - n'_2$，则必有 $\Delta n' > \Delta n$，即 t + 1 期 X 技术和 Y 技术的用户规模差距将越来越大。当 X 技术的用户数量增加到临界值的时候，在正反馈机制的作用下，X 技术的用户数将会急剧的增加，甚至会出现市场一边倒的现象，即 $n'_1 \to N$。这时市场上绝大部分甚至是全部的用户都会选择 X 技术，X 技术也因此而成为市场上的技术标准，在这种情况下，不仅是 Y 技术甚至是比 Y 技术更先进的技术都难以撼动和替代 X 技术的市场标准地位，这就是技术标准锁定。

除了网络效应会导致技术标准锁定之外，新旧技术标准之间的转换成本也会促成技术标准锁定的形成。转换成本由两部分组成：其一是在旧技术标准基本设备及互补资产（如相关软件）上的投资、花费在旧技术标准上的培训和学习费用等，这部分投入与旧技术标准的网络效应无关，不随旧技术标准用户规模的变化而变化，因而就用户规模而言，这部分成本可以看作是转换成本中的固定成本；其二是随着旧技术标准的用户规模和网络效应变化而变化的可变成本部分，这部分成本与旧技术标准的用户规模和网络效应密切相关，旧技术标准的用户规模和网络效应越大，现有用户在旧技术标准所获得的网络效益越大，意味着转向新技术标准的收益损失越大，从而转换成本越大，因而就用户规模而言，这部分成本可以看作是转换成本中的可变成本。转换成本中固定成本和可变成本以各自的方式促成技术标准锁定的形成。假设旧技术标准 X 和新技术标准 Y 之间的总转换成本为 C，则 C 可以表示为 C = FC + VC，其中 FC 为转换成本中的固定成本，VC 为转换成本中的可变成本。FC 虽然与用户规模无关但却与新旧技术标准的异质性程度有关，新旧技术标准的异质性程度越大，意味着在旧技术标准投资的资产专用性越大，若转向新技术标准，沉没成本也就越大。这时除非新技术标准性能足够卓越以至于用户从卓越性能中获取的收益能够超过用户从旧技术标准中退出的沉没成本，否则用户不会放弃旧技术标准而转向使用新技术标准。VC 会随着用户数量 n 的增加而增加，且在正反馈机制和马太效应的作用下，呈递增的速度增加，即 $\dfrac{\mathrm{d}VC}{\mathrm{d}n} > 0$，$\dfrac{\mathrm{d}^2VC}{\mathrm{d}n} > 0$。因此随着旧技术标准用户规模的扩大，VC 会越大，相对于在旧技术标准上的既得网络收益，新技术标准对用户的吸引力越小（陶爱萍，2013）。

三、异质技术、标准竞争与锁定均衡

异质技术即差异化的技术，技术差异是指技术知识的非重叠程度。如图 1-1 所示，椭圆形 A、B、C、D 分别代表技术 A、技术 B、技术 C、技术 D，其中椭圆形 A 和椭圆形 B 的绝大部分是重合的，代表技术 A 和技术 B 是近似同质的技术，两个椭圆形的阴影部分面积越大，则技术 A 和技术 B 的同质化程度越高；当椭圆形 A 和椭圆形 B 完全重合时，则技术 A 和技术 B 是完全同质的。椭圆形 C 和椭圆形 D 没有重叠的部分，是完全分离的，代表技术 C 和技术 D 是异质技术。在同质技术 A 和技术 B 的标准竞争中，由于两种技术的

重叠和相似程度很高，竞争的任何一方都无法形成对手无法逾越的技术特色，因此在标准竞争中一方获取压倒另一方的胜算不大，竞争的结果要么两败俱伤、要么势均力敌。在势均力敌的情况下，技术 A 和技术 B 占据相似的市场份额和市场地位，市场上出现两种技术并存的局面。技术 A 和技术 B 之间的兼容替代性以及用户在两者之间转换的无摩擦性使得两种技术之间不存在显著的用户规模落差，因而在同质技术标准竞争中，无论哪种技术都难以获得启动正反馈所需要的用户规模，市场技术一边倒的现象难以出现，无所谓标准锁定。

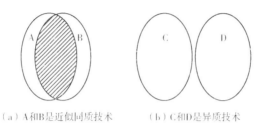

（a）A 和 B 是近似同质技术　　　　　（b）C 和 D 是异质技术

图 1 - 1　同质技术和异质技术之比较

与同质技术的高重叠程度和高替代度不同，异质技术 C 和技术 D 都含有专有知识和特质内核，这种专业知识和特质内核是不能被替代且难以被模仿的，因而异质技术具有一定的市场控制力甚至是垄断力。在标准竞争中，异质技术竞争的结果或者是一方把另一方赶出市场，或者是一方取得压倒另一方的显著优势。在网络效应和正反馈机制的作用下，胜出技术（假定为技术 C）初始的竞争优势会进入自我增强或自我催化发展状态，当自增强的正反馈累积的 C 技术优势构成经济系统转换的潜在障碍时，C 技术就会成为业界标准并锁定市场。可见，异质性是技术标准锁定得以形成和维持的基础，标准锁定源于异质性的专有知识和特质技术，标准的持续性取决于其技术被模仿和替代的难易程度（陶爱萍、李丽霞、洪结银，2013）。

四、技术标准锁定形成的三维模型

在技术标准锁定的形成过程中，技术标准拥有者、非技术标准拥有者和用户①基于不同的影响因素，以最大化自身利益为出发点，经历不同的阶段，促进技术标准锁定的形成。技术标准拥有者、非技术拥有者和用户促成技术标准锁定形成的三维模型如图1-2所示。

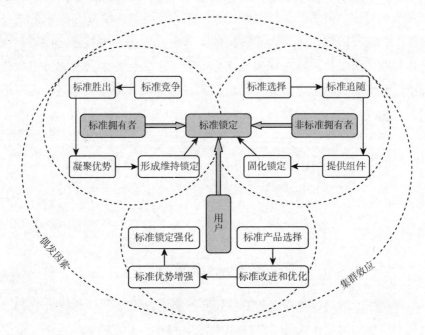

图1-2　技术标准锁定形成的三维模型

技术标准拥有者是技术标准锁定的最大得益者，在技术标准锁定形成以后，其可以凭借技术标准的网络效应获得巨大的市场份额，或是借助技术标准内含专利技术的授权许可获得巨大的经济收益，因此技术标准拥有者促成和维持技术标准锁定的动机最强烈，是导致技术标准锁定形成的主动方。为了使自己的技术标准成为处于锁定地位的技术标准，技术标准拥有者首先需要参与标准竞争并在标准竞争中胜出，继而通过马太效应、规模报酬递增效应、累积增值效应等启动正反馈机制促进锁定的形成，并通过渐进创新或其他锁定策略维持和巩固技术标准锁定。

———————————

① 与技术标准有关的用户可以分成两类：一类是技术标准本身的用户，这类用户是技术标准产品的生产者，本书将之归为非技术标准拥有者之中；另一类是技术标准产品的用户，本书的用户特指后一类用户。

非标准拥有者和用户在主观上没有意愿促进技术标准锁定的形成，但在面临众多技术标准时的抉择行为在客观上助推了技术标准锁定的形成。非标准拥有者在权衡不同技术标准的得益后会倾向于选择标准竞争中胜出的技术标准，或仅仅成为胜出技术标准的追随者，抑或是成为胜出技术标准的互补组件的研制者和提供者，前者会直接扩大胜出技术标准的用户规模，后者则完善胜出的技术标准，增强其吸引力和控制力，可见两者都会使胜出的技术标准强者愈强，助推和强化技术标准锁定。

理性的用户在选择技术标准产品时，总是倾向于选择技术标准本身具有优势且其互补组件较为完备的技术标准产品，在标准竞争中胜出及被非标准拥有者追随和供应互补组件的技术标准产品相较于其他技术标准产品无疑更受到用户的青睐，用户对技术标准产品的需求反过来又促使技术标准拥有者和技术标准产品的生产者改进和优化技术标准，从而使胜出的技术标准优势更加突出，技术标准锁定地位得以强化和巩固。例如，Android 系统在与 Symbian 系统竞争中的胜出，诱使用户选择安装有 Android 系统的手机，用户对 Android 系统手机的需求又促使摩托罗拉、三星、HTC、索爱、LG 等 Android 系统手机的生产商进一步改善 Android 系统的功能，优化其性能，进而使 Symbian 系统彻底败北并逐步退出手机操作系统领域，Android 系统在手机操作系统领域的锁定得以巩固。

此外，在三维模型的外围还存在一些非行为因素对技术标准锁定的形成产生影响，比较典型的有两大因素：其一是集群因素，技术标准拥有者、非技术标准拥有者和用户向同一技术标准的汇集会产生集群效应，而集群效应被认为是导致技术标准锁定的原因之一（Venables，1996）；其二是偶发因素，技术演化对初始条件中偶发的、微小的历史事件十分敏感（马冬，2011）。

（一）基于技术标准拥有者视角的技术标准锁定形成

对于技术标准拥有者来说，能否在标准竞争中胜出是决定其后续标准锁定地位获得和维持的关键，因此影响标准竞争胜负的因素直接关系到技术标准拥有者的标准锁定目标的实现及标准锁定的类型。在众多影响标准竞争胜负的因素中，技术优势和先动优势是最为根本的原因，因技术优势胜出而形成的后续技术标准锁定基本上为顺向、内生标准锁定；因先动优势胜出而形成的后续技术标准锁定类型取决于先动的技术是否为领先技术、最新技术，若先动优势与技术优势相结合促成的技术标准胜出则其后续的锁定为顺向、内生标准锁定，否则为逆向、外生标准锁定。其发生的机理如图 1 - 3 所示。

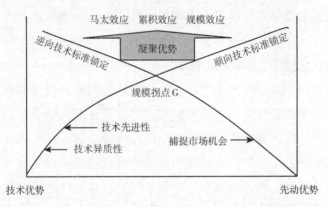

图 1 - 3　基于标准所有者的技术标准锁定形成机理

标准竞争的实质是技术竞争，技术优势促进顺向、内生技术标准锁定的形成。技术优势体现为技术的先进性和技术的异质性。技术先进性体现了技术的绝对优势，技术先进性可以从技术类型、技术创新度、技术成熟度三个方面得到反映。技术有核心技术和辅助技术之分，技术标准化尤其是国际水平的技术标准化，通常是围绕着一项核心的技术建立一个联盟以取得标准竞争的胜利（Heejin Lee & Sangjo Oh，2006）；技术创新度决定了一项技术相对于其他技术而言所占有的绝对技术优势的大小，标准化是创新活动的一种自然结果（Metcalfe & Miles，1994）。技术创新度决定了技术之间的落差程度，创新度越高的技术其技术优势越突出，按照优胜劣汰的市场竞争规律，创新程度越高的技术在标准竞争中胜出的概率越大。技术成熟度是一项技术能否被广泛接受并且成为技术标准的关键因素之一，一项技术要想在标准竞争中胜出并成为行业标准，必须具有较大的稳定性，能够很好地满足产品所要求的技术性能，而只有具有高成熟度的技术才能保证这一特性，一项技术的成熟度越高，该项技术的稳定性和可操作性越强，采用该技术的产品设计越趋于规范，该技术产品的性能越稳定，该技术及其产品就更能得到多数用户的认可从而助推其在标准竞争中胜出。

技术异质性反映了技术的相对优势，技术异质性是指技术之间的非重叠、非相似程度，如果两种技术的重叠和相似程度很高，竞争的任何一方都无法形成对手无法逾越的技术优势，因此在标准竞争中一方获取压倒另一方的胜算不大，竞争的结果要么两败俱伤，要么势均力敌。技术的异质性程度取决于技术的复杂性和技术中所含专利数量的多寡，技术内涵和技术结构越复杂，技术模仿和技术替代越困难；技术中所含的专利数量越多，技术被模仿和替代的壁垒越高。技术的难以被模仿和难以被替代会加剧技术的异质性，与同质技术的高重叠程度和高相似度不同，异质技术一般都含有专有知识和特质内核，这种专有知识和特质内核使得异质技术具备一定的市场控制力甚至是垄断力，从而在标准竞争中表现为较强的竞争力，两种异质技术竞争的结果或者是一方把另一方赶出市场，或者是一方取得压倒另一方的显著优势（陶爱萍、李丽霞、洪结银，2013）。

先动优势（Robinson & Fornell，1985）是指在市场竞争中，先进入市场者相比后进入者所存在的竞争优势（谢科范、汪先三，2006），迈克尔·波特（Michael E. Porter，1997）认为竞争的起点是产业先见之争，没有产业先见的企业将注定在未来的市场竞争中失利。先动优势可以助推技术标准锁定的形成，在标准竞争中优先研发新技术并将之推向市场的技术拥有者具有竞争优势，先动的技术拥有者能够领先竞争对手一步捕捉到市场机会，率先获得占优的用户规模，从而在标准竞争中处于有利地位、具有较高的胜算概率。根据先动优势是否与技术优势相结合可以将其分成纯粹先动优势和混合先动优势，纯粹先动优势下的技术拥有者不具有技术优势，但本着"先入为主"的地位优势先发制人，在后动技术没有进入市场之前，先动技术抢先进入潜在用户的备选范围且在无其他替代技术的情况下驱动其成为现实用户，后动技术进入市场越晚，先动技术的用户规模累积会越大，用户在其上的经验效应和学习效应会越高，用户从先动技术退出选择其他技术的转换成本会越大，届时即使后动技术更新、更先进也无法替代先动的次优技术甚至劣质技术，此为外生、逆向技术标准锁定。混合先动优势下的技术拥有者同时具备先动优势和技术优势，先动技术的拥有者不仅为后动技术拥有者进入市场设置了用户规模和转换成本壁垒，而且还因为其技术的先进性和异质性程度较高而使后动技术拥有者面临较高的技术壁垒，后动者或不能模仿或模仿不了先动者的技术，或者即使能够模仿先动者的技术，但模仿的成本过高，从而在技术上无法超越先动技术，于是先动技术拥有者可以较持久地占据竞争优势进而在标准竞争中胜出乃至形成技术标准锁定，此为内生、外生合力作用下的顺向技术标准锁定。

凭借技术先进性、技术异质性和先动优势在竞争中胜出的技术标准，其用户数量在一段时间内会不断增长，当其用户规模达到如图 1 – 3 所示的规模拐点 G 以后，马太效应会使强者越强、弱者越弱，胜出技术标准的用户规模会加速累积；累积式的用户规模扩张又反过来加固和提升胜出技术标准的市场优势和价值优势，技术标准的累积增值效应随着其用户规模的扩大而不断扩大，从而使胜出技术标准保持持续地价值增值和规模报酬递增。这样在马太效应、累积效应、规模效应等效应的作用下，正反馈机制迅速启动，胜出技术标准的优势愈发凝聚和强化，并最终形成技术标准锁定。

（二）基于非技术标准拥有者视角的技术标准锁定形成

非技术标准拥有者进入市场有两种选择：其一是通过技术创新并凭借标准竞争替代现有技术标准；其二是选择现有技术标准，为其提供组件，成为现有技术标准的追随者。非技术标准拥有者在做决策时会权衡替代现有技术标准的困难和追随现有技术标准的即得利益[1]，替代现有技术标准的难度越大，追随现有技术标准的即得利益越大，非标准拥有者的追随动机越强烈。非技术标准拥有者的追随行为及对现有标准组件的开发和提供会进一步加强现有技术标准的竞争优势，固化其锁定地位，因此驱使非技术标准拥有者选择追随行为的因素即为基于非技术标准拥有者视角的标准锁定形成的影响因素，其驱动机理如图 1 – 4 所示。

替代现有技术标准的困难缘于现有标准的技术壁垒和用户规模壁垒，替代壁垒的高低影响非技术标准拥有者进行技术创新和参与标准竞争的积极性。

---

[1]　即得利益指追随现有技术标准能够在短期内很快获得收益，非"即得利益"。

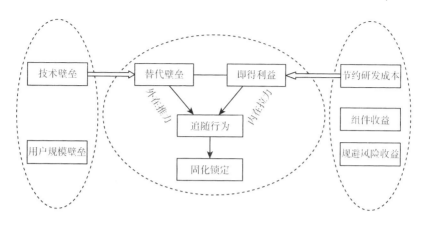

图1-4 基于非标准拥有者的标准锁定形成机理

在凭借技术优势形成的顺向技术标准锁定下，非技术标准拥有者面临强大的技术壁垒。技术优势可由技术创新度、技术成熟度和技术异质性三个方面来反映；同理，技术壁垒也可以从这三个方面来说明。创新既是创造，又是毁灭，是对新技术的创造和旧技术的毁灭，"创造性毁灭"不仅反映了新旧技术标准替代的过程，更体现了新技术替代现有标准技术的技术条件，新技术要替代现有标准技术成为行业标准，其创新程度至少要与现有标准技术相当，这样才能具备侵蚀和替代现有标准技术的毁灭力，而现有标准技术的高创新度意味着非技术标准拥有者必须支付高昂的研发成本才能研发出与其相匹敌的技术（约瑟夫·熊彼特，1912）；技术成熟度等级（technology readiness level，TRL）是对技术风险水平和技术稳定性层次的分级度量，不同等级的技术成熟度分别对应于不同的技术风险水平和技术稳定性层次，即技术成熟度级别越高，技术风险性越低，技术稳定性越强；技术成熟度等级越低，技术不确定性越高，技术稳定性越弱（许平，2013）。具有成熟度优势的标准技术在推广应用的过程中日臻完善，而非标准拥有者要想超越原有技术标准的成熟度，必须经过技术研发、技术演示、技术中试、技术市场化等阶段的多次反复，其技术可靠性和技术稳定性才能不断提高，标准技术的技术成熟度越高，非技术标准拥有者的技术相对于标准技术进入市场的时滞越长，其替代标准技术的成熟度壁垒越大。技术异质性与技术的可替代性紧密相关，异质性技术要么内涵和结构比较复杂，要么内含专利数量比较多。对于内涵和结构复杂的标准技术来说，非技术标准拥有者研发与其相异的技术难度较大，规避与其重叠和相似技术的成本较高；对于内含专利技术比较多的标准技术来说，非技术标准拥有者面临较高的专利壁垒，非技术标准拥有者绕开一项单独的技术专利开发一项类似的专利技术不难做到，但若想绕开一组技术专利开发新的含有类似专利技术组合的技术则并非易事（倪云虎、朱六一，2007）。可见，无论是何种技术优势，都在一定程度上增加了非标准拥有者技术替代现有标准技术的技术障碍，驱使非技术标准拥有者在行动上选择标准追随行为。在借助纯粹先动优势形成的逆向技术标准锁定下，非技术标准拥有者面临庞大的用户规模壁垒。先动的现有技术标准经过一段时期的试用和推广以后，已经积累了一定的用户基础，具备了一定的网络规模，非技术标准拥有者想要替代现有技术标准进入市场，缺乏用户基础和网络效应（陶爱萍、汤成成，2013），这就是用户规模壁垒。用户规模上的劣势和网络效应的缺失使得即使采用新技术标准是帕累托有效的，结果也是不被采用（Farrell & Saloner，1986）。非标准技术拥有者很难获得追求网络效应最大化的用户的支持，现有标准的老用户在比较转换成本和既得网络效用以后宁愿现在不转换，风险中性或风险厌恶的新用户在权衡现有技术标准的确定性网络效用和新技术的不确定性未来收益以后倾向于选择现有技术标准（陶爱萍、李丽霞，2013）。因此，对于不具有先动优势的非技术标准拥有者来说，也不具有后发优势，要想从先动技术标准占优的市场中争取到启动正反馈的用户规模可谓困难重重，这无疑使得替代现有技术标准的可能性变得很低。而在技术优势和先动优势混合驱动的技术标准锁定下，非技术标准拥有者要替代现有技术标准，就必须同时跨越技术壁垒和用户规模壁垒。在单一技术壁垒或单一用户规模壁垒下，非技术标准拥有者想要替代现有技术标准已是不易，在同时面对技术壁垒和用户规模壁垒时，非技术标准拥有者不仅要在技术上超越上现有技术标准，而且需要在用户规模上占有优势市场地位，其替代难度当属两种单一壁垒情况下的替代难度之和，甚至更大，想要替代现有技术标准实乃困难。由此可见，对于非标技术准拥有者来说，替代壁垒是迫使其选择追随现有技术标准的外在推力。替代壁垒越高，其通过自主研制新技术并在与现有技术标准竞争中胜出的可能性越小，其掌控标准、获取长期利益的企求越难以满足，非技术标准拥有者选择追随现有技术标准的可能性越大。

追随现有技术标准的既得利益缘于研发成本的节约、提供组件的收益以及不确定性和风险的规避，其中提供组件的收益是非技术标准拥有者选择追随行为的直接收益，节约的研发成本、规避不确定性和风险的得益是非技术标准拥有者追随现有技术标准的间接收益。在成为技术标准拥有者获得长期利益难以企及的情况下，既得利益会诱使非技术标准拥有者选择追随现有技术标准获得短期利益。追随现有技术标准包括纯粹追随和从属追随两种情况，前者是指非技术标准拥有者选用现有技术标准并在组件上依赖标准拥有者或其从属厂商；后者是指非技术标准拥有者不仅选用现有技术标准且为其提供组件。在纯粹追随情况下，非技术标准拥有者可获得节约研发成本和规避不确定性及风险的得益，如果其不接受现有技术标准，就必须进行技术创新、自主研发新技术，而技术研发、技术创新是一项具有高投入、高风险的活动，非技术标准拥有者需要投入巨额的研发成本，包括大量的人力、物力、财力等方面的投入；同时还要承担研发失败的风险，即使研发能够成功，其技术成果能否标准化以及能否在标准竞争中胜出仍具有较大的不确定性。现有技术标准的技术优势越突出，非标准拥有者要研发出足够与其竞争的技术所需耗费的成本越大，在标准竞争中胜出的不确定性越高，追随现有技术标准从而节约研发成本、规避研发失败风险以及标准竞争结果不确定性给其带来的间接得益越大。在从属追随情况下，非技术标准拥有者不仅可以获得上述纯粹追随情况下的间接得益，而且可以获得为现有技术标准提供组件的直接收益，其直接收益所得的多寡取决于现有技术标准的市场优势和为现有技术标准提供组件的厂商的数量，现有技术标准的市场优势越大，为其提供组件的厂商数量越少，非技术标准拥有者从提供组件中所得到的收益越大，理想的状态是仅一家非标准拥有者为现有技术标准提供组件，则这家非技术标准拥有者不仅可以获得提供组件上的垄断利益，而且在与标准拥有者签订交易契约时可以争取到最有利于自身的交易条件和组件价格。因此，无论是纯粹追随还是从属追随，非技术标准拥有者都可以获得一定数量的既得利益，既得利益是诱导非技术标准拥有者选择追随行为的内在拉力，既得利益越大，追随现有技术标准的诱惑力越大，非技术标准拥有者选择现有技术标准的主观愿望越强烈。

综上所述，外在推力下非技术标准拥有者的追随选择行为是无奈之举，内在拉力下非技术标准拥有者的追随选择行为是主动而为，长期利益的难以获得性和短期利益的易于获取性最终导致非技术标准拥有者在替代现有技术标准上的畏难情绪上升和逐利上的短视行为膨胀，非技术标准拥有者的追随抉择加固了现有技术标准的锁定地位。

（三）基于用户视角的技术标准锁定形成

与非技术标准拥有者选择技术不同，用户①选择的是产品。用户选择产品的出发点是效用最大化，而效用是用户在消费产品时所感受到的满足程度的度量，因此用户对产品的选择主要受心理因素的影响，诱使用户选择标准产品的心理因素即为基于用户视角下技术标准锁定的影响因素。用户选择产品的主要心理取向有三种：一是择优取向；二是猎奇取向；三是从众取向。下面逐一分析三者对技术标准锁定形成的影响。

择优取向导致择优选择。Babin（2000）认为产品自身属性是用户购买行为的根本动力，对产品自身属性的评价会对用户购买意愿产生最直接和最重要的影响。在面对不同技术含量和技术性能的产品时，技术含量高、性能稳定的产品更能激起用户的购买欲望，而凭借高技术创新度、高技术成熟度在标准竞争中胜出并成功市场化的标准产品其技术含量更高、性能也更稳定，因此择优取向下的用户会对技术含量高、性能稳定的标准产品给予更高的评价，并作出购买选择。用户对标准产品的选择反过来又会促进技术标准拥有者和标准产品生产者改进、优化和完善标准技术，从而使在位技术标准的技术优势进一步增强，因技术优势而形成的内生技术标准锁定进一步强化。

猎奇取向导致异质选择。在用户偏好日益多样化的时代，用户从消费异质产品中所感受到满足程度要高于消费同质产品所感受到的满足程度，异质产品相对较高的效应水平驱使用户选择具有异质优势的产品。在标准竞争中，凭借技术异质性获胜的技术标准一般含有专有知识和特质技术，采纳该技术

---

① 这里的用户包括潜在用户和现实用户，在用户未选择某产品之前，他是该产品的潜在用户；在用户选择了某产品之后，他是该产品的现实用户。

标准的标准产品与其他产品的相似性和替代性较低，具有猎奇取向的用户会偏好于选择这种异质程度较高的标准产品。用户对异质标准产品的高评价反过来会加快技术异质和产品异质的步伐，技术标准拥有者和标准产品生产者为了巩固自己的优势，会通过制造和扩大差异化来进一步迎合用户的异质需求，从而使得在位技术标准的异质优势更加显著，因异质优势而形成的技术标准锁定在用户异质选择的推动下更加牢固。

从众取向导致从众选择。从众有盲目从众和理性从众之分，盲目从众是没有考虑是否得失的消极随大流行为；理性从众是考虑是否得失以后的积极追随多数行为。经济学中理性人假设把盲目从众排除在研究之外，因此我们所说的从众选择特指理性从众选择。用户选择从众行为通常是由于适应性预期和用户效用函数之间的相互依赖性造成的，在存在网络效应的情况下，用户往往基于适应性预期（adaptive expectations）根据一种技术标准已有的用户规模预期其未来的用户规模，继而做出是否购买决策。凭借先动优势胜出的技术标准因抢先一步进入市场而获得占优的用户规模，占优的用户规模所产生的较大的网络效应会使用户做出其未来用户规模和网络效应将会更大的积极预期，从而倾向于选购该技术标准产品。又由于标准产品的网络效应，其给用户带来的效用满足程度不仅取决于其本身的价值，而且取决于其既有的用户规模，从而决定了用户效用函数之间的相互依赖性，这种相互依赖性会进一步助推用户选择既有用户规模大的标准产品。如此良性互促互进，因先动优势而胜出的技术标准的优势会不断地增大，基于先动优势而形成的技术标准锁定会不断强化。

综上所述，用户三种心理取向驱使下的择优选择、猎奇选择、从众选择以各自的作用机理和作用方式分别强化了技术标准的技术先进性优势、技术异质性优势以及技术先动优势，使得技术标准拥有者依赖这三种优势建立起来的技术标准锁定地位得以持续和升级。

通过上述对技术标准锁定形成三维模型中基于各维度主体视角的研究可以发现，在技术标准锁定形成的过程中，技术标准拥有者、非技术标准拥有者和用户的作用是不同的，导致锁定形成的因素也是有差异的。其中，技术标准拥有者既是技术标准锁定的积极推动者，也是技术标准锁定的最大得益者，对技术标准拥有者来说，获得技术标准锁定地位的先决条件是争取在标准竞争中胜出，技术先进性、技术异质性、先动优势等影响标准竞争胜负的因素直接关系到后续的技术标准锁定能否形成；非技术标准拥有者和用户是技术标准锁定的被动推动者，虽然从短期来说，他们也可以从技术标准锁定中得益，但从长期来看，他们是受损的，非标准拥有者选择现有技术标准是权衡替代壁垒和既得利益的结果；用户选择现有技术标准是择优心理、猎奇心理、从众心理等心理因素驱动的结果。从整个社会的长期利益来说，技术标准锁定会禁锢技术创新的轨道，妨碍技术变革和标准替代。技术标准锁定负效应的存在使得反技术标准锁定成为必要，有效的反技术标准锁定机制也可以基于三维模型提出，从上面的研究中我们至少可以得出两点启示：一是反技术标准锁定必须从技术标准锁定的影响因素入手，弱化乃至消除这些因素对技术标准锁定形成的助推作用；二是要根据技术标准拥有者、非技术标准拥有者和用户在标准锁定中的不同作用设计不同的反技术标准锁定机制。

第三节　微观规制理论[①]

"规制"一词来源于英文"regulation"或"regulatory constraint"，是日本经济学家精心打造的译名，其含义是"有规定的管理，或有法规条例的制约"。我国学者习惯把它翻译成"管制"，不太符合原意。在中国语中，管制有强制、统治的语义，与 regulation 作为政府对微观经济主体进行规范和制约措施的含义有一定的距离。在 20 世纪 50 年代以前，有关规制理论主要散见于公共经济政策和法学的研究成果中，1971 年 Stigler 的《经济管制论》一文发表，人们对政府规制重要性的认识逐渐深入，规制理论逐渐发展成为经济学的一个分支——规制经济学。作为规制经济学的一个重要概念，学者们常常将实施微观规制的部门理解为政府，因而也多从政府规制的视角对微观规制进行界定，如 Viscusi（1995）认为政府规制是政府以制裁手段，对个人或

---

① 本节内容主要来源于笔者撰写的《国外政府规制理论研究综述》一文，该文发表于《经济纵横》2003 年第 3 期，被《新华文摘》2003 年第 9 期全文转载。

组织的自由决策的一种强制性限制；政府的主要资源是强制力，政府规制就是以限制经济主体的决策为目的而运用这种强制力。植草益（1992）在定义政府规制时，把政府规制限定在限制行为上，他认为政府规制是社会公共机构（一般指政府）依照一定的规则对企业的活动进行限制的行为。与同植草益一样，Samuelson 也把政府规制限定在政府对产业行为的限制上。Spulber 则认为政府规制是行政机构制定并执行的直接干预市场机制或间接改变企业和消费者供需政策的一般规则或特殊行为（丹尼尔·F. 史普博，2008）。Meier（1998）认为规制是指政府控制公民、公司或下级政府行为的尝试，在某种意义上，是指政府对社会范围内公民选择的限制。金泽良雄教授指出政府规制是在以市场机制为基础的经济体制下，以矫正、改善市场机制内在的问题为目的，政府干预和干涉经济主体活动的行为。在金泽良雄看来，政府规制即为"国家干预"，其中包括消极的干预（限制权利）和积极的干预（保护协助），另外，还包括强权性干预和非强权性干预（植草益，1992）。Stiglitz 和Walsh（2010）则将规制拓展到更广大的范围，认为政府对产业的保护、扶助以及合理化和转换等，都应看作属于政府微观规制的范畴，如为了促进技术创新而进行的税收优惠和减轻反托拉斯法的执行力度，以及对幼稚工业的保护等。

一、微观规制的经济学理由

不同于宏观调控平衡经济总量的目标，微观规制的目标是纠正和缓解市场失灵，弥补市场机制的缺陷，因此市场失灵是微观规制的经济学理由。因市场失灵而形成的微观规制，是市场经济的内在要求，是市场经济国家的不可缺少的经济职能，是克服市场配置资源缺陷的一种不可或缺的制度安排，是整个经济系统的一个内生变量（林成，2007）。

微观规制的产生是市场经济演进的结果。在 18 世纪和 19 世纪的大部分时间里，受 Adam Smith "看不见的手"的影响，市场机制被认为是完美无缺的，管得最少的政府被认为是最好的政府，政府是市场经济的"守夜人"而不是干预者，政府不仅很少干预微观经济活动，而且也鲜有对经济总量和经济结构的宏观调控。然而在现实经济中，市场机制配置资源不仅不是万能的，而且还存在着一系列的功能缺陷和不足，这种缺陷和不足体现为市场不能有效地配置资源或者配置资源的成本太高，即市场失灵。典型的市场失灵现象有垄断、外部性、信息不对称、公共物品等。

市场失灵现象的存在使得主要的市场经济国家开始对"自由放任的政府是最好的政府"这一论断产生怀疑，19 世纪中、后期因生产和资源的不断集中而生成的大规模垄断使得他们不再迷信市场机制可以引导微观经济主体自动实现资源优化配置，他们逐渐意识到微观经济主体在追求自身利益的过程中能够自动实现和满足社会公共利益的想法是一种理想的"市场乌托邦"。于是以美国 1890 年第一部反垄断法《谢尔曼法》（*Sherman Antitrust Act*）为发端，西方主要市场经济国家开始施行对微观经济进行干预的反垄断政策。1929 ~ 1933 年经济大危机以后，西方主要市场经济国家不仅强化了对微观经济主体的规制，而且还把政府干预的矛头指向宏观经济领域，形成宏观调控政策，对微观经济主体的干预也从反垄断扩展到其他市场失灵问题。日本著名的经济学家植草益在《微观规制经济学》中就指出，如果经济运行中存在诸如垄断、不完全竞争、信息偏在、风险性和外部性等市场失灵问题，微观规制便具有潜在的可能性。

二、微观规制的类型

植草益认为广义的公共规制包括间接性规制、引导性规制、激励性规制和直接规制，间接性规制又称为法规性规制，包括反垄断法等；引导性规制是指通过税收和财政补贴等经济手段进行规制；激励性规制主要是指出台适当的规制规则和规制政策，使被规制者在感受到约束的同时，还有足够的动力去追求与规制政策一致的目标。植草益把直接规制称为狭义的公共规制，通常将之分为经济性规制和社会性规制（于立，2006）。

（一）直接规制和间接规制

直接规制是指规制部门直接介入市场失灵的领域，对微观经济主体直接实施的干预，其又被分为经济性规制和社会性规制两种。间接规制主要指反垄断政策，是由司法部门以《反垄断法》《反不正当竞争法》等相关法律为依据实施，其目的是为了防止不公正的竞争。

（二）经济性规制和社会性规制

经济性规制是对特定行业的规制，它一般是针对一些"具有自然垄断性或存在信息偏在的行业"，为了防止资源配置低效率和确保公民的使用权利，政府规制机构运用法律手段，通过许可和认可的方式，对企业的进入、退出及提供产品或服务的价格、产量、质量等进行规范和限制。社会性规制是指不分行业的规制，它主要是针对外部性和非价值物品等所做的政府规制。社会性规制是以确保居民生命健康安全、防止公害和保护环境为目的所进行的规制，主要通过设立相应标准、发放许可证、收取各种费用等方式进行（刘志迎，2014）。

三、微观规制理论的演变

（一）规制公共利益理论

规制的公共利益理论以市场失灵和福利经济学为基础，认为规制是政府对公共需要的反应，其目的是弥补市场失灵，提高资源配置效率，实现社会福利最大化。Posner 指出，公共利益理论或明或暗地包含着这样一个假设，即市场是脆弱的，如果放任自流就会趋向不公平和低效率，而政府规制是对社会的公正和效率需求所作出的无代价、有效和仁慈的反应（弗朗茨，1993）。Minick（1980）认为政府规制是针对私人行为的公共行政政策，是从公共利益出发而制定的规则。Owen 和 Braentigam（1978）将规制看作是服从公共需要而提供的一种减弱市场运作风险的方式，也表达了规制体现公共利益的观点。

与此同时，一些学者对规制的公共利益理论提出了严厉批评：Stigler 和 Friedland（1962）通过对 1912～1937 年美国电力事业价格规制的效果研究表明，规制仅有微小的导致价格下降的效应，并不像公共利益理论所宣称的那样规制对价格下降有较大的作用。Viscusi，Vernon 和 Hawing 指责规制的公共利益理论缺乏对立法行动和规制完成机制的分析，且对规制发生的论断没有进行实证检验。Utton（1986）不仅指出了公共利益理论以市场失灵和福利经济学为基础的狭隘性，而且用次优理论从根本上批判了公共利益理论。次优理论的核心结论是：在某些重要部门（如因为自然垄断或必须提供公共产品的部门）中，经济受到某些竞争方面的限制，那么零星地制定一些能够确保竞争得以运行的规制政策，可能并不一定会使资源配置达到最优，实际上这些政策会使经济背离而不是趋于竞争限制下的最优化。Crew 和 Kleindorfer（1986）认为公共利益理论中"公共利益"术语本身就是模糊的，通过规制来实现竞争的功能，只是一个虚无缥缈的幻想。

（二）规制俘虏理论

规制俘虏理论认为，政府规制是为满足产业对规制的需要而产生的，即立法者被产业所俘虏；而规制机构最终会被产业所控制，即执法者被产业所俘虏。

Stigler（1971）发表的《经济规制论》一文中提出，规制通常是产业自己争取来的，规制的设计和实施主要是为规制产业自己服务的。并用经济学方法分析了规制的产生，指出规制是经济系统的一个内生变量，规制的真正动机是政治家对规制的供给与产业部门对规制的需求相结合，以各自谋求自身利益的最大化。Stigler 的理论与规制的公共利益理论形成了鲜明的对照，他认为，规制主要不是政府对社会公共需要的有效和仁慈的反应，而是产业中的部分厂商利用政府权力为自己谋取利益的一种努力，规制过程被个人和利益集团利用来实现自己的欲望，政府规制是为适应利益集团实现收益最大化的产物。Peltzman（1976）在对市场失灵、对政府规制结果的预测以及推断政府规制在经济上的有效性的三个层次上进一步发展了规制俘虏理论。他认为无论规制者是否获得利益，被规制产业的产量和价格并没有多大差异，其主要差别只是收入在各利益集团之间的分配。1995 年，Bernstein 创立的"规制机构生命周期理论"认为，公共利益理论是天真的，规制机构起初能独立运用规制权力，但逐渐被垄断企业所俘虏。"合谋理论"则认为初始的规制政策受被规制者与其他利益集团的影响，即政府规制者一开始就被俘虏。

（三）放松规制理论

由于规制失灵的日益明显以及与规制有关的理论研究的不断深入，20 世纪 50 ~ 60 年代，反对规制的呼声日益高涨，70 年代，西方发达资本主义国家出现了"放松规制"或"规制缓和"的浪潮。支持规制放松政策的主要理论有可竞争市场理论、政府规制失灵理论和 X 效率理论。

可竞争市场理论是由 Baumol，Panzar 和 Willig（1970）提出的，描述了市场上厂商进入和定价行为的特点。该理论的核心内容是：以关于潜在竞争的一系列假设为前提，指出由于存在潜在进入者的压力，市场在位者无须政府规制也不可能获得垄断超额利润，而只能将价格定在超额利润为零的水平，并实现资源配置的最优化。很明显，可竞争市场理论从理论上对政府规制提出了挑战，成为 20 世纪 80 年代初期以来放松规制论者所高举的一面旗帜。在可竞争市场理论看来，即使是自然垄断产业，只要市场是可竞争的，政府规制就没有存在的必要，规制机构所要做的不是限制进入，而是应降低产业的进入壁垒，创造可竞争的市场环境。

政府规制的本意是为纠正市场失灵，但由于个人私利、信息不对称等原因以及规制成本的不断上升，也导致了政府规制的失灵。例如，Averch 和 Johnson（1962）对投资回报率规制的研究结果表明：在投资回报率规制下，由于扩大资本基数，可以获得更多的绝对利润，因而在利润最大化的驱使下，受规制厂商有过度投资的倾向，其结果是用过多的资本投资代替其他投入品，造成生产低效率。这种现象被以后的研究者称为"A-J 效应"，Baumol 和 Klevorick（1970）提出了规制滞后效应理论，认为在政府调整规制政策的间隔期内，被规制企业有可能获得超过正常利润的利润率。Kahn（1988）指出，规制压制技术创新，姑息无效率，引起工资和价格螺旋式上升，发生严重的资源无效率配置，引起成本推动型通货膨胀那样的无益竞争扩大，拒绝采取在竞争市场中所提供的价格多样性和质量选择。

X 效率理论由莱宾斯坦最早提出。弗朗茨（1993）在《X 效率：理论、论据和应用》一书中对其做了全面论述，Baumol 和 Klevorick（1970）说明了规制增加 X 效率的理由，其一是规制者会利用报酬率规制使低效率的企业留在行业内，因为规制者允许低效率企业通过以较高的价格这种形式把低效率转嫁给顾客以取得利润；其二是规制者对利润设置了最高限额，往往严重地削弱了创新和效率的激励。

（四）激励性规制理论

放松规制不等于全部取消规制，但必须对传统规制制度进行改革。因而，激励性规制应运而生，例如，Loeb 和 Magat、Vogelsang 和 Finsinger 等就提出过激励性规制方案：就其历史发展看，激励性规制理论分三个流派：第一，以 Large 和 Lieberrman 为代表，主张在社会主义经济中将激励直接引入到计划经济里。第二，以 Arrow 为先驱，后经 Tullack 和 Sen 等发展，是把社会选择理论的观点综合起来的一种理论。认为要合理地把个人偏好推算为社会偏好，必须存在能够准确地表明个人偏好的激励机制。第三，论述了在市场失灵范围内，为取得与市场均衡同样的市场成果而必须采取一些激励性规制的流派（植草益，1992）。

激励性规制的主要内容有：

（1）特许投标制理论。1968 年，Demsetz 在 Chadwick（1859）和 Wilcox（1910）研究的基础上提出的（Harold Demsetz，1968）。该理论强调要在政府规制中引入竞争机制，通过拍卖的形式，让多家企业竞争在某产业或业务领域中的独家经营权，从而在投标阶段对服务质量及最佳服务价格形成比较充分的竞争，最后报价最低的企业将取得特许经营权。可见，特许权竞争是用"市场的竞争"代替"市场内的竞争"，其意义在于：提高了垄断性市场的可竞争性；减少毁灭性竞争的范围和不良后果；为规制机构提供了进行价格规制所需要的成本信息。

（2）区域间标尺竞争理论。也称区域间比较竞争理论。由 Shleifer（1985）提出。其基本思路是以独立于本区域的其他区域中与本区域受规制垄断企业生产技术相同、面临需求相似的垄断企业的生产成本为参照，制定本区域垄断厂商的价格和服务水准，以刺激本区域垄断企业提高内部效率、降低成本、改善服务。标尺竞争的意义还在于为规制机构提供了被规制企业真实成本信息的参考。

（3）RPI-X 价格上限规制。1983 年，由 Littlechild 提出，最早于 1984 年由英国运用于电信业，然后逐渐推广到其他国家，目前已成为西方最有影响的规制方案（王俊豪，2008）。价格上限规制的确定原则，就是行业价格上涨不能高于通货膨胀率（用 RPI，即零售价格指数表示）；同时，考虑到由技术进步率带来的劳动生产率（用 X 表示）的提高，还要使行业的价格下降。RPI-X 价格上限是最典型的剩余索取合同，剩余索取合同的意义在于，当规制机构与被规制企业之间存在着信息不对称时，通过赋予垄断企业更多利润支配权的方式使其在一定程度上得到信息租金，以换得提高生产效率的激励；同时赋予被规制企业在不超过价格上限的情况下自由调整个别价格的灵活定价权，以提高社会配置效率。

（五）现代规制理论

现代规制理论的最主要发展就是在规制问题上考虑了信息约束，也就是说，现代规制理论的形成在很大程度上得益于信息经济学的发展，Loeb 和 Magat（1979）最先将规制看作一个委托—代理问题，他们的观点可用"LM机制"来说明。"LM 机制"认为，规制者通过向公用事业单位支付观察到的价格和数量水平以上的全部消费者剩余，就可以诱使公用事业单位讲出真实状况，从而将价格定于边际成本水平。消费者和生产者剩余就达到了最大化。"LM 机制"的明显缺陷是将大量的消费者剩余转移给了生产者，忽略了社会公平。对规制中存在的逆向选择问题，Besanko 和 Sappington 指出，规制者的政策手段体现在所提供的各种不同的合同设计上，来保证面临不确定性时企业能够说真话（卡布尔，2000）。因为，成本低的企业一般会选择高激励强度的合同，成本高的企业一般会选择低激励强度的合同。

公共部门具有多个委托人分权的特征，Baron 和 Martimort 对这种多重委托人或公共代理人结构进行了理论分析。他们假设，监督技术决定规制职责，不同规制机构职责的分配是与其监督技术相对应的（刘韧，2008）。这样一来，每个规制机构只能在自己的职责范围内订立合同，结果势必导致规制过程中规制机构的不合作行为，最终的纳什均衡是每个规制机构以分散化方式向企业提供规制机制。规制机构之间的这种不合作行为将导致给企业提供过强或过弱的激励，具体情况取决于规制机构所控制活动的性质。马蒂莫（Martimart，1996）提出了一个分析合同外部性的理论，他们假设，规制权力由某些非合作的规制机构共同享有。当每个规制机构所控制的生产活动之间为互补时，企业只能得到很少的信息租金，或者说激励强度很弱，此时，每个规制机构对其他规制机构产生一个负的外部影响，激励机制最后趋于成本加成。

关于现代规制理论的要点，Laffont 和 Tirole（1993）做了最完整的阐述。即由于存在信息不对称，效率和信息租金是一对共生的矛盾，在得到效率的同时，必须留给企业信息租金，而信息租金会带来社会成本。可见，规制控制并不是免费午餐：虽然规制可以避免企业得到垄断利润，但必须付出效率的代价。为得到最好的规制政策，政府需要尽可能地利用企业的私有信息。

第二章 多标准并存、标准锁定及反锁定的典型案例

从第一章对技术标准锁定形成机制和影响因素的研究中可以看出，技术标准锁定的形成是需要具备一定的条件的，标准锁定形成的前提是技术标准拥有占优的市场份额和用户规模，因此在标准竞争中胜出且可以获取标准拥有者、非标准拥有者或者用户支持的技术标准更易于形成后续的技术标准锁定。本章第一节通过分析数字电视和移动通信领域主要技术标准的特点和优势，说明这些标准在竞争中难以完全相互替代，从而导致多标准并存以致难以形成技术标准锁定；第二节选择 Windows 电脑操作系统以及 QWERTY 键盘的锁定两个案例，分析两个案例中导致技术标准锁定的主要原因以及反标准锁定难以成功的主要因素；第三节分析智能手机操作系统的标准锁定、标准竞争及反标准锁定，分析导致 Android 和 iOS 系统反 Symbian 系统锁定成功的主要原因，以及未来手机操作系统的可能趋势。

第一节 数字电视和移动通信领域的多标准并存

一、数字电视领域的多标准并存

数字电视（Digital Television）是指从传输内容的拍摄、剪辑、存储、信号的传送和接收、处理、播放的全过程完全数字化的电视系统。数字电视传输的图像及其同步音轨信号经过数字转换和数字调制后形成数字电视信号，

经过卫星信号、有线电缆或地面无线电波传送，由数字电视接收器接收后，通过数字解调和数字视频、音频解码处理，对原来的图像和同步音轨进行还原（宫承波，2012）。数字电视与模拟电视的信号有着根本上的区别，在实现电视信号数字化的同时采用先进的数字图像压缩技术和保护技术，使得数字电视信号在传输中与之前的模拟电视信号相比更不容易受到干扰，传递的信号质量更高，同时节省带宽资源，在相同的带宽下，能比模拟电视传输更多的电视节目。目前世界上主要的数字电视标准有四种：美国的 ATSC（Advanced Television System Committee）标准、欧洲的 DVB（Digital Video Broadcasting）标准、日本的 ISDB（Integrated Services Digital Broadcasting）标准、中国的 DTMB（Digital Terrestrial Multimedia Broadcasting）标准。

（一）美国 ATSC 标准

美国对高清晰度数字电视（HDTV）的研究方向与欧洲和日本不同且时间上晚于欧洲和日本，但 HDTV 大联盟（Grand Alliancd，GA）的成立使美国在研发数字电视技术方面占有优势，并且在数字电视的发展中占有举足轻重的地位（符逸，2008）。美国在比较本国各主要数字电视制式优点且借鉴日本、欧洲发展数字电视经验的基础上，于 1995 年 9 月制定出 ATSC 标准，1996 年 12 月美国官方主管机构联邦通信委员会（Federal Communications Commission，FCC）正式批准 ATSC 为国家标准，并经国会通过认可（谷时雨，2005）。2000 年 7 月，ATSC 标准经国际电信联盟（International Telecommunication Union，ITU）批准，成为国际标准。ATSC 标准涵盖了地面广播和有线电视两个方面，ATSC 的地面广播传输采用 8 倍残余边带调制，通过 6 兆赫的带宽为地面广播频道提供 19.3 兆位/秒的可靠传输速率；对于有线电视部分，ATSC 标准采用了 16 倍残余边带调制，通过 6 兆赫的带宽为有线电视频道提供 38 兆位/秒的可靠传输速率（陈光军，2011），并且传输电视的质量较常规电视有很大提升。ATSC 标准具有噪声门限低、传输容量大、传输距离远、覆盖范围广和接收方案简易等优势，但是也存在固定状态接受不稳定和不支持移动接收的问题。目前，美国数字电视传输标准 ATSC 有成员 112 个，其中有美国国内成员 72 个，其他包括来自中国、德国、韩国、日本和西班牙等 14 个国家的成员 40 个。

（二）欧洲 DVB 标准

1993 年欧洲 150 个组织参与开发欧洲标准的数字视频广播项目，同时成立了 DVB 联盟，共同致力于数字电视 DVB 标准的研发与制定工作。DVB 是一套包含数字电视广播系统诸多要素的运用最广泛、适用性最强的标准，它包括了卫星、有线、地面等在内的所有数字电视广播传输媒介，其中最普遍的是关于数字卫星传输系统的标准 DVB－S 和 DVB－S2，它们分别在 1994 年和 2006 年经 ITU 认证成为国际标准，这套标准已作为世界统一的国际标准被包括中国在内的大多数国家所接受，而该标准中数字地面广播系统 DVB－T（ETSI EN 300 744）的标准是最具技术含量的 DVB 标准：采用编码正交频分复用的数字信号调制方式，在 8 兆赫带宽内实现 4 套电视节目同步传输，其地面数字发射理论传输容量大致与有线电视传输容量相当，本地区覆盖效果好同时具有较强的抗多径传输干扰能力使其具有较高的信号传输质量，并且可以实现分层和移动接收，但这种系统接收成本高。目前全球范围内参与 DVB 标准技术研究的成员已经增长到来自 21 个国家和地区的 189 个组织，主要集中在欧洲地区，也有数字音频、无线电和微电子等领域的美洲和亚洲企业成为 DVB 标准成员，如我国的华为技术有限公司和湖南国科微电子有限公司就在其中。从成员数量和推广情况来看，DVB 标准的发展情况最好，普及范围也最广。

（三）日本 ISDB 标准

日本是最早意识到电视传播制式必然会向数字电视发生转变并且是最早启动数字电视技术研发的国家，由于研发方向的选择出现偏差，同时受到当时的技术与成本限制，最初开发的数字电视传输制式无法进行推广。1996 年日本开始对之前的研发方向进行纠正，在学习欧洲正交频分复用技术的基础上，形成了具有自主知识产权的技术，并于 1999 年公布了用于地面数字电视广播的 ISDB－T 标准。ISDB 标准最初是由日本国内的数字广播专家组（Digital Broadcasting Experts Group，DIBEG）通过认定先成为日本数字电视的国家标准，2001 年被 ITU 接受为电视传输国际标准。日本的 ISDB－T 和欧洲的 DVB－T 都是数字电视地面传输标准且非常类似，这不仅体现在信号传输编码方式上，就连 ISDB－T 信号的调制和解调采用的频带分段传输与正交频分复用技术也是经过改良的正交频分复用技术，在实现数字信号的固定接收、移动接收、便携接收的同时，ISDB－T 还实现了分层传输与分块接收，为数字电视或其他数据业务提供了一个较好的选择，为多媒体应用提供更好的发展空间。在一定程度上，可以说 ISDB－T 是 DVB－T 的升级版（谷时雨，2005）。目前日本的数字电视传输标准 ISDB 筹划指导委员会目前拥有委员 20 个，其成员都是日本国内的电子公司和广播机构。

（四）中国 DTMB 标准

地面数字电视多媒体广播（Digital Television Multimedia Broadcasting, DT-MB）作为我国强制性标准——《数字电视地面广播传输系统帧结构、信道编码和调制》（GB20600－2006）于 2006 年 8 月颁布并于 2011 年 12 月经 ITU 批准成为第四个数字电视国际标准。DTMB 标准是在具有自主知识产权的清华大学的 DMB－T 和上海交通大学的先进数字电视地面广播 ADTB－T 两种系统的基础上融合而成的，具有频谱效率高、接收信噪比门限低、抗多径干扰能力强、移动接收性能好等优势。目前 DTMB 已经在中国大陆、中国香港、中国澳门、柬埔寨、老挝和古巴推广使用，在马来西亚、伊拉克、约旦、黎巴嫩和叙利亚处于实验阶段。在中国，31 个省市自治区的 337 个城市与地区均已开通 DTMB。

二、移动通信领域的多标准并存

（一）第一代移动通信技术（1G）标准

第一代移动通信主要采用的是模拟技术和频分多址（FDMA）技术，由于受到传输制式的限制，无法实现移动通信的长途漫游或跨境漫游，是一种只在一个区域内使用的移动通信技术。第一代移动通信标准形成于 20 世纪 80 年代，是通过模拟信号只能传递语音信息的移动电话技术。北欧移动电话技术（NMT）就属于第一代移动通信标准，曾于北欧、东欧以及俄罗斯等地得到应用，其他还包括美国的先进移动电话服务（AMPS）、英国的总访问通信系统（TACS）、日本的全接入通信系统（JTAGS）、西德的无线电电话系统（C-Netz）、法国的无线电通信2000（Radiocom 2000）和意大利的移动无线电话集成（RTMI），其中具有代表性的是美国的 AMPS 标准和北欧的 NMT 标准。

1. AMPS 标准

Bale 实验室在 AT&T 公司失去卫星通信商业使用权后组建了移动通信部门，并于 1964～1974 年开发了一种对信令和话音信道均采用 30 千赫带宽的 FM 调制，频偏（12 千赫）和话音频率（3 千赫）的比值为 4，信令速率为 10 千位/秒，使用单独频带和新的切换技术，能根据信号强度灵活分配信道给移动终端的模拟系统，并命名为大容量移动电话系统（High-Capacity Mobile Telephone System，HCMTS）。由于当时没有无线移动系统的标准化组织，AT&T 公司就将 HCMTS1 这样一个第一代蜂窝系统制定为自己的标准；后来电子工业协会（Electronic Industrial Association，EIA）将这个系统命名为暂定标准 3（Interim Standard 3，IS-3）。1976 年 HCMTS 被更名为先进移动电话服务（Advanced Mobile Phone Service，AMPS）。

2. NMT 标准

北欧移动电话（Nordic Mobile Telephony，NMT）标准是由瑞典、挪威和丹麦等国的电信管理部门于 20 世纪 80 年代初提出的普通模拟移动电话的北欧标准。NMT 系统也在欧洲其他的一些国家得到推广，包括俄罗斯的部分地区、中东和亚洲。NMT 运行在 450 兆赫和 900 兆赫的带宽上，网络中的每个蜂窝覆盖范围在 2～30 千米不等，覆盖范围越小，蜂窝就能容纳更多的用户同时进行通话。NMT 的语音信道传输采用 F 调制，在采用快速键控频移（Fast Frequency Shift Keying，FFSK）调制情况下，NMT 的信号传输速度在600～1200 位/秒间变动，而基站与移动站点间的信号传递使用与音频传递相同的 1200 位/秒的 FFSK 调制手段。

由于第一代移动通信（1G）产生的时期还处于电信业的垄断经营时代，采用移动通信技术的国家的电信业是自然垄断性行业，甚至接受政府的直接管理，各国电信业的运营掌握在少数垄断运营商手中，电信设备的供应依赖于两个或三个本国寡头垄断商，而且不对外国竞争者开放。因此，1G 处于一种割据时代，大部分国家都拥有自己的移动通信标准，而且各标准系统之间不兼容，因而 1G 在技术上和应用上都存在容量有限、通话质量低、安全性差、制式繁多和无法实现跨区漫游等缺陷（杨少华、李再扬，2007）。

（二）第二代移动通信技术（2G）标准

第二代移动通信标准（2G）引入数字无线电技术组成的数字蜂窝移动通信系统，提供更高的用户容量，改善了通话质量和安全性，并实现了用户的国际漫游。世界上曾经出现的第二代移动通信标准有全球移动通信系统（GSM）、数字先进移动电话服务（D－AMPS）、日本数字蜂窝系统（PDC）和码分多址技术（CDMA）等。第二代移动通信标准以 GSM 和 CDMA 为主。

1. GSM 标准

1982 年北欧国家向欧洲邮电联盟（Confederation of European Posts and Telecommunications，CEPT）提出了制定欧洲电信业务统一标准的要求。该联盟由此成立了一个在欧洲电信标准协会（European Telecommunications Standards Institute，ETSI）管辖下的移动特别组（Group Special Mobile，GSM），来进行新一代移动通信标准的研发与相关标准的制定。1987 年欧洲 17 个国家的运营者和管理者签署了谅解备忘录并成立了谅解备忘录（Memorandum of Understanding，MOU）组织，相互达成履行规范的协议，共同参与 GSM 标准的研发。第一版 GSM 技术规范在 1990 年形成，内容包括 12 组共 130 项技术规范。1991 年，GSM 第一个商业运营网络在芬兰开通，同时 MOU 为 GSM 技术设计和注册了市场商标，并将 GSM 的含义改为"全球移动通信系统"（Global system for Mobile Communications），使之更符合 GSM 在实际应用中表现的特性和对 GSM 技术发展的良好预期。

2. CDMA 标准

码分多址（Code Division Multiple Access，CDMA）技术是第二次世界大战期间应军方消除敌方对己方通信干扰的战争需求基于扩频通信技术开发出的通信技术，在战争期间广泛应用于军事反干扰通信，后来由美国高通公司

（Qualcomm）转化成为商用蜂窝电信技术。CDMA 技术的设计初衷之一就是保障通话效果，这对语音质量和稳定性都提出很高要求。除此之外，CDMA 技术还具有高速数据传输和保密性强等优点。CDMA 第一个商用系统于 1995 年开通，经实践检验，CDMA 确实具有系统容量大、通话质量佳等诸多优势，其能被美洲和亚洲等地区迅速接受也说明 CDMA 技术本身具有的优越性。目前，国际通用的 CDMA 标准主要是由美国国家标准委员会（American National Standard Institute，ANSI）开发颁布的。

（三）第三代移动通信技术（3G）标准

第三代移动通信系统（3G）最初的名称是由国际电信联盟于 1985 年提出的未来公众陆地移动通信系统（Future Public Land Mobile Telecommunication System，FPLMTS）。1996 年，FPLMTS 更名为国际移动电信系统 2000（International Mobile Telecom System – 2000，IMT – 2000），名称后面所带的 2000 代表对第三代移动通信技术最初的三个技术指标要求，即工作频段 2000 兆赫、最高业务速率 2000 千位/秒和商用时间 2000 年。国际电信联盟曾确定四个 3G 标准，只有美国 CDMA2000，欧洲 WCDMA 和中国 TD – SCDMA 得到商用。

1. TD-SCDMA 标准

分时同步码分多址（Time Division-Synchronous Code Division Multiple Access，TD – SCDMA）标准是中国参与研发和制定的 3G 标准，最初由原中国邮电部电信科学技术研究院（现大唐电信科技股份有限公司）发起并且获得德国西门子及中国的中兴、华为等支持。1998 年 6 月原中国邮电部电信科学技术研究院向 ITU 提出了推动由中国大唐和德国西门子共同参与研发的 TD – SCDMA 技术成为国际 3G 标准的申请。之后，为推动 TD – SCDMA 成为 3G 的国际标准，中国信息产业部（现工业和信息化部）以放宽中国市场准入为条件赢得了爱立信、诺基亚等厂商的支持。与此同时，TD – SCDMA 标准将智能天线、同步 CDMA 和软件无线电（SDR）等技术融于其中，2000 年 5 月 TD – SCDMA 被 ITU 批准为第三代移动通信三大主流标准之一，2002 年 TD – SCDMA 产业联盟形成。

2. WCDMA 标准

宽带码分多址（Wide band Code Division Multiple Access，WCDMA）是一种 3G 蜂窝网络。欧洲电信标准委员会（ETSI）在研究 GSM 之后的 3G 标准时，产生有几种基于直接串行扩频码分多址的备选方案，而日本的第三代通信技术研究也是使用宽带码分多址技术，其后以两者为主导进行融合，在第三代合作伙伴计划（3rd Generation Partnership Project，3GPP）组织中发展成了第三代移动通信系统 UMTS（Universal Mobile Telecommunications System），并提交给国际电信联盟（ITU）。2000 年 5 月，国际电信联盟批准 WCDMA 为 IMT – 2000 第三代移动通信标准的一部分。

3. CDMA2000 标准

CDMA2000（Code Division Multiple Access 2000）是由美国高通公司主导研制的 3G 移动通信标准，美国的朗讯、摩托罗拉和韩国的三星都曾是 CD-MA2000 的技术标准开发成员，但目前韩国取得了 CDMA2000 标准的主导权。CDMA2000 是国际电信联盟的 IMT – 2000 标准认可的无线电接口，也是第二代移动通信标准 CDMAOne 标准的延伸，不需要新的频段分配，可以稳定运行在现有 PCS 频段。CDMA2000 与另两个 3G 标准 TD – SCDMA 和 WCDMA 不兼容。

三、数字电视和移动通信领域多标准并存的原因分析

（一）数字电视多标准并存的原因分析

与模拟电视相比，数字电视具有更高带宽利用率和更好信号传输质量等优越性，这些优越性决定了各国推动模拟电视向数字电视的转换。进入数字电视时代后，统一的数字电视标准对各国电视资源的交流与共享和数字电视技术的研发与突破具有极其重要的意义，而且经过三十多年的发展，现存的数字电视标准都已经比较成熟，对数字电视标准进行统一的可能性已经具备，但现实情况则是美国的 ATSC 标准、欧洲的 DVB 标准、日本的 ISDB 标准和中国的 DTMB 标准并存且相互竞争。数字电视领域多标准并存的原因可以从标准技术的异质性、初期低价开拓市场的不可行、高额专利费的规避及标准研

制国政府的推动等方面来分析。

　　首先，从各标准在技术上的异质性来看，尽管美国 ATSC 标准最初只被用来作为地面传输标准，但在相同带宽内传播的电视台数比模拟电视多出数倍的优越性还是得到展现，而且 ATSC 标准采用的 VBS 传播技术还具有发射功率小、覆盖范围广阔等优点；但 ATSC 标准也存在移动接收差强人意、抗干扰能力较弱、传播过程中容易造成图像重影等不足。欧洲 DVB 标准中的 DVB-S 具有将模拟信号和数字信号相互转换的特点，既能保证传输信号的质量，又能保证传播的节目数量；而 DVB-T 虽拥有较强的移动接收性能，但在发射功率和传输码率上不如 ATSC。日本 ISDB 标准基于 DVB 标准进行了优化改进，增加了双向通信协议从而使多媒体互动业务成为可能，其最大的特点是使用了部分接收和分层传输技术，使得带宽利用更加节省与高效，但 ISDB 发射功率较高。中国 DTMB 标准在借鉴欧、美、日数字电视的经验后不仅具有更好的移动接收和更快的系统同步性能，而且还与前三个标准有良好的兼容性；但 DTMB 只有地面传输标准，在有线传输和卫星传输方面还近乎空白。由此可见，当前数字电视领域的四大标准在技术上各有优缺点，技术的异质性决定了它们的不完全替代性，从而在竞争中得以并存。

　　其次，从各数字电视标准形成初期的定价策略来看，通常地，在一个产品或技术的形成初期，采取低定价策略有利于产品或技术进行市场渗透，吸引潜在用户和开拓市场。但由于数字电视标准在形成初期，其所需的 DTV 设备成本还较高，因此难以通过低定价策略来扩张标准的使用范围。待 DTV 技术成熟，DTV 设备价格也随之回落时，各标准的市场格局已基本成型。如 ATSC 和 DVB 在标准形成初期推广缓慢，在设备价格下降时，两者已分别完成对北美市场和欧洲市场的占领。

　　再次，从对数字电视标准中高额专利费的规避来看，在数字电视领域处于领先地位的国家往往凭借数字电视标准中包含的专利收取高额专利费，实现对标准使用国的经济利益攫取和对潜在竞争对手进行技术垄断的"双重利好"。在这种情况下，有发展数字电视标准潜力的国家为了摆脱技术上的对外依赖和经济上的巨额专利费支出，会通过研制出与已有数字电视标准相匹敌或者更高水平的标准来与之对抗和竞争，如中国 DTMB 标准的研制就成功保住了我国数字电视地面传输的市场。

最后，从各标准研制国政府的作用来看，在数字电视标准的形成过程中，各国政府的助推作用不可忽视。例如，美国国会曾立法确定模拟电视停播的最后年限，以此推动模拟电视向数字电视的转化和在国内推广 ATSC，还有美国联邦通讯委员会（Federal Communications Commission，FCC）规定电视接收机厂商必须保证在 2007 年以前除小屏幕以外的所有电视无须机顶盒就能够接收数字广播信号；又如，DTMB 在成为国际标准之前，中国已经将其定为国内数字电视地面广播传输的强制性标准，国家财政出资设立一个用于地面数字电视体系建设的专项资金，同时，原广电总局也陆续更换全国原有其他地面传输标准的数字电视系统使之符合国标的要求。由此可见，政府的助推一方面体现了政府在制定和推广标准方面的强制力；另一方面也降低了用户从模拟电视到数字电视的转换成本。

综上所述，我们发现美国的 ATSC 标准、欧洲的 DVB 标准、日本的 IS-DB、中国的 DTMB 标准分别在发射功率、传播范围、移动接收、带宽利用和系统兼容等方面具有各自的优势。且每一标准在全球数字电视领域都占有一定的市场份额，拥有一批特定的忠诚用户：ATSC 标准用户主要集中在北美洲，DVB 标准用户主要集中于欧洲及其在非洲、亚洲和大洋洲的部分传统殖民地国家，ISDB 标准除日本本国以外还几乎占领南美市场，DTMB 标准主要运用于中国大陆及其周边国家。同时，各标准主导国家对本国数字电视标准的保护性支持也使得各标准在竞争或融合方面形成了不可逾越的鸿沟。因此在数字电视领域的技术标准竞争中，其中的任何一个标准都没有足够的竞争力战胜其他标准，所以数字电视领域出现多标准并存的局面。

（二）移动通信多标准并存的原因分析

在风头尚劲的第三代移动通信标准中，WCDMA 依然保持着较高的市场占有率，在全球已有 3.5 亿的用户规模，CDMA 也在 130 个国家和地区得到应用，TD－SCDMA 依靠庞大的中国本土市场稳住脚跟。移动通信领域多标准并存的原因可以从用户规模累积和互补设备供应两个方面来分析。

一方面，从用户规模累积来看，由于移动通信标准必须以电信运营商为媒介服务于消费者，因此运营商拥有的用户基础和吸纳新用户的能力决定了移动通信标准可以累积到的用户规模。在 TD－SCDMA 刚起步时，WCDMA 和 CDMA2000 两大 3G 国际标准已经有了一定的用户基础，全球同期商用网数量、用户数量和终端产品等都呈现出大规模发展的势头。在 TD－SCDMA 发展初期，中国移动作为移动通信领域实力最强的电信企业利用国内电信业重组的空档期增加 GSM 用户基数，为 TD－SCDMA 的成熟赢得了时间，继而推动 GSM 用户向 TD－SCDMA 用户的转化，这种发展策略为 TD－SCDMA 积累了大量的潜在用户，为 TD－SCDMA 在中国的大发展提供良好的用户基础，从而在用户规模上逐步实现了与 WCDMA、CDMA2000 两大 3G 标准的抗衡。

另一方面，从互补设备供应来看，移动通信标准必须以设备为载体才能实现正常运行，在移动通信系统的构成中，符合特定移动通信标准的基站和移动终端等多种设备缺一不可，由此需要芯片、系统设备和移动终端等不同类别产品的厂商为其提供互补设备。例如，韩国现已形成 CDMA 产业（包括 CDMA2000），构建了零件、终端和服务一体化的完整产业链，致使 CDMA 已经牢牢掌控韩国的移动通信市场；TD－SCDMA 在刚被中国采用时，全球只有中国移动一家运营商在建设 TD－SCDMA 的网络，终端匮乏。2002 年，大唐电信、华为、联想、中兴、华立科技等八家企业签署了《联盟章程》《专利许可协议》和《发起人协议》，组成 TD－SCDMA 产业联盟（该联盟现有包括中国移动通信集团公司、TCL 集团、三星电子株式会社等在内的 90 名成员），其目的为了保证 TD－SCDMA 标准及相关产品在研发、生产、制造等方面的顺利开展，并做出专利联盟内部使用和必要资源注入等重大承诺；中国移动为构建 3G 移动通信系统对 TD－SCDMA 的投资也极大地拉动了 TD－SCDMA 系统、终端、芯片、系统设备、仪表等全产业链的快速发展。现如今 TD－SCDMA 已构建了包括标准、芯片、设备、终端、业务的广泛利益联盟，形成了坚实的 TD－SCDMA 体系。中国移动建设运营的 TD－SCDMA 网络，用三年半的时间取得了欧美运营商十二年所取得的成果。

综上分析，用户规模的累积和互补设备的供应对移动通信行业标准的建立和发展至关重要，由于三大 3G 移动通信标准都具有一定的用户基数以及比较完整的产业链和充足的互补设备供应，因此在移动通信领域表现出三方相互抗衡、任何一方都难以获得压倒性优势的多标准共存局面。

第二节 PC 操作系统和键盘领域的标准锁定与反锁定

一、PC 操作系统 Windows 的主流标准锁定

电脑操作系统是控制其他程序运行，管理系统资源并为用户提供操作界面的系统软件的集合，操作系统的主要功能是资源管理、程序控制和人机交互等。从目前的 PC 系统来看，主要有 Windows 操作系统、Mac 操作系统和 Linux 操作系统。

（一）三大 PC 操作系统简介

1. Windows 系统

Windows 操作系统由美国微软公司制作研发，是一款窗口化操作系统，是在微软给 IBM 机器设计的 MS－DOS 的基础上设计的，问世于 1985 年。Windows 采用了图形化模式 GUI，与过去的指令操作系统如 DOS 系统相比，更为人性化。随着电脑硬件和软件配置的不断升级，Windows 操作系统也在不断升级，位数从 16 位升至 32 位再升到 64 位，甚至 128 位；系统最初的版本是 Windows 1.0，经过不断改进，逐渐开发出 Windows 95、Windows 98、Windows ME、Windows 2000、Windows 2003、Windows XP、Windows Vista、Windows 7、Windows 8、Windows 8.1、Windows 10 等。Windows 操作系统在不断持续更新中得以进一步开发和完善，直到今天，Windows 操作系统依然是全球范围内市场覆盖面最广泛、用户最多的 PC 操作系统。

2. Linux 系统

Linux 系统是一套基于 POSIX 和 Unix 的免费使用和自由传播的类 Unix 操作系统，支持多用户、多任务、支多线程和多 CPU，性能稳定，诞生于 1991 年 10 月。最初，Linux 是一个操作系统的内核程序，由芬兰赫尔辛基大学计算机系的学生 Linus Torvalds 在 Unix 的基础上开发。Linux 的设计目的是更有

效地运用 Intel 微处理器；其后，采取 Richard Stallman 的建议，以 GNU 通用公共许可证发布，成了自由软件 Unix 变种（钟志永、姚珺，2012）。Linux 能运行主要的 Unix 工具软件、应用程序和网络协议，支持 32 位和 64 位硬件。尽管 Linux 的版本众多，但它们使用的都是 Linux 内核；Linux 可以被安装在各种硬件设备，如手机、平板电脑、路由器、视频游戏控制台、台式计算机、大型机和超级计算机。严格意义上讲，Linux 这个词只是表示 Linux 内核，但实际上，这个词已经被习惯性地用于形容整个基于 Linux 内核，使用 GNU 工程各种工具和数据库的操作系统。

3. Mac OS 系统

Mac OS 系统是一套专门安装于苹果公司 Macintosh 系列电脑上的、基于 Unix 内核的图形化操作系统，由苹果公司自行开发，一般情况下该操作系统无法安装在普通 PC 上。苹果公司于 1984 年推出了 Macintosh 电脑，在当时的 PC 还只是使用 DOS 系统枯燥的字符界面时，Mac 电脑就率先使用了一些至今仍为人称道的技术，如 GUI 图形用户界面、多媒体应用、鼠标等。2011 年，Mac OS X 正式被苹果公司更名为 OS X。2014 年，苹果电脑的操作系统已经升级至 OS X 10.10，新系统较过去的更为可靠，许多新增的特点和服务都体现了苹果公司的理念。MAC OS X 操作系统界面非常独特，突出了形象的图标和人机对话。

（二）PC 电脑操作系统的竞争和 Windows 系统主流标准地位的确立

在 Windows 系统被开发之前，个人电脑操作系统的竞争主要集中在微软和苹果。为获得优势地位，微软在 MS - DOS 系统的基础上研究设计了 Windows 系统，与苹果的 Mac 系统抗衡。微软公司采取与 IBM 公司合作的方式，利用 IBM 的强大实力和 PC 制造业的地位，Windows 系统的普及率迅速提升，廉价的个人电脑再加上便宜的 Windows 操作系统，使得 IBM 公司的个人电脑销量巨大，造就了 Windows 的垄断地位。Windows 的高使用率吸引了越来越多的程序员开发 Win32 程序；在新的 Windows 操作系统被推出后，由于 Windows 很强的兼容性，原来开发 Win32 程序的程序员会继续选择新版本 Windows 作为开发平台，另外，微软也为 Win32 的程序员们提供了自产的集成开发环境

Visual Studio。同时，微软自己也在不断地扩充公司的产品线，开发比如 Office 办公套装、微软百科全书、IE 等产品来支持 Windows 平台。这就造就了一个良性循环，以至于现在，无数的软件制造商需要依赖 Windows 操作系统才能生存。互补软件制造商的支持使得 Windows 系统成了当今世界市场占有率最高的桌面操作系统，用户规模越来越庞大。

与此同时，针对 Windows 系统在使用过程中所暴露出的不安全、不稳定等缺点，微软公司对其进行了不断改进和完善，以巩固和强化 Windows 在电脑操作系统领域的霸主地位。如 Windows 2000 系列放弃了原有的 Windows 内核，改用原来给服务器操作系统设计的 Windows NT 内核（版本 Windows NT5.0），之后的 Windows 更加稳定、高效，至今 Windows 2000 仍然被很多用户认为是最稳定的一个版本。2001 年，微软公司发布了 Windows XP，同过去相比，操作界面更漂亮，画面更清晰，色彩更饱满，操作更简单，易上手，内置的兼容模式确保了新版本能兼容旧版本下的应用程序，自带的驱动程序库能驱动主流的计算机硬件，等等，这些优点使得 Windows XP 系统对用户来说很有吸引力。

虽然苹果公司的 Mac OS X 操作系统诞生较早，但因为没有像 Windows 系统一样采用很好的标准竞争策略，导致其市场份额比较低。再加上为了防止盗版出现，苹果公司仅仅开发了 Mac 电脑版本的操作系统，使得 Mac OS X 不能很好地占领市场。Mac OS X 操作系统以美丽的外观和较高的安全性著称，但是家庭用户不多，目前大多只是用于设计。源于它的色彩优势，Mac OS X 被称为目前最完美的平面设计型操作系统。Mac OS X 系统能保证电脑中出现的色彩与实际打印效果基本相同，而 Windows 系统却不能保证。Mac OS X 的安全稳定性源于基于 BSD 版的 Unix 内核和苹果公司自己设计的支持 Mac OS X 的硬件。首先，相对 Windows NT 内核而言，Unix 更安全更稳定；其次，苹果公司最了解 Mac OS X 系统的硬件要求，设计的硬件设备与操作系统的兼容性较好，大大降低了电脑死机的概率；最后，软件的兼容性问题对系统的影响很大，兼容性不足常常会导致系统无法正常运行，而由于苹果一贯实行软硬件一体化的模式，硬件和软件高度统一，因而 Mac OS X 系统软件兼容出现问题的概率相对 Windows 的要低。

与 Windows 系统相比，Mac OS X 操作系统在权限设置和在线支持领域上不利于其用户规模的扩大。其一，在权限设置方面，Mac OS X 通过完美的 Unix 权限制度实现了高安全性，在普通账户下就算有病毒入侵，也会因为权限不足而无法对系统造成大程度的破坏。看起来几乎是完美的系统，能够很好地防御病毒，但安全性和易用性、方便性是相对的。如果"您没有权限"的对话框经常出现，会让最终用户感到厌烦。权限设置过高，系统会面临很大的安全风险；而权限设置过低，可能打开一张图片就会收到权限不足的提示，影响用户体验。其二，在在线支持方面，Windows 的网络支持包括 Microsoft Passport. NET（Windows Live ID）、MSN/Live 在线服务，大部分 MSN/Live 在线服务是免费的。Mac OS X 的在线支持为 Mac App Store，几乎完全收费，对于国内用户来说价格不菲，且提供的功能也没有 MSN/Live 多。过低的权限设置和收费的在线服务降低了 Mac OS X 对用户的吸引力。

Linux 系统与 Mac OS X 系统一样，继承了 Unix 的各种优点，如高安全性、稳定性等。Linux 最大的一项特色就是源代码完全公开和免费使用，所以 Linux 系统版本众多，选择面广。但这个特色同时也是其最大的问题，除此之外，Linux 系统还存在兼容性差、操作复杂、界面不够美化、多媒体功能不完善等缺点，详细分析如下：

第一，Linux 系统最大的缺点在于其源代码的公开以及免费使用，任何人皆可自由取得、散布、修改源代码，版本众多，同时也造成了混乱，又因为免费使用，开发者缺乏改善系统的动机，系统更新缓慢。第二，由于开发者之间交流沟通不足，Linux 系统各版本的兼容性比较差，甚至一个 RPM 包就有多种版本，兼容问题阻碍了 Linux 系统向桌面操作系统的推广。第三，相对于 Windows 系统来说，Linux 操作可以说非常复杂，安装需要配置各种项目或获取权限，很多操作在命令行下才能完成，很多 Linux 新手需要寻找 RPM 包。Linux 早已使用图形系统，如常见的 KDE（KING DESKTOP ENVIRMENT）和 GNOME（GNU Network Object Model Envirment）。尽管可以像 Windows、Mac OS X 那样进行图形操作，但是很多设置和功能，仍需要借助各种配置文件和命令行完成，而很多新手可能无法理解配置选项，可能还未入门就失去了学习 Linux 的积极性；更有甚者部分 Linux 程序员故意把程序边缘化（即故意让自己开发的程序很难用，看起来很高深）以突显出自己的高技术，所以很多 Linux 程序操作起来相当复杂，例如，本来可以通过 RPM 完成的却一定要借助命令行完成，操作不方便。第四，Linux 界面美化也是一个问题，例如，Linux 的中文字体，就有很多用户抱怨过难看。很多 Linux 程序员只重视功能不注重界面，而很多最终用户对界面美化问题是非常在意的。第五，Linux 的多媒体功能也差强人意，很多 Linux 发行版默认的音乐播放格式只有 . ogg 和 . wav，当然可能存在支持多点的版本，虽然说安装 RealPlayer 就可播放，但是这种用户体验绝对不能同 Windows、Mac OS X 提供的相比；Linux 的视频支持也不太好，一般专业游戏玩家都不愿意选择 Linux。Mac OS X 下的游戏软件虽然不多，但毕竟有一定的使用者。因此，Linux 的用户虽然有，但是数量不多，且主要集中于程序员之类的电脑高手，无法撼动 Windows 的地位。

（三） Windows 系统标准锁定地位难以撼动的原因分析

2013 年 3 月 PC 三大操作系统的市场份额如图 2 - 1 所示，其中 Windows 系统坐拥 91. 89% 的市场份额，以绝对优势雄踞霸主地位；Mac 系统以 6. 94% 的市场份额位居第二位；而 Linux 系统的市场占有率则不足 2%，仅为 1. 17%。

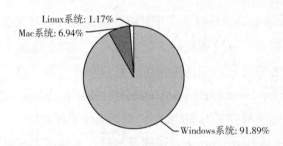

图 2 - 1　2013 年 3 月 PC 三大操作系统的市场份额

自 20 世纪 80 年代 Windows 系统问世以来，PC 操作系统领域就不乏竞争，但 Windows 系统始终占据主流标准地位，自从 20 世纪 90 年代 Windows 95 系统发布以后，Windows 系统的市场占有率鲜有跌至 90% 以下，三大 PC 系统 2009 ~ 2013 年的市场份额见表 2 - 1，Windows 系统在 PC 操作系统领域中的主流标准锁定地位似乎根深蒂固，Windows 系统的主流地位难以被撼动的原因可以从微软公司、竞争对手和用户三个方面来分析。

表 2 - 1　　　　　　　2008~2013 年 PC 操作系统市场份额　　　　　单位:%

操作系统	2009 年	2010 年	2011 年	2012 年	2013 年
Windows	94.05	93.73	93.06	92.02	91.34
Mac	4.91	5.25	5.87	6.81	7.27
Linux	1.01	1.00	1.06	1.16	1.38

从微软公司来说，一方面，通过不断地升级创新，对 Windows 系统进行改进和完善，以保持 Windows 系统自身的竞争优势，如 1990 年 5 月推出的 Windows 3.0 基本确定了 Windows 窗口界面的基本形式，以压倒性的商业成功确定了 Windows 系统在 PC 领域的垄断地位；随后经过 Windows 95、Windows 98、Windows ME 三代的积累，微软在当时的操作系统市场可以说是独占鳌头；2002 年发布的 Windows XP 再一次取得巨大的成功，成为当时市面上最主流的操作系统；2012 年开发完成的 Windows 8 被微软认为是具有革命性变化的操作系统，微软自称触摸革命即将开始。如此等等，Windows 系统的每一次升级都是对原有操作系统的超越和革新，升级式创新使微软在 PC 操作系统领域保有持续的技术优势。另一方面，微软采取了正确的标准竞争策略和市场营销策略，Windows 系统在诞生初期，微软公司就采取了与 IBM 兼容机结构完全兼容的策略，借助 IBM 的强大实力及其在 PC 制造业的占优地位，Windows 系统迅速累积到启动正反馈机制的用户规模。同时为了提高 Windows 系统的竞争力，微软在互补产品上做足功课，微软一方面扩充自己的产品线来支持 Windows 平台，如 Office 办公套装、IE 等；另一方面又通过给程序员们提供自产的集成开发环境 Visual Studio 等吸引越来越多的互补产品制造商为 Windows 操作系统开发软件，从而使 Windows 系统的价值得到不断提升。再从用户定位策略来看，Windows 操作系统的定位是普通的用户，通用的硬件即可支持 Windows 系统的安装，因此只要有电脑的地方，就有 Windows 系统的市场，面向大众用户的市场定位有利于 Windows 系统扩大用户规模。

从主要竞争对手 Mac 系统及其开发者苹果公司来看，一是 Mac 系统与 Windows 系统相比，没有显著的技术领先优势和异质性优势，从上面对两者的比较中，虽然可以看出 Mac 系统比 Windows 系统有更美丽的外观，运行更稳定、更安全，但是这些优势没有显著到足以抵消 Windows 系统的网络效应优势，而且 Mac 系统还在在线支持领域、权限设置、兼容性等方面不如 Windows 系统。二是苹果公司没有像微软公司那样采用很好的标准竞争策略和市场营销策略，一方面，Mac 系统只能安装在苹果电脑上，依靠苹果独家硬件支撑，与普通的 PC 机根本不兼容，无法安装，这就使 Mac 系统的用户仅限于苹果电脑的使用者；另一方面，苹果公司将 Mac 系统的用户定位为高端的专业用户，用户群体的狭小导致 Mac 系统的市场份额比较低。早在 1990 年 Mac 系统也曾经占据过 10% 的市场份额，并且几乎统治了图形界面机器，但苹果公司没有乘势采取吞噬市场份额的战略，而是仗着技术优势拔高价格，使自己进一步高端化，最终导致 Mac 系统的销售量停滞不前；到 20 世纪 90 年代末，Mac 系统的市场份额跌至 2%，并且在图形界面的特色也纷纷被微软抄袭。

从用户来看，Windows 系统庞大的市场份额一方面对新用户有巨大的吸引力；另一方面又使老用户转向其他操作系统的成本过大。新用户在权衡 Windows 系统的网络规模优势和 Mac 系统、Linux 系统等的稳定安全优势后多数会倾向于选择 Windows 系统。对老用户来说，Windows 系统的现有用户规模既可以使其享受到巨大的直接网络效应，又增大了其转向其他操作系统的转换成本；不仅如此，众多软件制造商对 Windows 系统的支持既保证了其有充足的软件选择自由，又使其可以获得较大的间接网络效应；再考虑到已经投入在 Windows 系统上的培训和学习费用以及转向 Mac 系统、Linux 系统等可能花费的培训和学习费用、学习的难度和耗费的时间等，老用户宁愿选择继续延用 Windows 系列的新产品而不转向其他操作系统。

综上所述，Windows 系统的主流标准锁定地位是在微软公司、主要竞争对手和用户三方合力的作用下形成的，三方合力的正向推动作用力越大，Windows 对 PC 操作系统的标准锁定地位越牢固、越持久。

二、QWERTY 键盘的锁定与反锁定

电脑键盘是把符号信息的控制信息传入电脑的媒介，当它最早被使用在

电脑上的时候，人们称它为"电传打字机"。电传打字机是大型计算机和小型计算机时代最主要的交互式传输设备，19 世纪 70 年代中期以后，随着电脑显示器设计和制造的逐渐成熟，电传打字机就逐渐退出了历史舞台，而键盘则成为一种独立的设备。

（一）延用近 150 年的 QWERTY 键盘

在 QWERTY 键盘被发明之前，键盘的排列是依照英文字母的顺序，但如果使用者敲击按键速度过快，则键盘很容易出现卡键问题，于是 Christopher Latham Sholes 发明了 QWERTY 键盘布局（见图 2 - 2），他将最常用的几个字母安置在键盘两侧相反的位置，目的是既不会使键盘卡住又能尽量提高打字速度。QWERTY 键盘因第一排字母的左边 6 个字母而得名，1868 年 Sholes 为 QWERTY 键盘申请了专利，1873 年第一台使用 Q、W、E、R、T、Y 键盘布局的商用打字机成功投放市场（Adams，1989）。

图 2 - 2　QWERTY 键盘布局

QWERTY 键盘被如此布局是由于机械式打字机的结构所致，机械式打字机的铅字杠杆结构决定了当两个位置接近的铅字同时按下时就会卡死，但同样的问题并不会出现在两个相距较远的铅字身上。在 QWERTY 键盘上，一些常用的字母被放在无名指、小拇指等位置上以保证在高速打字时按键不会卡死（Noyes，1983）。因此，Sholes 设计 QWERTY 键盘的初衷并不是为了降低打字速度，而是"既不会使键盘卡住又能尽量提高打字速度"。但令人费解的是这种在 140 多年前形成的、会使打字效率降低的键盘排列方式却一直沿用至今。

由于 QWERTY 键盘设计的初衷是为了放慢敲键速度以避免键盘被卡死，因此其不可避免存在一些缺点：一是高频键大多不在中排，都需要移动手指才能按到，导致需要大量的手指移动；二是高频键左右分布不均衡，左手负担比右手重；三是经常出现单手连续击键（尤其是左手）的情况，容易疲劳也容易出错；四是常用标点符号都要用小指输入。

但 QWERTY 键盘的优点也是显而易见，其主要优点体现在：第一，普及率和兼容性接近 100%；第二，有史以来的各种软件的快捷键都默认为此布局设计；第三，最常用的快捷键（â, ŝ, ĉ, v̂, x̂, ẑ, ŵ）都可用左手完成。

现如今，QWERTY 键盘已经不仅仅是被电脑广泛使用的 101 标准键盘，而且它也出现在了很多智能手机、PAD 等便携设备上。与打字机上 QWERTY 键盘的设计初衷不同，在手机这样小体积的设备上，QWERTY 键盘的打字速度是远远超过传统的 0~9 数字键盘的。这种一个多世纪前为了降低打字速度而设计的排列方式，竟然沿用至今，并且成为一个标准，不能不说是一个奇迹。

（二）来自 Dvorak、Colemak 等键盘的挑战

20 世纪以后，机电打字机的发明使得机械式打字机的铅字臂卡死不再成为一个重要的问题，众多的高速打字键盘应运而生（牟炜民、刘艳芳、张侃，1997），其中最著名的有 Dvorak 键盘、Colemak 键盘、MALT 键盘、Capewell 键盘等。

1. Dvorak 键盘

Dvorak 键盘（见图 2－3）是 QWERTY 键盘的最早挑战者，全名为 Dvorak Simplified Keyboard，也叫 Simplified Keyboard 或 American Simplified Keyboard，Dvorak 键盘是由 August Dvorak 和 William Dealey 在 1932 年设计完成，且于 1936 年获得美国专利。Dvorak 键盘将常用字母都归在一起，以期该布局能够提高打字速度；同时通过减少手指的运动量来降低工作强度，防止手指劳损。

Dvorak 键盘的优点主要体现在：第一，将高频键都分布在中排，大大降

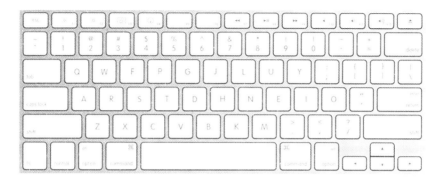

图 2 - 3 Dvorak 键盘布局

低手指移动距离，而 QWERTY 的高频键多数在最上面一排；第二，尽可能使左右手交替击键，均衡负担，相较于 QWERTY 键盘的左右手平衡为 57%：43%；Dvorak 键盘左右手平衡则是 44%：56%；第三，布局优雅，精心设计了右手负责区域的键位，使辅音字母组合（如 th，nt，gh，wh，rn）输入非常顺手；第四，将常用的标点符号移到更舒服的位置，输入更方便。

Dvorak 键盘的缺点则是：第一，布局变化过大，几乎所有的字母和标点符号都改变了，上手困难；第二，本来单手可以操作的快捷键要双手操作；第三，部分跳过键盘布局直接取键盘码的软件仍然是 QWERTY 布局；第四，高频键 r 和 i 仍需要移动才能按到，而 u 和 h 不是很高频的键却放在了本位（不需要移动就能按到）（牟炜民、刘艳芳、张侃，1997）。

2. Colemak 键盘

Colemak 键盘（见图 2 - 4）是由 Shai Coleman 在 2006 年发明的。Colemak 键盘大大减少了手指的运动量，手指在 Colemak 键盘上的运动距离只相当于在 QWERTY 键盘上运动距离的 2/5，使用中间列打出的字数是 QWERTY 键盘的 35 倍。

与 QWERTY 键盘、Dvorak 键盘相比，Colemak 键盘的优点在于：第一，高频键真正做到了完美分布，手指移动距离更小；第二，q，w，z，x，c，v，b，m 键以及标点符号键都没有移动，而且除了 e 和 p 外，字母键都在原来的手控制之下，更容易上手；第三，常用的快捷键（â，ĉ，v̂，x̂，ẑ，ŵ）仍能正常使用；第四，不经常使用的 capslock 键被换成了高频键 backspace 键；第

图 2 - 4　Colemak 键盘布局

五，有资料详尽的官方网站，甚至针对各种打字练习软件设计了练习包。

Colemak 键盘的缺点主要有：第一，键分布没有逻辑，不如 Dvorak 优雅；第二，没有优化常用标点符号。

3. MALT 键盘

MALT 键盘（见图 2 - 5）是由南非出生的发明家 Lillian Malt 于 1974 年设计的。MALT 键盘被认为是一种比 Dvorak 键盘更合理、更高效的键盘布局，它改变了传统键盘原本平面的字键排列方式，使得键盘更加立体而且更符合人体工程学的要求，更多地使用了拇指，使"退格键"（backspace）及其他原来距键盘中心较远的按键更容易被触到。但 MALT 键盘需要配合特殊的外部设备才能在电脑上使用，所以也没有得到普及。

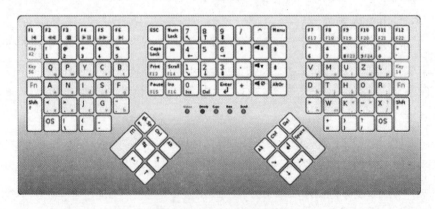

图 2 - 5　MALT 键盘布局

4. Capewell 键盘

Michael Capewell 于 2004 年在 Dvorak 键盘的基础上设计出了一种新的键盘布局，并将其称为 Capewell-Dvorak 键盘（见图 2－6）。他开发的一种算法，能够设计出更加有效的键位，因此 Capewell 键盘可以看作是对 Dvorak 键盘的一种合理改进。由于这种有效的改进，手指的运动量相对 Dvorak 键盘减少了 10%，和 QWERTY 键盘相比，手指运动量更是减少了 48%。Capewell 键盘修正了 Dvorak 键盘的明显低效率之处。例如，把原来食指位上的 U 键替换为 I 键（I 的使用频率是 U 的 2.5 倍），仅此一项，手指运动量就减少了 8%。习惯用快捷键的人们也不必担心，因为 Capewell 键盘把 Z 键、X 键、C 键和 V 键放在了和 QWERTY 键盘相同的位置，使用者可以方便地使用各种快捷键。

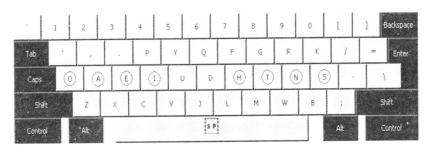

图 2－6　Capewell 键盘布局

（三）QWERTY 标准难以被替代的原因分析

自 1868 年 QWERTY 键盘发明以来，不断有字母排列方式更合理、更能提高打字效率的键盘问世并挑战 QWERTY 键盘，典型的如 Dvorak 键盘、Colemak 键盘、MALT 键盘和 Capewell 键盘等。其中，Dvorak 键盘创造了世界上最快的打字速度，Barbara Blackburn 就是当前世界上打字速度最快的人，这一纪录已经被记入了《吉尼斯世界纪录大全》，而 Barbara Blackburn 世界上最快的英文打字速度就是在 Dvorak 键盘上实现的。尽管如此，这些被认为更高效率的键盘都没能替代 QWERTY 键盘而流行起来，世界上最通用的键盘还是 QWERTY 键盘。

关于 QWERTY 键盘的非效率及其难以被替代的原因，学者们表现出了极大的兴趣和关注，并为此展开了争论。早在 1986 年 Bruce 爵士就在《奇妙的书写机器》一文中写道："QWERTY 键盘的布局方式明显降低了效率。"例如：大多数人习惯使用右手，但在 QWERTY 键盘上，左手却负担了 57%的工作。小指及无名指是最没力气的指头，打字时却经常要用到它们；排在中间的字母，其使用频率仅占 30%左右，为了打一个字，手指常常要在键盘上来回移动。关于 QWERTY 键盘难以被替代的原因，尽管有学者从技术的角度指出：没有充足的证据可以表明 Dvorak 键盘、Colemak 键盘、MALT 键盘等键盘显著地快于 QWERTY 键盘。但多数学者认同，在 QWERTY 键盘的发展历程中存在因路径依赖和惯性所导致的市场失灵，将近 150 年的发展历程使人们的大脑和手指都已经习惯了 QWERTY 键盘，用户的惰性使得其他更加符合人体工学的设计、更加有效率的技术难以得到推广和普及。因此，QWERTY 键盘的标准锁定地位主要是用户助推而形成的。

第三节　智能手机操作系统领域的标准锁定与反锁定

1999 年摩托罗拉推出一款名为天拓 A6188 手机，该款手机集两项第一于一身：全球第一部具有触摸屏和第一部中文手写识别输入的手机，该款手机被认为是智能手机的鼻祖，A6188 采用的是 PPSM（Personal Portable Systems Manager）操作系统。2000 年，来自北欧的爱立信公司推出 R380sc 手机，该款手机采用基于 Symbian 平台的 EPOC 操作系统，且同样支持 WAP 上网和手写识别输入。从 1999 年第一款智能手机诞生，到如今智能手机已经经历了近 15 个年头，15 年的智能手机发展史见证了诺基亚对 Symbian 系统的固守和没落，见证了 iOS 和 Android 系统的诞生和成长。

一、Symbian 系统的推出及对智能手机操作系统的标准锁定

1998 年爱立信、诺基亚、摩托罗拉和 Psion 公司合作成立了 Symbian 公司，1999 年 Symbian 公司推出 Symbian OS v5. x 操作系统，2000 年全球第一款

Symbian 系统手机——爱立信 R380 正式出售，2001 年第一款诺基亚 Symbian 系统智能手机 7650 问世。此后，索尼、三洋、富士通和西门子等相继取得 Symbian 系统许可证，Symbian 联盟形成，该联盟几乎囊括了当时全球所有著名的手机厂商。在智能手机市场开发初期，Symbian 系统一经推出，就显示出了强大的技术优势，该系统集成了通信网络、无线文字、网页浏览、电子邮件、支持 Java 应用等多种功能，Symbian 系统的市场份额也因其卓越的功能不断攀升，据 Canalys 公司的数据显示，2002 年 Symbian 操作系统在欧洲、中东和非洲地区高端手机和掌上电脑市场的份额为 39%，2003 年上升为 57%，在中国更是坐拥智能手机 66.6% 的市场份额，2006 年和 2007 年 Symbian 智能手机的出货量分别达到了 1 亿部和 2 亿部，Symbian 系统无疑成为智能手机操作系统的事实标准，以 Symbian 系统为操作系统的诺基亚智能手机销售量一直到 2010 年都是雄踞业界翘楚。在性能更卓越的 iOS 系统和 Android 系统出现以前，Symbian 对智能手机操作系统的标准锁定无疑是顺向标准锁定（陶爱萍、张丹丹，2013）。

二、渐进创新下 Symbian 系统的困境及诺基亚对 Symbian 系统的固守

Symbian 系统巨大的市场份额使得 Symbian 公司成员沉迷于 Symbian 系统的成功和既得市场利益，陷入"创新惰性"，缺乏突破 Symbian 系统、进行不连续变轨创新的动力，Symbian OS v5.x 到 Symbian OS v9.x 的升级历程体现了 Symbian 联盟成员在 Symbian 技术内核下对 Symbian 系统进行的连续渐进式创新。这种渐进式升级创新在智能手机系统未出现技术大变革的 2007 年以前，使 Symbian 系统的标准锁定地位得以维持；2007 年先后面世的 iOS 系统和 Android 系统引领了智能手机操作系统领域的新变革，固守渐进创新使得 Symbian 系统逐渐丧失市场优势并最终陷入困境，2009 年摩托罗拉、LG、索尼爱立信、三星等相继退出 Symbian 系统等手机厂商先后退出 Symbian 系统转向 Android 系统，2010 年仅剩诺基亚一家支持 Symbian 系统，诺基亚固守 Symbian 系统难以退出的主要原因是庞大的用户规模和高昂的转移成本。

从 1996 年开始，诺基亚手机连续 15 年占据手机市场份额第一的位置。

Gartner 发布的数据显示，2003～2009 年诺基亚手机的市场份额在全球手机市场上的占比都在 30%～40%，2003 年占比为 34.8%，2008 年达到顶峰逼近 40%，2010 年诺基亚手机的市场份额在全球的占比虽然跌破 30%，降至 28.9%，但诺基亚仍以 4.6 亿部的手机销量而位居各大品牌之首。手机业界翘楚名不虚传，庞大的用户规模聚积的网络效应使得诺基亚难以割舍 Symbian 系统。

1998 年 Symbian 公司成立时，诺基亚持股数量位居第三；2004 年诺基亚收购 Psion 公司持有的价值约 1.357 亿英镑的 Symbian 公司股权，使其持有的 Symbian 公司股权达到 63.3%。2008 年诺基亚全资收购 Symbian 公司，Symbian 成为诺基亚的独占系统。由此可见，诺基亚在 Symbian 系统上投入的不仅仅是研发资本，还有比其他手机厂商高得多的股权收购成本，巨额的资本投入使得诺基亚转向其他智能手机系统的成本昂贵。

Symbian 系统缺陷的不断暴露说明诺基亚公司的技术标准锁定已经由顺向转为逆向，2007 年苹果 iOS 系统和谷歌 Android 系统相继公布，身居智能手机领域"头把交椅"的诺基亚没有意识到自己的危险，依然死守 Symbian 系统，并在 2008 年做出了全资收购 Symbian 之举。触摸屏、多媒体、新操作界面等技术在智能手机中的应用使得 Symbian 系统的优势不复存在，在 iPhone 和 Android 引领的新变革面前，诺基亚依旧成立了 Symbian 协会，致力于 Symbian 开源计划及 Symbian 的转型，这种逆向标准锁定和创新惰性终结了诺基亚连续 15 年占据手机市场份额第一的位置，2011 年诺基亚智能手机的市场份额与 2010 年相比下降了 19%，远低于苹果和三星，退居第三位。手机通信设备厂商的流失和新技术的缺乏使得 Symbian 系统市场份额急剧萎缩，截至 2012 年 2 月，Symbian 系统的全球市场占有量仅为 3%，中国市场占有率下降至 2.4%；到 2014 年第二季度，Symbian 系统的全球市场份额则下降至 1% 以下。

三、Android、iOS 系统与 Symbian 系统的标准之争及诺基亚的自我解锁

2007 年初苹果公司的 iOS 系统面世，同年 11 月，谷歌 Android 系统公布，此时 Symbian 系统仍然是全球智能手机操作系统的霸主。iOS 是苹果公司专门

为自己的移动电子设备开发的操作系统，最早在 2007 年 1 月 9 日的 Macworld 大会上正式对外公布，系统最初的设计目标是应用于 iPhone，后来，这个系统被陆续套用到 iPod touch、iPad 以及 Apple TV 等苹果其他产品上。与 Mac OS X 操作系统一样，iOS 也是以 Darwin 为基础的，同属于类 Unix 的商业操作系统。这个系统的原名为 iPhone OS，由于苹果旗下除电脑以外的产品都使用 iPhone OS，所以 2010 年该系统改名为 iOS（iOS 为美国 CISCO 公司网络设备操作系统注册商标，苹果改名获得 CISCO 公司授权）。

Android 系统由谷歌公司和开放手机联盟领导与开发，是一种基于 Linux 开发的，主要应用于智能手机和平板电脑等移动设备的操作系统。Android 操作系统的创始人 Andy Rubin 开发 Android 的初衷是将其做成一款运用于手机的操作系统。2005 年谷歌对 Android 进行收购与注资，2007 年 11 月谷歌与 84 家硬件制造商、软件开发商及电信营运商组建开放手机联盟以更好地对 Android 系统进行开发与改进，随后谷歌通过 Apache 开源许可证进行授权，开放了 Android 的源代码。2008 年 10 月，第一款搭载 Android 系统的智能手机发布，此后 Android 系统逐渐开始支持平板电脑、智能家电、游戏机、汽车等硬件平台。2011 年第一季度，Android 首次超过 Symbian，成为占有最大全球市场份额的手机操作系统；2013 年的第四季度，Android 平台手机的全球市场份额已经达到 78.1%。2014 年 9 月 24 日，在 Android 系统迎来 6 岁生日之际，全世界采用这款系统的设备数量已达到 10 亿台。

在 iOS 和 Android 的双重夹击下，Symbian 系统手机的市场份额急剧下滑，诺基亚公司意识到不进行大变革难以挽救市场份额日益萎缩的颓势。鉴于十多年来应用和升级 Symbian 系统累积的强大标准锁定效应，诺基亚决定联手微软进行突破式创新。2011 年 2 月，诺基亚宣布与微软达成全球战略合作伙伴关系，联合研发 Windows Phone 新系统；同时决定不再对 Symbian 系统进行更新。2011 年 10 月，诺基亚发布了与微软合作的首批 Windows Phone 手机——Nokia Lumia；2011 年 12 月，诺基亚官方宣布放弃 Symbian 品牌。2012 年 3 月，微软和诺基亚联合注资 2400 万美元，用于新 Windows Phone 程序的研发，并和全球领先的互动娱乐软件公司 EA 合作，将多款人气游戏引进 Windows Phone 平台；2012 年 5 月诺基亚宣布彻底放弃继续开发 Symbian 系统，取消

Symbian Carla 的开发；同时诺基亚推出了多款 Lumia 系列手机，新近推出的 Lumia 920 与 Lumia 820 更是搭载了 Windows Phone 8 系统，引入了多项革命性技术，如 PureMotion HD +。在 Lumia 系列的助力下，诺基亚智能手机的市场份额在美国、欧洲和中国等地逐步有所回升。2013 年 1 月，诺基亚宣布不再发布 Symbian 系统的手机，诺基亚 808 将是最后一款 Symbian 系统手机，此举意味着 Symbian 系统在经历了 14 年的发展之后，终于迎来了谢幕。2013 年 6 月，诺基亚宣布停止出货安装 Symbian 系统的智能手机，全面转向微软 Windows Phone 平台；2014 年 1 月，Nokia Store 正式停止对 Symbian 应用的更新，新应用也被禁止发布。

截至 2014 年第二季度，美国调查公司 IDC 的数据显示 Android 和 iOS 两个平台已经占据了 96.4% 的智能手机操作系统的市场份额，Symbian 系统市场份额则下降至 1% 以下。短短几年时间内，Android 和 iOS 系统就蚕食了 Symbian 系统的绝大部分市场份额，破除了 Symbian 系统对智能手机操作系统的标准锁定。Android 和 iOS 系统极强的市场竞争力源自它们更加卓越的技术和性能，Android 和 iOS 系统与 Symbian 系统相比的技术和性能优势从以下比较中可以窥见一斑：首先，Android 和 iOS 系统对手机硬件配置的要求高于 Symbian 系统，最新的 Android 和 iOS 系统都是 1G 甚至以上的双核处理器，Symbian 系统适用于配置比较低的机型，低配置的 CPU 导致 Symbian 系统在可玩性、界面华丽度、视觉效果等方面无法与 Android 和 iOS 系统比拟；其次，Android 和 iOS 系统的扩展性强，应用程序要远远多于 Symbian 系统；最后，在多媒体和触屏手机时代，Symbian 系统对主流媒体的支持性和多点触控功能无法与 Android 和 iOS 系统竞争。倘若以电脑操作系统来比喻智能手机操作系统，Android 系统接近于 Windows 2000、Windows XP 系统，而 Symbian 系统则只能处于 X86 时代。显著的技术优势使得 Android 和 iOS 系统在与 Symbian 系统的标准竞争中节节胜利，从 2008 年开始，Symbian 系统的市场份额一直以较快的速率下降，Android 系统则以较高的比率逐年上升，2010 年 Android 系统成为全球第二大智能手机操作系统；2011 年 Android 系统反超 Symbian 系统成功晋级为全球第一大智能手机操作系统；iOS 系统在经历了 2009 年、2010 年的下降以后在 2011 年急剧上升，在 2013 年有所下降（见表 2 - 2）。美国调查公司 IDC 于 2014 年 2 月公布的全球智能手机市场调查结果显示，2013 年第四季度，配备谷歌移动操作系统 Android 的终端和配备苹果 iOS 的终端（iPhone）的总出货量占了全球市场份额的 95.7%。由上述数据可以发现，Symbian 系统标准锁定的时代已经过去，Android 系统和 iOS 系统已经完成了标准反锁定。

表 2-2	2008~2013 年智能手机操作系统市场份额				单位:%	
操作系统	2008 年	2009 年	2010 年	2011 年	2012 年	2013 年
Symbian	52.4	46.9	28.1	28	<3.6	<1
Android	0.5	3.9	16.9	36	70.1	78.1
iOS	15.7	14.4	11.7	17	21.0	17.6

四、Android 系统和 iOS 系统的比较及智能手机系统的未来趋势

2012 年起，智能手机市场已经是 Android 系统和 iOS 系统的天下。作为智能手机系统的两巨头，这两个系统有着各自的优缺点：首先，Android 系统是基于 Java 语言的开源手机操作系统，Android 系统的源代码是公开的、允许第三方访问，开放性为 Android 系统赢得了广大的市场份额但也可能导致系统核心技术控制权的丧失；iOS 系统是基于 C 语言的封闭手机操作系统，其源代码是封锁的，禁止第三方访问，封闭性在确保 iOS 系统核心技术控制权的同时限制了系统的传播和影响范围。其次，虽然配备 Android 系统的终端品种众多，但缺乏统一的品牌形象；配备苹果公司 iOS 系统的终端（iPhone）价位较高且版本单一，只能满足高收入群体和年轻群体的消费偏好。2010 年至 2014 年 10 月，Android 系统和 iOS 系统两者在智能手机市场占据的市场份额一直高于 Symbian 系统的市场份额，且 Symbian 系统的市场份额缩减迅速。这表明，Android 系统和 iOS 系统已经成功突破 Symbian 系统对智能手机操作系统的标准锁定。尤其是 Android 系统，其市场份额增长飞速，2013 年已经达到 78.1%。

鉴于 Android 系统和 iOS 系统的优缺点，未来的智能手机操作系统市场可能的趋势是：第一，由于配备 iOS 系统的终端（iPhone）价位比较高，终端版本单一，相对于拥有多个合作手机厂商且面向各阶层消费群体的 Android 系统

来说，iOS 系统的消费群体较小，如果未来 iOS 系统不能在现有品牌 iPhone 的基础上研发出更多的版本，吸引不同阶层的消费群体，那么 Android 系统的市场份额可能会继续上升，甚至达到90% 以上，最终一家独霸；第二，尽管目前 iOS 系统的市场份额与 Android 系统相比有相当大的差距，但若 iOS 系统采取积极的创新策略，研制出比 Android 系统足够卓越的技术和性能，超越 Android 系统独占鳌头也是可能的；第三，如果 Android 系统和 iOS 系统都注重技术的升级和研发，采取你追我赶式的创新策略，那么智能手机系统市场将长期由 Android 系统和 iOS 系统共同主导；第四，如果 Android 系统和 iOS 系统在拥有占优地位的情况下不能居安思危，积极研发新技术，那么将来的智能手机系统市场可能被 Android 系统和 iOS 系统以外的第三系统（如 Windows Phone 系统）所占领（陶爱萍、李丽霞、洪结银，2013）。

五、Symbian 系统锁定被突破的原因分析

Symbian 系统锁定被突破的原因可以从 Symbian 系统本身及其研发者诺基亚公司、Android 系统及其研发者谷歌公司、iOS 系统及其研发者苹果公司三方来分析。关于 Symbian 系统本身及其研发者诺基亚公司方面的原因我们在上面已经做了较为详细的分析，下面主要分析 Android 系统和 iOS 系统方面的原因。

首先，就 Android 系统和 iOS 系统的共同方面来看，两者在技术和性能上都较之 Symbian 系统更加卓越，升级更加迅速，能满足用户日益变化的多样化需求。

其次，从 Android 系统方面来看，相较于 iOS 系统，Android 系统在市场份额上更具有显著的优势，原因在于：一是谷歌公司通过不断的技术改进和技术创新来升级和完善 Android 系统，保持并提升 Android 系统的技术优势和竞争力；二是众多手机厂商对 Android 系统的支持，与谷歌公司合作的手机厂商为数众多，包括排名能进入全球五强的三星、HTC、摩托罗拉和索尼爱立信，借助这些手机厂商巨大的市场占有量，Android 系统以惊人的速度扩大在智能手机操作系统领域的市场规模，积累了为数众多的用户群体；三是 Android 系统源代码的公开吸引了越来越多的互补产品制造商为其开发配套软件，从而提升了 Android 系统的价值；四是在用户定位方面，Android 系统的用户群体层次广，能满足高、中、低端不同用户群体的需要，从而有助于 Android 系统占据较大的市场份额。

最后，从 iOS 系统方面来看，从 2011 年开始，iOS 系统的市场份额虽然一直保持在 17% 以上，但是不足 Android 系统的 1/4，原因在于：一是苹果公司强大的技术支持，使得 iOS 系统的技术和性能自第一版发布以来，一直在升级和改善，目前 iOS 系统升级为 iOS 10.2，技术和性能的优化促进了 iOS 市场份额的提升；二是 iOS 系统只能被安装于苹果手机上，其主要支持的软件也是由苹果公司开发的软件，与其他互补硬件与软件的低兼容性不利于 iOS 系统市场份额的快速扩大；三是 iOS 系统定位为高端用户，主要是通过个性化产品和优质的品牌培育一批忠诚的用户，用户群体的狭窄又进一步制约了 iOS 系统用户规模的积累。

综上所述，虽然在技术和性能上 Android 系统和 iOS 系统都显著优于 Symbian 系统，但在突破 Symbian 系统以后，Android 系统的市场份额较 iOS 系统更胜一筹，主要原因在于其开发者谷歌公司运用的标准竞争策略和市场定位策略更有利于 Android 系统快速地扩大用户规模和提升市场份额。

第三章　技术创新中技术标准锁定强度的测度与评价研究

技术标准锁定既有阻碍技术创新的作用，又有促进技术创新的作用，何种作用占据优势取决于技术标准锁定的程度及其属性。当技术标准锁定程度很深，新技术标准难以撼动和替代旧技术标准，或技术标准锁定次优技术时，技术标准锁定对技术创新的负效应会超越正效应。本章将在对技术创新中技术标准锁定正、负效应分析的基础上，构建衡量技术标准锁定强度的测度指标，继而运用这些指标测度 Windows 电脑操作系统和 Android 手机操作系统的锁定程度。

第一节　技术标准锁定的效应分析

技术标准锁定对技术创新的影响效应可以概括为以下四个方面：技术标准锁定的创新激励效应、技术标准锁定的进入壁垒效应、技术标准锁定的限制竞争效应和技术标准锁定的规模经济效应。本章将从技术标准锁定前后比较的视角分析各种效应产生的机理。

一、技术标准锁定的激励效应

技术标准锁定的创新激励效应主要表现为技术标准锁定对研发创新、技术标准化的激励作用，技术标准锁定的创新激励效应有正向和负向、前向和后向之分，所谓前向创新激励效应，是指在技术标准锁定地位确立之前，可能产生的收益预期对经济主体创新动力的激发、技术标准化及参与标准竞争的激励，前向创新激励效应以正向激励效应占主导；所谓后向激励效应，是指在技术标准锁定地位确立以后，高额的标准锁定收益及其可维持性对标准所有者及非标准所有者可能产生的影响，后向创新激励效应以负向激励效应占优势。

在技术标准锁定地位确立之前，对技术标准化及技术标准锁定收益的积极预期会激发经济主体从事研发创新及推动创新成果标准化的积极性，而研发创新成果能否标准化、标准化概率的高低受两大因素的影响：其一是技术创新成果的先进性程度，即"标新"程度；其二是技术创新成果的异质性程度，即"立异"程度，这就要求经济主体的研发活动或能"标新"，或能"立异"。对技术标准化及其锁定的预期收益越大，创新主体逐"新"、逐"异"的动力越大；而反过来，研发创新成果的先进性、异质性程度越高，其标准化及锁定地位获得的可能性越大，因此前向创新激励效应与技术先进性、技术异质性之间具有相互累积强化关系，故而可以通过技术先进性、技术异质性来衡量前向创新激励效应的大小。

在技术标准锁定地位确立以后，高额的锁定收益及锁定地位的难以撼动性会弱化标准拥有者和非标准拥有者的创新动力，诱发其创新惰性，从而对技术创新活动产生负向激励效应。对于标准拥有者来说，一方面，巩固锁定地位、维持既得锁定收益需要其持续不断地进行创新，以使标准技术保持先进性、强化异质性，此为正向创新激励；另一方面，高额的锁定收益又使其安于现有标准技术，居安而不思危、享乐而不思进，此为负向创新激励。技术标准拥有者维持锁定的能力越强，技术标准的锁定地位越牢固，锁定的收益越大；而技术标准锁定地位及其收益的可维持性越久，技术标准所有者不思创新的可能性越大，突破现有技术路径进行革命式创新的可能性越小，负向激励效应会逐渐超过正向激励效应并不断强化。对于非标准拥有者来说，一方面，对技术标准内含专利的付费使用使其产生摆脱现有技术标准锁定、自主研制新技术标准的动力和愿望，此为正向激励；另一方面，现有技术标准的绝对优势和突破现有技术标准锁定的高难度又诱使其做出追随现有技术标准的决策，畏难而不创新，此为负向激励。非标准拥有者的创新能力越弱，撼动现有技术标准锁定地位的可能性越小；而突破现有技术标准锁定的难度越大，非标准拥有者接受现有技术标准的诱惑越大，研发新技术替代现有技术标准的动力越小，负向激励效应会随着技术标准锁定的强化而超越正向激励效应。因此，创新主体的创新能力既可以反映标准拥有者维持锁定的能力，又可以反映非标准拥有者突破锁定的能力，因而是测度技术标准锁定强度的重要指标之一。

二、技术标准锁定的竞争效应

在技术标准锁定地位确立之前，竞争效应主要表现为对创新竞争和标准竞争的激励作用。创新因能带来巨大的价值回报而让经济主体孜孜以求，但又因其高度的不确定性而让经济主体承担较大的风险（闫威等，2012），技术标准锁定不仅因技术标准的私有权而降低创新成果未来收益的不确定性和风险，而且能够在最大程度上促进创新的价值回报的实现。为了使技术能够成功标准化及确保后续的标准锁定地位能够顺利建立，经济主体争相进行创新竞争或创新竞赛，力图使自己的技术胜他人技术一筹，或是抢先捕捉市场先机，凭借领先优势或先动优势推动技术标准化，并通过标准竞争为该技术标准赢得占优的市场份额。一般来说，标准竞争不外乎三种结局：唯一标准、多标准并存和标准从属者，对于标准拥有者来说，第三种结局是其不愿意看到的，也不可能实现后续的技术标准锁定。能够确立锁定地位的技术标准通常是业界的唯一标准或多标准并存下的主流标准，在经济全球化和全球大市场的背景下，唯一标准这种极端的情况很难实现，因此，经济主体参与标准竞争的目标是成为众多标准中的主流标准，如操作系统领域微软的 Windows 系统、3G 标准中的 WCDMA 和 CDMA2000 等。

在技术标准锁定地位确立以后，竞争效应一是表现为保住锁定地位的持续性而进行的自我竞争以及应对来自新技术的挑战；二是表现为对竞争的阻碍和排斥作用。在既有标准锁定地位已经确立的情况下，该怎样保住自己后续的锁定地位及地位的可维持性是处于锁定地位的标准拥有者必须面对的问题，锁定虽然能够在一定程度上阻碍和排斥标准竞争，但并不意味着标准竞争已经烟消云散。标准竞争一直贯穿技术发展始终，来自技术创新的压力以及新技术发出的挑战使得处于锁定地位的技术标准时刻受到威胁，对于锁定标准的拥有者来说，必须要能够适时地进行技术创新和技术换代，承受住潜在的压力与挑战，避免自己的锁定地位不保。锁定的特征及锁定下技术标准的属性使得技术标准锁定与寡占市场结构有着必然的联系，锁定情况下的寡占市场结构可以从以下几个方面来说明：第一，供给者的数量。技术标准锁定是在标准竞争胜出者的推动下形成的，经过标准竞争的筛选，幸存下来的技术标准已经为数不多；而锁定地位的难以撼动性又增加了新技术进入市场的难度，因而锁定情况下技术标准提供者的数量是有限的。第二，产品差异化。多技术标准之所以能在历经标准竞争之后能够并存，原因即在于其拥有不同于其他标准的特质技术内核，这种特质技术内核既是其维持在位技术标准地位和占有一定市场份额的保证，又是其阻碍和排斥其他新技术进入市场的武器。第三，进入的难易程度。锁定下的技术标准具有较高的异质性和较大的市场份额，处于锁定地位的技术标准的异质性程度和用户规模构成了新进入者的进入壁垒，新进入者要想进入市场，必须研制出具有更大差异性的、更为先进的技术，并且累积起与在位技术标准相抗衡的用户规模，这些会增加新进入者的进入成本，提高其进入的难度。标准锁定情况下的市场寡占程度越高，其对竞争的阻碍和排斥作用越大。

三、技术标准锁定的壁垒效应

技术标准锁定的壁垒效应体现在三个方面：一是对新技术进入市场及新技术标准化的壁垒；二是对标准使用者的壁垒；三是对技术交易和技术贸易的壁垒。在法定标准占据主导地位的前工业化社会和工业化社会前期，技术标准具有公开性、普适性、非排他性等公共产品属性，技术标准的内容是公开的、免费使用的，无所谓技术标准锁定。具有公益性、无偿性和开放性的公共技术标准对标准使用者来说，几乎是零壁垒的；新技术进入市场、技术交易和技术贸易除了要遵循技术标准本身所规定的技术规范、技术准则、技术秩序等要求之外，面临的其他阻力较小，新技术进入市场的壁垒较低，技术交易和技术贸易则因为有普适性、公开的技术标准可参照而变得更为容易，技术交易和技术贸易的摩擦较小。

在事实技术标准占据主导地位的工业化后期和后工业化时代，知识产权、专利权等私有权的渗入，使得技术标准由公有属性为主转变为私有属性为主，技术标准的私有化意味着其中的专利具有非公开、有偿使用的属性，技术标准使用者只有在对标准内涵专利技术进行付费以后才能获得授权许可；私有技术标准的提供者为了维护其对技术标准的拥有权及从提供技术标准中获得较大的收益，会极力阻碍和排挤新技术的进入及标准化，而新技术提供者要想使自己的技术取代现有标准技术成为业界技术标准，就必须研制出与现有标准内含专利技术相匹敌的先进技术；就技术交易和技术贸易来说，由于私有技术标准中的技术内核和专利技术是独占的、非开放的，在支付授权费用之前，技术标准购买方无法获取其中专利技术尤其是核心专利技术的完全信息，只能在"无知"或"半无知"的情况下进行交易，更有甚者，技术标准持有者可能会利用私有信息以非必要专利甚至无效专利进行不合理的收费。由此可见，事实技术标准的私有属性使得技术标准的三种壁垒效应都存在。

技术标准锁定是技术标准私有化的产物，在技术标准锁定地位确立以后，技术标准的三种壁垒效应会进一步强化。在锁定情况下，技术标准供给者可以凭借锁定地位向技术标准使用者进行双重收费，即在对技术标准中的专利技术进行付费授权的同时，对技术标准本身也要求采标者有偿使用，采标者则因为被锁定而不得不接受标准提供者的双重收费；新技术进入除了要面临技术规范、技术准则、技术专利等壁垒以外，还要面临锁定情况下由正反馈机制和马太效应催生的网络效应和用户规模壁垒，新技术要想成功标准化，必须累积起启动正反馈机制的用户规模；如锁定下标准的技术内核是完全封闭和独占的，则技术交易和技术贸易无法进行，当其封闭、半独占时，其内核技术越是先进，对技术交易和技术贸易的要求越高，对标准产品交易的技术壁垒越高。锁定情况下的壁垒效应与锁定标准所有者维持锁定的能力紧密相关，这种能力可以通过锁定标准所有者的市场规模、生产成本、品牌知名度、营销能力等来反映。

四、技术标准锁定的规模经济效应

规模经济包括供给方规模经济（supply – side economies of scale）和需求方规模经济（demand – side economies of scale）两个方面，传统经济学中的规模经济通常指供给方规模经济，是指在其他条件不变的情况下，随着市场经济主体生产规模的扩大，其长期平均成本曲线呈下降的趋势。供给方规模经济常见的类型有三种：内部规模经济、外部规模经济和结构规模经济，内部规模经济指某一经济主体自身内部规模扩大时而引起的收益增加；外部规模经济指整个行业规模变化而使其中的单个经济主体的收益增加，这种类型的规模经济通常是由于产业集聚或者地区专业化生产导致的；结构规模经济指各种不同规模经济主体之间的恰当联系和合适配比，形成一定的有效规模结构经济——企业规模结构、经济联合体规模结构、城乡规模结构等。需求方规模经济又称为需求方范围经济，从一般意义考虑，需求方规模经济是针对具有网络价值的产品或技术而言的，因此很多学者将其等同于网络效应或网络外部性。关于网络效应，以色列经济学家奥兹·谢伊（Oz Shy）的定义是"当一种产品对用户的价值随着采用相同的产品，或可兼容产品的用户增加而增大时，就出现了网络外部性"。因此，需求方规模经济是指技术或产品的价值随着购买这种技术或产品及其兼容技术或产品的消费者的数量增加而不断增加。

在技术标准锁定地位确立之前，发挥作用的主要是需求方规模经济效应。技术标准锁定得以产生的前提是事实技术标准的形成，而事实技术标准的形成又是用户选择的结果，技术创新主体只有在赢得足够的用户规模，实现需求方规模经济的条件下，才能使得自己的技术上升为事实技术标准。可见，技术标准锁定的形成是需求方规模经济效应推动的结果，而在技术标准锁定之后，现有用户的难以退出和潜在用户因追求网络效应而对锁定技术标准的青睐会使需求方规模经济效应进一步增大。在技术标准锁定形成以后，其规模经济效应不仅体现在对需求方规模经济效应的增进，更是体现为基于庞大用户规模基础上的强大的供给方规模经济效应。技术标准其本质同其他技术产品一样，初始的研发成本很高，后期的生产和复制成本比较低，随着技术标准用户的不断增加，技术标准初始的研发成本会不断地摊薄，从而为新增加的用户所追加的边际成本是不断递减的。技术标准锁定的强度越高，因锁定而累积的技术标准的市场份额越大，技术标准的供给方规模经济效应越大。技术标准锁定的规模经济是一种内部规模经济，当标准提供者内部规模急剧扩大时可能会出现极端的情况：一个技术标准垄断整个行业，此时，因技术标准锁定而强化的供给方规模经济效应可能就会导致垄断的危害。对于技术标准锁定的需求方规模经济效应，可以通过技术标准的用户规模即市场份额来反映；而对于技术标准锁定的供给方规模经济效应，则可以通过衡量技术标准供给者的企业规模及生产成本来测度。

综合上述对技术标准锁定四种效应的分析可见，总体上，技术标准锁定的负效应会随着技术标准锁定的强度增加而增加，并表现出超越正效应的趋势。对非标准技术及非标准在位者来说，技术标准锁定的负效应则总是大于正效应，因此有必要测度技术标准锁定的强度，便于客观地、科学地评价技术标准锁定效应及设计合理的反锁定规制机制提供依据。

第二节　技术标准锁定强度测度指标体系的构建

从 QWERTY 键盘到现代的手机通信标准 CDMA、GPRS 以及电脑操作系统 Windows 等，技术标准锁定现象已不鲜见，但是技术标准锁定得以维持的时间长短却不尽一致，有的维持上百年，有的是十几年，而更短者却不足十年。从 1873 年第一台使用 QWERTY 键盘布局的商用打字机成功投放市场开始，一百多年过去了，QWERTY 依然是目前最为广泛使用的键盘布局方式。Windows 操作系统从 1985 年发布第一版 Windows 1.0 到目前最新的版本 Windows 10，Windows 系统在电脑操作系统占据统治地位也达到三十多年。但是由 Symbian 公司开发，后被诺基亚公司收购，进而成为诺基亚手机主导操作系统的 Symbian 系统却没有这么幸运，从 2000 年第一款 Symbian 系统的手机面世至 2011 年诺基亚官方宣布放弃 Symbian 品牌，Symbian 系统对智能手机操作系统将近十年的锁定画上了句号，与此同时，更加先进的 Android 系统和 iOS

系统逐渐替代 Symbian 系统成为目前使用最广泛的智能手机操作系统。

在技术标准锁定局面出现以后，为何有的技术标准可以长久地占据市场锁定地位难以被替代；而有的技术标准则只能在经历短暂的市场锁定优势后就被其他技术标准所取代，技术标准锁定存在的时间长短直观地反映了技术标准锁定的强度，而技术标准锁定的强度又直接关系到其正、负效应的大小和力量对比。测定技术标准锁定强度对于预测技术标准锁定得以维持的时间、衡量和评估技术标准锁定效应的大小以及利用和突破技术标准锁定具有重要的理论和实践意义。本章将在第一章研究技术标准锁定影响因素和形成机制的基础上，围绕着技术标准本身、技术标准供给者、技术标准需求者以及影响技术标准锁定的外部环境四大层面，构建测度技术标准锁定强度的指标体系，继而综合运用专家权重信息合成法、专家打分法以及调查问卷等研究方法，赋予指标体系中一级指标和二级指标一定的权重，同时对三级指标进行分值化，在此基础上，以 Windows 个人电脑操作系统和 Android 智能手机操作系统为例，实证检验这套测度技术标准锁定强度指标体系的有效性。

一、技术标准锁定强度测度指标体系的设计

(一) 指标体系设计

在技术标准锁定形成和延续的过程中，起根本作用的是技术标准本身的属性，技术标准本身的先进性和异质性程度决定了技术标准锁定的形成和持续时间的长短；技术标准提供者会极力维持和加固锁定地位，以增大从技术标准中所获得的利益及延长获利时间，他们往往会采取各种措施使技术演进保持在当前的技术轨道上；技术标准的现实需求者则因为"转移不经济"和难舍现有技术标准的网络效应而不愿意转向其他的技术标准，技术标准的潜在需求者会因为追逐现有技术标准的网络效应而倾向选择现有标准；其他非标准在位者作为竞争对手在很难取代当前技术标准的情况下，也只能安于从属者和受支配者的地位，当技术标准锁定影响到经济系统秩序和某一行业发展的时候，政府或可能有意识或无意识被技术标准锁定所绑架，在某一方面助推技术标准锁定的形成。

遵循技术标准锁定的本质和特点，结合目前国内外对技术标准锁定的研究

现状及技术标准锁定所表现出的新态势，按照系统性、可行性、创新性、完备性、可靠性与代表性等原则，本章力求建立一套科学、合理并具有一定创新性的测度技术标准锁定强度的评价指标体系。技术标准锁定的客体是技术标准本身，技术标准形成中的各参与主体主要有技术标准提供者、技术标准需求者、竞争者和政府，其中竞争者和政府可以视为技术标准系统以外的影响技术标准锁定形成的重要外部力量。为此我们从技术标准本身锁定的能力、技术标准供给者维持锁定的能力、技术标准需求者助推锁定的能力、外部力量影响锁定的能力四个维度设定测度技术标准锁定强度的指标体系，具体如表 3-1 所示。

表 3-1　　　　　　　　　　技术标准锁定效应测度指标体系

目标层	一级指标	二级指标	三级指标
技术标准锁定的强度 I	技术标准本身的锁定能力 A	技术异质性 A_1	技术复杂度 A_{11} 技术兼容性 A_{12} 所含专利数量 A_{13}
		技术先进性 A_2	技术类型 A_{21} 技术创新度 A_{22} 技术成熟度 A_{23} 标准层次 A_{24}
		互补组件 A_3	配套技术 A_{31} 互补组件供应商 A_{32}
	标准供给者维持锁定的能力 B	技术创新能力 B_1	研发团队 B_{11} 创新投入能力 B_{12} 创新产出能力 B_{13} 创新实施能力 B_{14}
		生产与盈利能力 B_2	资产总额 B_{21} 员工数量 B_{22} 年度销售总额 B_{23} 盈利能力 B_{24}
		市场控制力 B_3	市场占有率 B_{31} 品牌影响力 B_{32} 成本优势 B_{33}
		转产成本 B_4	沉没成本 B_{41} 可变成本 B_{42} 研制新技术的成本 B_{43}

目标层	一级指标	二级指标	三级指标
技术标准锁定的强度 I	标准需求者助推锁定的能力 C	现实用户 C_1	消费偏好 C_{11} 用户规模 C_{12} 转移成本 C_{13}
		潜在用户 C_2	消费偏好 C_{21} 网络效应 C_{22} 使用新技术的支付 C_{23}
	外部力量对锁定的作用 D	政府 D_1	技术标准化政策 D_{11} 知识产权政策 D_{12} 竞争政策 D_{13}
		竞争者 D_2	竞争强度 D_{21} 竞争者数量 D_{22} 竞争者协调的可能性 D_{23}

第一，技术标准本身锁定的维度：技术标准是一个由一组核心技术和互补组件组成的技术系统，从本质上来说，技术标准锁定的强度是由其内核技术的特性决定的，技术标准本身的特性可以通过其内核技术的先进性、异质性以及互补组件的数量和质量来考察。

第二，技术标准供给者的维度：从研发具有竞争力的新技术到技术标准化、从技术标准化到技术标准锁定地位的形成再到技术标准锁定地位的延续，都离不开技术标准供给者的作用。技术标准供给者既可以凭借技术创新能力促成技术标准锁定，也可以借助市场控制力、企业联盟等策略维持技术标准锁定。技术标准供给者维持锁定的能力可以从供给者的技术创新能力、生产与盈利能力、市场控制力以及从现有技术中退出的转移成本等方面来考察。

第三，技术标准需求者的维度：技术标准的需求者即技术标准的用户，包括现实用户和潜在用户，用户规模是技术标准锁定得以形成的关键因素，一项技术标准只有达到一定的用户规模临界值，才有可能形成锁定；用户可以通过选择一项技术标准使得其用户规模不断扩大，也可以通过放弃或者不选择某项技术标准使得其用户规模急剧缩小，用户在选择技术标准时主要是根据自己的消费偏好并通过权衡现有技术标准上的网络效应和转移成本来使自己的效用最大化。技术标准需求者助推锁定的能力可以从现有技术标准的用户规模、转移成本、消费偏好等方面来衡量。

第四，外部力量影响锁定的维度：技术标准锁定所面临的标准系统以外的力量主要来自政府和竞争者，政府可以通过一定的政策来干预和影响技术标准锁定的形成或解除；技术标准锁定的高收益使得竞争者时刻觊觎锁定者的地位并伺机进入市场与其展开标准争夺，竞争者的实力直接威胁到在位技术标准供给者的锁定地位并影响技术标准锁定得以维持的时间长短；政府对技术标准锁定的影响可以通过政府制定的技术标准化政策、知识产权保护政策以及竞争政策等来衡量，竞争者对技术标准锁定的影响可以通过市场竞争的强度、主要竞争对手的数量以及竞争者相互之间协调的可能性等来考察。

在上述分析的基础上，在技术标准本身锁定的能力、技术标准供给者维持锁定的能力、技术标准需求者助推锁定的能力、外部力量影响锁定的能力四个一级指标下分别设立二级指标和三级指标，其中二级指标 11 个，分别是测度技术标准本身锁定能力的技术异质性、技术先进性和互补组件；测度技术标准供给者维持锁定能力的技术创新能力、生产与盈利能力、市场控制力和转产成本；测度技术标准需求者助推锁定能力的现实用户和潜在用户；测度标准系统外部力量影响锁定能力的政府和竞争者。在上述二级指标的基础上，设置了 35 个三级指标，具体的指标体系见表 3 – 1。

（二）指标分析

1. 技术标准本身的锁定能力

技术标准本身的锁定能力主要从三个方面来测度：

第一，技术异质性。技术异质性是不同技术之间知识的非重叠程度，反映了不同技术之间的可替代性程度。技术标准内核技术的异质性程度越高，其在用户偏好该类型技术时由其他技术替代的可能性越小。因此，在技术标准锁定的条件下，技术的异质性程度越高，技术标准锁定的强度也会越强。技术的异质性可以通过技术复杂度、技术兼容性以及内含必要专利情况三个方面来测度，对于技术复杂度的理解和测度，学者们见仁见智，一种常见的研究框架与技术的组成及其彼此之间的依赖关系有关（Simon，1969；Kauffman，1993；Gander，1995），技术的二维复杂度可以定义为深度和宽度，其中技术深度指"在剖析目标客体某一方面的逻辑原理时存在的认知方面困难的程度"，技术宽度指"目标客体所涉及的技术领域范围"（Wang & Tunzel-mann，2000；张古鹏等，2012）；高艳红等（2013）认为技术的复杂度主要是指技术跨越的领域、技术的可模仿性和替代性。技术所跨越的领域越多，技术的宽度越广；技术越难以模仿和被替代，技术的深度越高，宽度和深度越高的技术其重叠的可能性越低，技术的复杂度提高了技术的异质性。关于兼容性，学者们关注的角度不同，Katz 和 Shapiro（1985）关注硬件之间的兼容性，认为如果两种不同的硬件能够使用相同的软件则双方就是兼容的。Economides（1996）从构成网络的两个基本要素——节点和链路的角度来理解兼容性，认为如果网络中不同的节点和链路可以无成本地结合起来提供所需要的产品或服务，它们之间就是兼容的。从上述不同角度的理解中推而广之，技术兼容性即指一种技术与其他类似技术或者互补技术之间的互联互通问题，它往往着重于不同技术一起使用的适宜性、融合性或相互接纳性，并且共同使用，不存在额外成本（朱振中、吕廷杰，2004）。兼容性和差异性是相对的，在技术标准兼容的情况下，一方面，用户使用任何一种技术标准都会获得同等的网络效用，不会因为网络效应的差异而影响潜在用户的选择；另一方面，用户在现有技术标准上的进入和退出也不会受到转移成本的束缚，用户从当前的技术标准转向其他的技术标准的转移成本较低。兼容性虽然可以扩大技术的网络规模，但会降低技术的多样化，弱化技术的差异性（陶爱萍、沙文兵，2009）。因此技术标准的非兼容性越强，技术标准内含技术的差异性越大，技术标准的所有者对市场的控制力也越强。知识经济与科技的全球化竞争使得技术标准专利化、专利技术标准化成为两股不可抗拒的潮流。一方面，技术创新的成果大量涌现并以专利的形式存在，专利技术几乎覆盖了生产的全过程，技术标准绕开专利技术越来越难，技术标准在形成过程中不得不被动吸纳专利技术；另一方面，标准竞争日益成为技术竞争的制高点，越来越多的专利技术经过市场的筛选成为事实上的技术标准，技术标准和专利技术相互渗透并融合逐渐成为技术标准和技术发展的新趋势。专利技术之所以获得专利授权，是因为其在一定程度上具有不同于其他技术的原创性；

专利技术受到知识产权的保护，在没有得到授权许可的条件下，非专利所有者很难获得专利的使用权，因此，技术标准中专利技术的数量和质量无疑会增加技术标准的异质性。

第二，技术先进性。如果技术标准锁定是顺向的，则无疑技术标准内含技术的先进性程度直接决定技术标准锁定的强度；如果技术标准锁定是逆向的，则其内含技术与外部技术的巨大落差会影响其存续时间的长短，因此技术的先进性可以作为测度技术标准锁定强度的一个重要指标。一项技术较另一项技术更加先进，主要是指该技术处在更高的技术轨道或演化路径上，通常来说，其对技术的进步和发展、对满足用户较高层次的需求等方面具有更明显的优势。先进技术与行业普通技术相比，在降低成本、改善性能、提高品质等方面效果更显著（高艳红等，2013），技术的先进性可以从技术类型、技术创新度、技术成熟度、标准层次四个方面来测度。技术类型可以分成高新技术和常规技术两大类，主要由高新技术组成的技术标准相较于主要由常规技术构成的技术标准在标准竞争中更容易胜出，因而也更容易促成技术标准锁定；不仅如此，由于高新技术的供给者对高科技时代消费者多样性的需求偏好反应更敏捷，能够适时地对高新技术进行进一步的更新换代和升级，因而也更有能力加固和延长技术标准锁定。技术创新度是指技术创新活动所达到的创新程度，一般来说，技术创新活动的创新程度越高，技术创新的成本和风险越大，创新难度越大，潜在的技术份额和利润也相对较大（胡登峰，2008）。对于一项技术来说，不同的技术创新程度决定了技术发展的空间和所处的发展阶段。基于技术创新强度而划分的根本式创新和渐进式创新两种创新模式在某种程度上对应两种极端的技术创新度，根本式创新意味着全面地、彻底地创新，创新路径和轨道完全脱离现有的技术路径和技术轨道并处于更高的层次上；渐进式创新是沿着原来技术轨道进行得小修小补的创新，技术的创新程度较低，只是对现有技术进行局部的改善或微小创新。技术的创新度每提高一级，技术创新的成果就会处于更高一级的水平上。技术成熟度是指技术的完善程度或成熟程度，即"技术完备等级"（Tethnology Readiness Level，TRL），技术成熟度可依据成果转化风险和可靠度（一段时间内运用该技术的故障发生概率）来衡量，成果转化风险越低，一段时间内发生故障的概率越小，说明技术越成熟（高红艳等，2013）。先进技术未必是高成熟度的技术，但是在技术标准锁定的情况下，如标准锁定的是不完善、不成熟的领先技术，则这种锁定是难以持续的，因此基于技术标准锁定的测度目的，技术先进性必须要与技术成熟度高度关联且后者成为前者的一个衡量指标。标准层次主要指基于范围考虑的国际标准、国家标准、行业标准、企业联盟内部标准四个层次，这四个层级的技术标准锁定最大的区别在于对用户基数的最低要求不同，其中国际标准对达到技术标准锁定的最低用户基础要求最大，技术标准所属的层级越高，其所拥有的用户基础也就越大，用户获得的网络效应也就越强，用户也就越难以退出，因此高层次的技术标准锁定更牢固。

第三，互补组件。一项技术标准的内核技术需要相应的互补组件与之匹配，例如，Windows 电脑操作系统必须安装在与之兼容的电脑上，智能手机操作系统也必须安装在和其兼容的手机上，即必须要有一定的硬件支持，同时还要有很多软件开发商为其提供配套软件。互补产品可以增加基础产品的价值和吸引力，互补组件的数量和质量直接关系到技术标准的间接网络效用大小，提供竞争对手不能提供的互补组件有利于促进技术标准锁定的形成，丰富的、高质量的互补组件将使得技术标准在形成和巩固锁定地位的过程中具有极大的优势。通常来说，一项技术标准的互补组件的数量和质量是由其配套技术的完善程度和互补组件供应商的稳定性及可靠性来决定的，配套技术是否齐全以及是否拥有足够的互补组件供应商是影响技术标准锁定的重要因素。配套技术越是完善，技术标准锁定越容易形成和维持；同理，互补组件的供应商越是可靠和稳定，越有利于技术标准供给者维持和夯实技术标准的锁定地位。

2. 技术标准供给者维持锁定的能力

Carl Shapiro 和 Hal Varian（1998）认为技术创新者要想在标准竞争胜出，必须拥有七种关键资产：对用户安装基础的控制、知识产权、创新能力、先发优势、生产能力、互补产品的力量以及品牌和名誉。在这七种关键资产中先发优势作为决定标准竞争的关键资产需要商榷，与其说先发优势是决定标准竞争胜负的关键资产，不如说是创新主体为赢得标准竞争而采取率先行动策略的结果，是创新主体对标准竞争时机准确把握的结果（陶爱萍，2009）。除了先发优势以外，知识产权、互补产品的力量我们在上述技术标准本身锁定的能力中已做了论述，其他四种资产都影响标准竞争以后技术标准锁定地位的确立和延续，因为对用户安装基础的控制直接决定该技术标准的市场占有率，因此我们将这一资产与品牌和声誉一起归入标准供给者的市场控制能力，另外考虑到供给者从现有技术标准中退出研制新技术标准所有承担的转移成本大小也会影响到其维持锁定的决心和能力。因此下面从创新能力、生产与盈利能力、市场控制能力、转移成本四个方面测度技术标准供给者维持锁定的能力。

第一，技术创新能力。创新能力是供给者促进技术标准形成和促成技术标准锁定的核心能力，是供给者创造技术优势竞争力的根本。创新是技术标准得以形成和技术标准锁定得以维持和延续的源泉，供给者依托技术创新促成技术标准的形成，又借助对技术的不断更新升级捍卫和维持技术标准锁定。以微软的 Windows 操作系统为例，Windows 操作系统是目前使用最广泛的操作系统，但是 Windows 操作系统在占据市场绝对优势的条件下，依然通过技术创新不断地促进系统的更新升级。供给者的技术创新能力主要从研发团队、技术创新投入能力、技术创新产出能力、技术创新实施能力四个方面来衡量。研发团队是决定供给者创新能力强弱的关键主体因素，一支优秀的研发团队往往具有敏锐的创新嗅觉、持续的创新活力、他们不仅善于捕捉有价值的创新元素，而且能正确判别和引领技术创新的方向，在技术创新上具有前瞻性，能够开发出性能卓越的技术（陶爱萍，2009）。技术创新是一项高投入、高风险的活动，需要有充足的资金供应和资金保障，任何一个环节资金链的断裂都会加剧技术创新失败的风险，在技术标准锁定形成以后，技术标准后续的升级和完善也需要不断地追加资金投入，因此技术创新投入能力是提高技术创新的成功率、实现技术标准化以及稳固和维持技术标准锁定的重要保障。技术创新产出能力涉及重大成果产出率及专利申请和授权情况，技术创新产出能力关系到技术标准是否有可以依托的较为牢固的技术基础，关系到技术标准锁定的根基是否坚实。技术创新实施能力指供给者从整体上、战略上统筹安排技术创新、组织实施技术创新、发起和参与技术标准竞争、制定和实施技术标准锁定策略等方面的能力。技术标准实施涉及技术创新成果转化、技术销售网络构建与营销、技术标准化、技术标准的市场开拓等多方面工作，技术创新实施能力是关乎技术能否标准化以及技术标准市场能否顺利、快速拓展的关键因素；有效的技术创新实施能力有利于提高技术创新的速度和效率、加速创新成果被市场认可及标准化进程，有助于供给者赢得标准竞争和促成技术标准锁定。事实证明，拥有更强创新能力的技术提供者在技术标准的制定上也常常可以领先一步，从而在标准竞争中处于优势地位，如第二代、第三代移动通信的技术标准之所以基本上被欧美发达资本主义国家包揽且发展中国家被锁定于这些技术标准，原因就在于欧美国家的标准提供者拥有很强的技术创新能力（陶爱萍，2009）。

　　第二，生产和盈利能力。供给者在研发出一种新技术和技术标准化以后，若有相应的生产能力生产和提供相关的标准产品，则必定会加剧技术标准的竞争优势和有利于技术标准锁定的形成。供给者的生产能力可以通过生产投入能力和生产产出能力两个方面来衡量，生产投入能力可以用资产总额和员工数量来反映，资产总额是生产过程中"物"的投入；员工数量是生产过程中"人"的投入，资产总额主要用来反映供给者可以达到的生产规模，员工数量则最能体现供给者的生产活力；生产产出能力通常用产量或产值来衡量，产量是产出品的总数量，产值是产量的货币化价值。对于生产标准产品的供给者来说，我们假定其产出品都是能够实现市场价值的好产品，则其销售量等于生产量，销售总额等于生产产值，因此可以用其年度销售总额来反映其生产产出能力。在技术标准锁定的形成和强化过程中，包括四个重要的环节：研究开发新技术、参与技术标准竞争、促成技术标准锁定和强化技术标准锁定。这四个环节中的任何一环，都需要耗费大量甚至是巨额的资金，其中任何一环资金投入的不足或中断，都会影响技术标准锁定的形成和维持，因此供给者的盈利能力关系到技术标准锁定形成和强化过程中资金的投入和补充能力，进而决定了供给者促成和维持技术标准锁定能力的大小。

　　第三，市场势力。市场势力是指供给者对市场的控制能力，Brandow（1969）认为市场势力是指厂商直接影响其他市场参与者或者诸如价格、推广促销等市场变量的能力；刘志彪等则将市场势力定义为一个公司控制及影响产品价格、产量的能力。由市场势力的定义可知市场势力只存在于不完全竞争市场中，基于技术标准和标准锁定的研究背景，市场势力是指技术标准的供给者利用已经掌握的市场条件和资源，在一定时间内，维持自身锁定地位和既得利益或者控制标准授权价格、标准产品产量等市场变量的能力（陶爱萍，2009）。市场势力主要来源于进入壁垒、品牌效应、规模经济等，鉴于绝对成本优势是进入壁垒的一个重要构成因素，同时也可以在一定程度上反映供给者的规模经济情况，而市场占有率又是衡量市场势力的常用指标，因此我们选取从市场占有率、品牌影响力、成本优势三个方面来测度供给者的市场势力。从哈佛学派的SCP分析框架开始，市场占有率就被与市场力量联系起来，在标准竞争和标准锁定形成的过程中，拥有不同市场份额的对手也面临不同的竞争难度，具有90%市场份额的竞争者只需要再争取10%的市场份额就能实现完全的市场胜利；而只有10%市场份额的竞争者则要再争取90%的市场份额才能达成完全胜利的目标，双方的难度不可相提并论。高市场占有率在某种程度上说明供给者具有更大的规模优势、更强的资源动员能力、更强的用于技术创新的实力以及更广泛的市场接受和认可度等，这些优势都是市场占有率小的竞争对手以及潜在竞争对手所难以比拟的（陶爱萍，2009）。品牌对供给者来说是一种有价值的无形资产，供给者的品牌影响力取决于其品牌知名度的高低，在市场信息不完全和用户知识有限性的情况下，品牌可以向用户传递有价值的信息，增强用户对供给者技术或技术产品的认可度并引导其做出购买选择；除了影响用户的购买选择以外，品牌还影响互补组件供应商的选择，根据间接网络效应理论，基础技术用户人数的增加会提高互补组件的价值，因而互补组件供应商愿意为高品牌知名度的供给者提供配套组件。在标准竞争中供给者的品牌知名度与其竞争优势具有高度的相关性，具有品牌优势的供给者在标准竞争中胜出的概率更高、也更易于形成技术标准锁定（陶爱萍，2009）。成本优势意味着供给者单位生产成本低于其他市场参与者，在标准竞争中低成本供给者相对于高成本供给者更具有竞争力和控制市场价格的能力，若技术或技术产品按社会平均边际成本定价，价格成本差可以使低成本供给者获得超额利润；若价格定在介于社会平均边际成本与低成本供给者的边际成本之间，在这种情况下低成本供给者仍能获得超额利润，但其他高成本市场竞争者则无利可图，潜在竞争者也因此不敢贸然进入。

第四，转产成本①。供给者的转产成本类似于需求者的转移成本，是指其放弃当前已经确立锁定地位的技术标准转而研制其他新技术并将之推广为技术标准的成本，它包括供给者进行这种转移所要承担的所有显性成本和隐性成本之和。所谓显性成本，是指供给者承担的已经投资于当前技术标准的研制成本、技术标准竞争成本以及为促成锁定而采取的各种措施的实施成本等，这部分成本在新技术与现有技术标准完全不兼容的情况下将全部沦为沉没成本，沉没成本的大小随新技术与既有技术标准的兼容程度降低而上升；所谓隐性成本，是指供给者放弃当前的技术标准将损失的现有技术标准的用户规模和网络效应、将失去的技术标准锁定地位以及由此带来的既得利益，在隐性成本各个构成部分中，网络效应与用户规模紧密相关，锁定地位及锁定利益也是建立在用户规模的基础上的，因此隐性成本是随着用户规模的变化而变化的，可以视为供给者从现有技术标准中转移所要承担的可变成本。另外，供给者重新研发新技术并将其推广、提升为技术标准还要承担一定的成本，这部分成本也是由两个部分组成：一部分是实际成本，另一部分是风险成本。实际成本包括为研发新技术而投入的研发成本、为新技术推广并促成其升格为技术标准而付出的技术标准化成本等供给者实际付出的成本；风险成本是指供给者在转产过程中所面临的新技术能否研制成功、能否市场化、能否代替现有标准技术等各种不确定性和风险所导致的供给者可能要承担的风险费用及预期经济利益的减少。供给者转向新技术的转移成本越高，转移越不经济，供给者维持现有技术标准和推动其锁定的动力越大。

3. 技术标准需求者助推锁定的能力

技术标准需求者是技术标准锁定过程中的重要参与者，技术标准锁定的形成离不开标准需求者的助推作用，需求者的选择增加技术标准的用户规模，需求者的退出减少技术标准的用户规模。技术标准的需求者包括技术标准的现实用户和潜在用户，现实用户指已经使用当前技术标准的用户，潜在用户

---

① 为了与需求者转移成本相区别，供给者的转移成本称为转产成本。

尚未使用当前技术标准但有很大可能选择该技术标准用户。而需求者之所以选择某项产品或者技术主要受两大因素的影响：其一是用户偏好；其二是支付。基于这两大因素兼考虑技术标准锁定的属性，现实用户助推锁定的能力可以从消费偏好、用户规模、转移成本①三个方面来测度；潜在用户助推锁定的能力则可以通过消费偏好、网络效应、新技术支付三个方面来度量。

对于任何进入市场的需求者来说，影响其选择的最根本因素是消费偏好，因此消费偏好成为衡量现实用户和潜在用户助推锁定能力的共同指标。消费偏好是指用户对已购买与消费或拟购买与消费的产品或技术优劣性所产生的主观感觉或评价，如果用户对某一产品或技术的爱好胜过其他产品或技术，他们就会倾向于选择该产品或技术。消费偏好受到社会、经济、文化等多种因素的影响，根据消费偏好的成因，消费偏好可以分为：消费价值观形成的消费偏好、消费审美倾向形成的消费偏好、消费习惯形成的消费偏好等。不同主导因素下形成的消费偏好其主体的消费导向是不一样的，用户忠诚度也存在着较大差异，如赶时髦或追潮流的需求者其用户忠诚度是比较低的，因此在衡量需求者助推技术标准锁定能力的时候需要考虑其用户偏好。技术标准所拥有的现实用户数量构成了其用户规模，技术标准的用户规模越大，其市场优势越突出，从而技术标准的锁定地位也就越牢固。现实用户的转移成本是指其从处于锁定地位的技术标准中退出转而选择其他技术标准所要承担的成本，包括已经花费在旧技术标准上的和即将花费在新技术标准上的培训和学习费用、已购设备及其互补资产（如相关软件）的投资、更新设备及其互补资产的费用等（陶爱萍，2009）。

潜在用户有两种情况：一种是尚未选择任何技术标准的用户；另一种是已经选择其他技术的用户，对于后一种用户来说，选择处于当前技术标准还要承担转移成本，但为了体现两种用户的共同性，可以将这部分转移成本看作是采用新技术标准的机会成本，因为是新技术支付的一个构成部分。对于前一种潜在用户来说，其是否选择处于当前技术标准则取决于当前技术标准

---

① 这里的转移成本是广义的转移成本，既包括用户从使用一个系统（可以是产品或技术）转向使用另一个系统所要承担的所有直接成本；又包括现有系统的网络效应，因为用户在现有系统上所获得的网络效应可以看作用户转向新系统的机会成本。

的绝对网络效应大小；对于后一种潜在用户来说，其是否选择当前技术标准取决于其在既选技术中正享有的网络效应与预期转移后从新技术标准中可以获得的潜在网络效应的对比，即相对网络效应的大小。当前技术标准的网络效应越大，其对潜在用户的吸引力也就越大，潜在用户就越有可能转变为当前技术标准的现实用户，从而扩大当前技术标准的用户规模和筑牢其锁定的根基。潜在用户对新技术的支付影响其购买和转移选择，潜在用户在做出选用某一技术系统的决策时，往往要权衡这一技术系统的可获性以及所付出的成本，一般来说，某一技术系统的获取渠道越是便捷，所付出的成本越低，用户选用该技术系统的可能性也越大。

4. 外部力量对技术标准锁定的作用

技术标准的供给者和需求者是关乎技术标准锁定的直接参与者，而政府和竞争者则是影响技术标准锁定形成和延续的两支重要外部力量。

第一，政府。政府是市场经济的"守夜人"，政府可以纠正市场失灵，使市场经济有序健康运行；但政府也是由有限理性的人组成的，政府也会失灵，政府可能会僭越市场职能，对市场进行不当干预，破坏市场经济的有序运行。在技术标准形成和锁定的过程中，政府的行为或可促进技术标准锁定的形成和巩固，或可缓解和消除技术标准的锁定。政府对技术标准锁定的影响可以通过政府的相关政策来体现，典型的相关政策有技术标准化政策、知识产权政策、规范竞争政策等。首先，政府的技术标准化政策。从直接方面来看，政府作为技术标准的研制者和提供者，可以通过强制性的标准来影响用户的预期，推动技术标准的形成和锁定（张保胜，2007）；从间接方面来看，政府作为一个有影响力的巨大买家，可以对其有意推介的技术在获得启动正反馈机制的临界容量之前助他一臂之力。其次，知识产权政策。知识产权政策由知识产权创造、知识产权运用、知识产权管理、知识产权保护等各方面的政策组成，完善、积极的知识产权政策会促进技术标准的形成和锁定，如对技术研发的专项资助基金、对研发成果的奖励政策、对技术标准内含专利的促进政策、对专利商业化的支持政策等无疑会有助于技术标准的形成和锁定；而不完善、消极的知识产权政策则会妨碍技术标准的形成和锁定。最后，规范竞争政策。政府对待技术标准竞争及其后续的锁定是鼓励还是抑制，以及为此而制定的鼓励竞争政策或抑制竞争政策会影响技术标准竞争的态势和最后的竞争格局。

第二，竞争者。虽然在技术标准锁定的条件下，技术标准供给者占据了绝大部分的市场份额，有着很强的市场控制力，但这不可能完全阻止或消除竞争，竞争是市场经济的永恒规律，锁定下技术标准所有者的高锁定得益以及被锁定下非标准所有者的较大劣势使得非标准所有者时刻伺机展开竞争，竞争者对技术标准形成和锁定的影响可以通过竞争强度、竞争者数量和竞争者之间协调的可能性三个方面来说明。竞争强度与竞争者所在的市场结构有关，鉴于完全竞争市场产品或技术无差异的特性使得其很难与技术标准锁定相关联，因此锁定情况下竞争者所处的市场通常是寡头市场和垄断竞争市场，虽然从竞争的充分性来看，垄断程度越低，竞争越充分；但从竞争的强度来看，规模大的竞争者之间的竞争要强于规模小的竞争者之间的竞争，因此竞争强度随着市场竞争程度的提高而降低。技术标准锁定市场符合竞争型垄断市场结构的特征（李怀、高良谋，2001），在这种市场上竞争与垄断存在相互强化的关系，高强度的竞争威胁技术标准锁定者的市场地位，也助推技术标准的锁定。在一定市场规模下，竞争者数量的多寡与技术标准锁定者可获得和可维持的市场份额有一定的相关性，竞争者的数量越多，技术标准锁定者的市场份额被分割或被侵蚀的部分可能越多；竞争者的数量还与突破现有技术标准锁定所需要的最低用户规模有关，竞争者数量越多，突破现有技术标准锁定启动正反馈机制的用户临界点可能越低。竞争者之间的协调程度关系到竞争者之间结成联盟的可能性，依靠单个竞争者的力量往往不利于突破和解除现有技术标准的锁定；但多个竞争者联合起来，结成联盟共同挑战锁定供应商，则锁定壁垒易于解除。

二、技术标准锁定强度测度指标的分值化

（一）技术标准锁定强度的测度方法

综观国内外有关评价指标的筛选方法，主要有以下几种方法：专家筛选、评价指标的隶属度分析、评价指标的相关分析以及评价指标的鉴别力分析。

专家筛选主要是指把理论模型中的评价指标设计为问卷咨询表，请专家根据自己的知识和经验进行判断和选择；评价指标的隶属度分析主要测度的是某一因素属于整个评价集合的程度，其计算方法为：专家选择第 i 个指标的总次数 M_i 除以专家总数 N；评价指标的相关分析主要是通过计算评价指标两两之间的相关系数，从而只保留相关系数较大的两个评价指标之一的方法（范柏乃、单世涛，2002）。评价指标鉴别力分析主要判断评价指标区分评价对象特征差异的能力，其判定依据是评价指标在所有样本上的得分是否有显著差异，如果评价指标体系中某一个评价指标的得分没有明显差异，则认为这个指标几乎没有鉴别力；反之则认为有鉴别力。

关于确定各指标权重的方法主要有：第一，运用数学统计法中的因子分析法确定各指标的权重，进而构建出综合评价模型，以该模型为基础，对评价对象进行分析（李良成、杨国栋，2012），该方法主要适用于定量分析。第二，专家小组采用数学方法确定各因素的权重集，然后使用模糊数学方法进行综合评价（胡恩华、单红梅，2002），该方法主要适用于定性分析。第三，通过设定指标分值化标准，将三级指标分值化，进而通过专家权重信息合成法确定每个一级指标和二级指标的权重系数。所谓专家权重信息合成法，即通过一定方法确定每个专家在群组决策中的重要性，再利用加权和法将专家的意见合成，得到属性权重，这里可通过群体内部各专家之间的相互评价来确定专家权重（胡毓达、田川，1996），或者根据专家的名望、地位、所属专业、对决策问题的熟悉程度来确定专家权重（孟波、付微，1998；高艳红等，2013），该方法主要适用于定性分析。第四，模糊数学中综合判断方法。即对变量取值进行无量纲化处理的基础上，运用层次分析法确定各指标的权重，即通过专家意见构造判断矩阵，并采用特征根法求解综合判断矩阵，将专家经验与数学模型结合来确定各指标的权重（胡恩华、单红梅，2002），该方法主要适用于定量分析。

综上所述，首先，使用专家权重信息合成法确定一级指标和二级指标的权重系数。本节涉及的权重系数包括一级指标的四个权重系数（W_A、W_B、W_C、W_D）和每个一级指标下数个二级指标的权重系数（W_{A1}、W_{A2}、W_{A3}；W_{B1}、W_{B2}、W_{B3}、W_{B4}；W_{C1}、W_{C2}；W_{D1}、W_{D2}）。根据专家的名望、地位、所属专业、对决策问题的熟悉程度来确定专家权重，然后再利用加权和法将专家的意见合成，得到属性权重。我们共邀请了 50 位专家，通过电子邮件给专家发送调查问卷，请专家根据自己的专业知识给出一级指标和二级指标的权重，最后加权得出各级指标的权重。

其次，对三级指标根据各指标的特性直接进行等级划分并分值化。各二级指标的分值等于各二级指标之下的三级指标的分值之和，在三级指标分值化的基础上，通过对各三级指标分值的累加，得到各二级指标的分值 P_{A1}、P_{A2}、P_{A3}；P_{B1}、P_{B2}、P_{B3}、P_{B4}；P_{C1}、P_{C2}；P_{D1}、P_{D2}；一级指标分值的计算等于各二级指标的加权和，即

$$P_A = W_{A1} \times P_{A1} + W_{A2} \times P_{A2} + W_{A3} \times P_{A3} \tag{3.1}$$

$$P_B = W_{B1} \times P_{B1} + W_{B2} \times P_{B2} + W_{B3} \times P_{B3} + W_{B4} \times P_{B4} \tag{3.2}$$

$$P_C = W_{C1} \times P_{C1} + W_{C2} \times P_{C2} \tag{3.3}$$

$$P_D = W_{D1} \times P_{D1} + W_{D2} \times P_{D2} \tag{3.4}$$

技术标准锁定的最终得分 I 为各一级指标的加权和，即

$$I = W_A \times P_A + W_B \times P_B + W_C \times P_C + W_D \times P_D \tag{3.5}$$

最后，我们根据某一技术标准锁定强度的得分 I 占总分的比重，将技术标准锁定的强度分为以下四个等级（如表 3 - 2 所示）。

表 3 - 2　　　　　　　　　技术标准锁定强度的等级划分

等级	一级	二级	三级	四级
范围	［85%，100%］	［70%，85%）	［55%，70%）	［35%，55%）

如果某一技术标准锁定强度最后的得分处于一级范围内，此技术标准锁定属于强锁定，这种类型的技术标准锁定不仅延续时间长，而且已经确立了根深蒂固的锁定地位，市场中没有能够与之相匹敌的其他技术，该标准技术占有绝对的市场优势甚至可能趋向垄断，这种类型的技术标准锁定在短期内很难突破。强度得分处于二级范围内的技术标准锁定的强度较强，其强度仅次于一级水平的次强锁定，此类型的技术标准通过锁定已经获得了较为夯实的市场份额，但是市场上仍然存在少数有一定抗衡能力的竞争对手伺机侵蚀、抢夺处于锁定地位的技术标准的市场份额，力图反锁定。强度得分处于三级范围内的技术标准锁定属于次弱锁定，锁定强度仅高于四级范围内的锁定强

度，此类型的技术标准锁定形成的时间还不是很久，锁定基础还有待进一步
夯实，市场中存在较多有实力的且其技术可以与处于锁定地位的标准技术相
媲美的现实竞争者和潜在竞争者，为了维护锁定地位，技术标准的持有者需
要对标准技术进行不断地完善或升级进一步提高标准技术的技术优势，或者
要通过不兼容、培养忠诚用户、提供互补组件等锁定策略进一步累积用户规模
优势，从而最终促使这类技术标准锁定由此次弱锁定升级为次强锁定。强度得
分处于四级范围内的技术标准锁定属于弱锁定，这种类型的技术标准通常具有
很大的被替代可能性，导致技术标准锁定地位较弱的原因既可能是标准技术本
身还不够成熟，存在某些方面的缺陷；也可能是该标准技术所涉及的行业竞争
格局和发展态势尚不明朗；还有可能该技术所处的外部市场环境就不利于技术
标准锁定的形成；等等。至于技术标准锁定强度的得分占总分的比重低于35%
的技术标准，还没有达到足以促成锁定的条件，技术标准锁定难以形成。

（二）技术标准锁定强度测度指标的分值化

1. 技术标准本身锁定能力测度指标的分值化

（1）技术异质性。技术异质性从技术复杂度、技术兼容性、所含专利数
量三个维度来测度。技术复杂度用技术领域跨度来衡量，即该技术所涉及的
技术领域，涉及的技术领域越多，技术复杂度越高。由于特定的技术都是归
属于某一大类技术领域的，很少有跨越几大类的技术，因此我们这里所说的
技术领域是指各大类技术领域的子技术领域。如表3-3所示，涉及的子技术
领域为1~2个时，分值为1分；涉及的子技术领域为3~4个时，分值为2
分；涉及的子技术领域为5~6个时，分值为3分；涉及的子技术领域为7~8
个时，分值为4分；涉及的子技术领域数目大于等于9个时，分值为5分。技
术的兼容性主要是指一项技术与其他技术单向兼容或者双向兼容的程度，用
于该技术兼容的技术数量来衡量。就测度技术标准锁定的强度来说，主要指
与竞争技术之间的横向兼容而不是互补技术之间的纵向兼容，可与标准技术
兼容的竞争技术数量越多，技术标准锁定强度就会越低，按照兼容的竞争技
术数量，分成了五个层次，兼容的技术数量大于等于8个时，分值为1分；
兼容的技术数量在6~7个时，分值为2分；兼容的技术数量在4~5个时，分

值为3分；兼容的技术数量在 2 ~ 3 个时，分值为 4 分；兼容的技术数量在 0 ~ 1 个时，分值为 5 分。按照锁定技术标准所含专利的数量，也相应地划分为五个等级，所含专利数量在 1 ~ 10 个时，分值为 1 分；所含专利数量在 10 ~ 20 个时，分值为 2 分；所含专利数量在 20 ~ 30 个时，分值为 3 分；所含专利数量在 30 ~ 50 个时，分值为 4 分；所含专利数量大于等于 50 个时，分值为 5 分。技术兼容性、技术复杂度以及所含专利数量指标的分值化如表 3 – 3 所示。

表 3 – 3　　　　　　　　　　技术异质性三级指标的分值化

技术领域跨度（个） 分值	≥9 5	7 ~ 8 4	5 ~ 6 3	3 ~ 4 2	1 ~ 2 1
兼容的技术数量（个） 分值	0 ~ 1 5	2 ~ 3 4	4 ~ 5 3	6 ~ 7 2	≥8 1
所含专利数量（个） 分值	≥50 5	30 ~ 50 4	20 ~ 30 3	10 ~ 20 2	1 ~ 10 1

（2）技术先进性。技术先进性主要从技术类型、技术创新程度、技术成熟度、标准层次四个方面来测定。技术类型按照技术是否处于高端和是否新颖主要分为高新技术、次高新技术、一般新技术、次常规技术、常规技术五种类型。高新技术是指处于知识链、技术链高端且体现了时代技术进步最新成果的技术群，高新技术具有时代性，当前高新技术主要指信息技术、新材料技术、新能源技术、生物工程技术、航天技术和海洋开发技术六大领域。常规技术是指在长期的社会生产中积累起来的经验、知识和技巧等。上述五种技术类型对应的分值分别为 5 分、4 分、3 分、2 分、1 分。根据标准核心技术路径是否跃升及互补组建是否得到变革，将技术创新程度分为革命式创新、革命渐进式创新、渐进革命式创新、渐进式创新、无创新五个等级，其中革命式创新是指无论是标准核心技术还是其主要互补组件都进行了突破性的创新，其创新程度最高，分值为 5 分；革命渐进式创新是指标准内核技术进行了根本性的跃升，而互补组件只是进行了微弱的渐进创新，其创新程度次之，分值为 4 分；渐进革命式创新是指标准内核技术在原有的技术路径上进行了不断完善和改进，但其互补组件进行了更新换代式的重大革新，其创新程度处于中等偏下水平，分值为 3 分；渐进式创新是指无论是标准核心技

术还是其主要互补组件都仅进行了改善性的小修小补式的创新，其创新程度较弱，分值为2分；为了便于分析，这里将无创新赋值为1分。技术成熟度可以通过成果转化风险和可靠度来测量，其中，成果转化风险和技术可靠度的权重都为50%，成果转化风险可按照测定的风险等级或风险比率设定相应分值，风险等级按照由低到高的顺序，主要分为低、较低、中、较高、高五种类型，分别对应的分值为5分、4分、3分、2分、1分；技术的可靠度可用正常使用条件下一定时间内出现故障的概率来测定，对故障概率进行等级划分，对各等级给出相应的分值，故障概率按照由低到高的顺序分为0、0~25%、25%~50%、50%~75%、75%~100%五个等级，分别对应的分值为5分、4分、3分、2分、1分。按照技术标准适用范围由广到窄，将标准层次划分为国际标准（在国际范围内适用的标准）、国家标准（在一国范围内适用）、行业标准（在某一行业范围内适用）、企业联盟标准（在企业联盟内部适用）、企业标准（在某一企业内部适用），分别对应的分值为5分、4分、3分、2分、1分。衡量技术先进性各指标的相应分值如表3-4所示。

表3-4　　　　　　　　　技术先进性三级指标的分值化

技术类型 分值	高新技术 5	次高新技术 4	一般新技术 3	次常规技术 2	常规技术 1
创新程度 分值	根本试创新 5	革命激进式创新 4	渐进革命式创新 3	渐进式创新 2	无创新 1
风险等级 分值	低 5	较低 4	中 3	较高 2	高 1
故障概率/小时 分值	0 5	0~25% 4	25%~50% 3	50%~75% 2	75%~100% 1
标准层次 分值	国际标准 5	国家标准 4	行业标准 3	企业联盟标准 2	企业标准 1

（3）互补组件。主要从配套技术和互补组件供应商两个方面来衡量，按照配套技术是否完善，将配套技术划分为五个层次，分别为配套技术非常完善、较完善、正常、不完善、建设中（配套技术尚在建设中），对应的分值为5分、4分、3分、2分、1分。按照互补组件的供应商是否可靠和充足，将其划分为五个层次，即非常可靠且数量充足、可靠且数量较多、较为可靠且数量适中、

不太可靠且数量较少（与互补组件供应商的业务关系初步建成，尚需要进一步维护）、建设中（正在积极地寻找互补组件的供应商），分别对应的分值为 5 分、4 分、3 分、2 分、1 分。配套技术和互补组件供应商的分值如表 3-5 所示。

表 3-5　　　　　　　　　　互补组件三级指标的分值化

配套技术分值	非常完善 5	较完善 4	正常 3	不完善 2	建设中 1
互补组件供应商分值	非常可靠且充足 5	可靠且数量较多 4	较为可靠且数量适中 3	不太可靠且数量较少 2	建设中 1

2. 标准供给者维持锁定能力测度指标的分值化

（1）技术标准供给者的技术创新能力。根据研究需要，我们主要从研发团队、技术创新投入能力、技术创新产出能力和技术创新实施能力四个方面来考察技术标准供给者的技术创新能力。研发团队的研发能力直接决定了技术标准供给者的技术创新能力，按照研发能力的强弱将研发团队划分为五个层次：弱、较弱、中等、良好、优秀。弱层次的研发团队其创新意识和创新能力都很薄弱，他们只能遁寻常规技术，略作改进，分值为 1 分；较弱层次的研发团队有思变的创新意识，但创新能力较薄弱，分值为 2 分；中等层次的研发团队能对技术创新活动进行规划，能够从既往技术发展中探寻出某些规律性的东西，富有一定的创造性，分值为 3 分；良好层次的创新团队能够统筹规划技术创新活动，能够较好地把握技术创新的方向，团队成员富有较强的合作创新精神，创新绩效良好，分值为 4 分；优秀层次的创新团队不仅能够对技术创新活动进行统筹规划，而且能够对技术创新的未来趋势进行科学预测，引领技术创新方向，团队成员协同创新能力强，创新绩效显著，分值为 5 分。技术创新投入能力主要是指供给者的研发经费投入能力，通常用研发投入占总投入的比重来衡量，按照研发投入占总投入的比例由大到小的顺序，我们将研发投入能力分为五个层次，第一个层次研发投入占总投入的比例大于等于 9%，分值为 5 分；第二个层级研发投入占总投入的比例为 7%~8%，分值为 4 分；第三个层次研发投入占总投入的比例为 5%~6%，分值为 3 分；第四个层次研发投入占总投入的比例为 3%~4%，分值为 2 分；

第五个层次研发投入占总投入的比例为小于等于2%，分值为1分。技术创新产出能力主要用技术标准供给者的研发成果来衡量，即重大科技成果的研发频率，按照频率由高到低划分为5个层次，每一年1项重大科技成果得5分，每两年1项重大科技成果得4分，每三年1项重大科技成果得3分，每四年1项重大科技成果得2分，每五年1项重大科技成果得1分，其他超过五年一项重大科技成果的供给主体因难以促成技术标准锁定而不在考察范围之内。供给者的技术创新成果被市场认可和接受的程度最能体现其技术创新实施能力，通常用采用技术标准的新产品的销售量占所有总产品销售量的比重来衡量，当采标新产品的销售量占总产品销售量的比重大于等于80%时，得分为5分；比重在60%~80%时，得分为4分；比重在40%~60%时，得分为3分；比重在20%~40%时，得分为2分；比重低于20%时，得分为0分。技术标准供给者技术创新能力各测度指标的相应分值如表3-6所示。

表3-6　　　　技术标准供给者技术创新能力三级指标的分值化

研发团队 分值	优秀 5	良好 4	中等 3	较弱 2	弱 1
研发投入/总投入 分值	≥9% 5	7%~8% 4	5%~6% 3	3%~4% 2	≤2%
重大科技成果（项/几年） 分值	1/1 5	1/2 4	1/3 3	1/4 2	1/5 1
新产品销量/总产品销量 分值	≥80% 5	60%~80% 4	40%~60% 3	20%~40% 2	<20% 1

　　（2）技术标准供给者的生产与盈利能力。资产总额和员工数量分别从物力财力、人力两个方面测度供给者的投入能力；如前所述，年度销售总额在一定条件下一定程度上可以作为供给者产出的测度指标。结合我国对规模以上企业和中小企业的分类标准，同时基于前述理论分析，将资产总额按照由大到小的顺序划分为五个层次，第一个层次资产总额大于等于100000万元，分值为5分；第二个层次资产总额为40000万~100000万元，分值为4分；第三个层次资产总额为4000万~40000万元，分值为3分；第四个层次资产总额为1000万~4000万元，分值为2分；第五个层次资产总额小于1000万

元，分值为 1 分。企业员工数量按照由多到少的顺序划分为五个层次，员工数量大于等于 5000 人时，分值为 5 分；员工数量在 1000 ~ 5000 人时，分值为 4 分；员工数量在 300 ~ 1000 人时，分值为 3 分；员工人数在 20 ~ 300 人时，分值为 2 分；员工人数小于 20 人时，分值为 1 分。年度销售总额按照由大到小的顺序划分为五个层次，分别为大于等于 100000 万元、30000 万 ~ 100000 万元、3000 万 ~ 30000 万元、1000 万 ~ 3000 万元、小于等于 1000 万元，对应的分值分别为 5 分、4 分、3 分、2 分、1 分。盈利能力可以通过销售利润率来衡量，销售利润率即利润额与销售额之比，按照利润额占销售额比重的大小，划分为五个层次，分别为大于等于 50%、30% ~ 50%、20% ~ 30%、10% ~ 20%、小于 10%，对应的分值分别为 5 分、4 分、3 分、2 分、1 分。衡量技术标准供给者生产与盈利能力各指标的分值化如表 3 - 7 所示。

表 3 - 7　　　　　　　　技术标准供给者规模三级指标的分值化

资产总额（万元） 分值	≥100000 5	[40000, 100000) 4	[4000, 40000) 3	[1000, 4000) 2	<1000 1
员工数量（人） 分值	≥5000 5	[1000, 5000) 4	[300, 1000) 3	[20, 300) 2	<20 1
年度销售额（万元） 分值	≥100000 5	[30000, 100000) 4	[3000, 30000) 3	[1000, 3000) 2	<1000 1
销售利润率分值 分值	≥50% 5	30% ~ 50% 4	20% ~ 30% 3	10% ~ 20% 2	<10% 1

（3）技术标准供给者的市场势力。供给者的市场势力可以通过其技术或技术产品的市场占有率、品牌影响力和成本优势来反映。技术标准供给者的技术或技术产品的市场占有率用其销售额占市场上同类或者相似技术或技术产品总销售额的比重来衡量，当该比重超过 80% 时，分值为 5 分；比重在 60% ~ 80% 时，分值为 4 分；在 40% ~ 60% 时，分值为 3 分；在 20% ~ 40% 时，分值为 2 分；比重小于 20% 时，分值为 1 分。品牌影响力可以用该品牌的用户基础来衡量，可以通过随机抽样的方式确定调查对象，然后访问样本中使用该品牌的消费者占样本容量的比重，按照该比重的高低，分为五个等级，各等级的比重分别为大于等于 70%、50% ~ 70%、30% ~ 50%、10% ~

30%、小于 10%，相对应的分值分别为 5 分、4 分、3 分、2 分、1 分。技术标准供给者的成本优势可以通过将其成本与市场平均成本 $\overline{C}$ 相比来衡量，基于比较结果分为五个层次，第一个层次供给者成本小于市场平均成本的 1/4，此时成本优势最显著，得分为 5 分；第二个层次供给者成本小于市场平均成本的 1/2、大于等于市场平均成本的 1/4，此时具有比较明显的成本优势，得分为 4 分；第三个层次成本是等于市场平均成本的 1/2，此时供给者有中等水平的成本优势，得分为 3 分；第四个层次供给者成本大于市场平均成本的 1/2，小于市场平均成本的 3/4，第五个层次供给者成本等于市场平均成本，无成本优势，得分为 1 分。衡量技术标准供给者市场势力各指标的相应分值如表 3–8 所示。

表 3–8　　　　　　　　　企业市场控制力三级指标的分值化

市场占有率 分值	≥80% 5	60%~80% 4	40%~60% 3	20%~40% 2	<20% 1
品牌影响力 分值	≥70% 5	50%~70% 4	30%~50% 3	10%~30% 2	<10% 1
成本优势（与$\overline{C}$比较） 分值	<1/4$\overline{C}$ 5	[1/4$\overline{C}$, 1/2$\overline{C}$) 4	=1/2$\overline{C}$ 3	(1/2$\overline{C}$, 3/4$\overline{C}$) 2	=$\overline{C}$ 1

（4）技术标准供给者的转产成本。在技术标准锁定的条件下，在位技术标准所面对的转产成本主要来自沉没成本[①]、可变成本以及研制新技术的成本。沉没成本是供给者转向新技术或新技术产品时不可回收的投资，由于既往投资完全不能回收的情况比较极端，因此通常假定供给者转产的沉没成本是先前投资的一半，则结合表 3–7 中的投资总额，将沉没成本分为以下五个层次：第一个层次沉没成本大于等于 50000 万元，分值为 5 分；第二个层次沉没成本在 20000 万~50000 万元，分值为 4 分；第三个层次沉没成本在 2000 万~20000 万元，分值为 3 分；第四个层次沉没成本在 500 万~2000 万元，分值为 2 分；第五个层次沉没成本在 500 万元以下，分值为 1 分。如前分析，鉴于技术标准供给者从现有技术标准转移的可变成本都与其用户规模有关，因

---

① 沉没成本是一种历史成本，对现有决策而言是不可控成本，会很大程度上影响人们的行为方式与决策，对企业来说，沉没成本是企业在以前经营活动中已经支付的现金，而经营期间摊入成本费用的支出。

而可以用使用标准技术或标准技术产品的用户规模大小来测度技术标准供给者所承担的可变成本。根据用户规模的大小，将可变成本分为五个层次，分别是用户规模大于 2000 万人、在 800 万～2000 万人、在 200 万～800 万人、在 50 万～200 万人、在 10 万～50 万人，分别对应的分值为 5 分、4 分、3 分、2 分、1 分。研发新技术的成本与技术类型高度相关，不同类型的技术，供给者所要投入的实际研发成本和承担的风险成本是不一样的，因此可以根据供给者研发的技术类型将其研发新技术的成本分成五个等级：高新技术、次高新技术、一般新技术、次常规技术和常规技术，对应的分值分别为 5 分、4 分、3 分、2 分、1 分。转产成本相关衡量指标的对应分值如表 3 – 9 所示。

表 3 – 9 转移成本三级指标的分值化

沉没成本（万元） 分值	≥50000 5	[20000, 50000) 4	[2000, 20000) 3	[500, 2000) 2	<500 1
可变成本（万人） 分值	≥2000 5	[800, 2000) 4	[200, 800) 3	[50, 200) 2	[10, 50) 1
研发新技术的成本 分值	很高 5	较高 4	中 3	低 2	可控 1

3. 技术标准需求者助推锁定能力测度指标的分值化

技术标准需求者即技术标准的用户，分为现实用户和潜在用户。

（1）现实用户。主要从现实用户的消费偏好（通过用户忠诚度来衡量）、用户规模以及面临的转移成本三个方面来衡量。按照现实用户对处于锁定地位的技术标准的忠诚度的高低，可将用户忠诚度划分为五个等级，即用户忠诚度高、较高、中等、较低、低，分值分别为 5 分、4 分、3 分、2 分、1 分。按照处于锁定地位的技术标准的用户规模占市场同类或类似技术总用户规模比重的大小，将用户规模划分为五个层次，当该比重超过 80% 时，分值最高为 5 分；当比重位于 60%～80% 时，分值为 4 分；当比重在 40%～60% 时，分值为 3 分；当比重在 20%～40% 时，分值为 2 分；当比重小于 20% 时，分值为 1 分。按照现实用户的可承受程度，可以将转移成本分成五个等级，分别为不可承受、较高、中等、可承受、可忽略，对应的分值分别为 5 分、4 分、3 分、2 分、1 分。现实用户各指标的分值如表 3 – 10 所示。

表 3 – 10 现实用户三级指标的分值化

用户忠诚度 分值	高 5	较高 4	中等 3	较低 2	低 1
用户规模（%） 分值	≥80 5	60～80 4	40～60 3	20～40 2	<20 1
转移成本 分值	不可承受 5	较高 4	中等 3	可承受 2	可忽略 1

（2）潜在用户。主要通过消费偏好、网络效应和使用新技术的支付三个维度来衡量，潜在用户的消费偏好仍然使用用户忠诚度来度量，只是此时的用户忠诚度是指潜在用户对其既选技术而非处于锁定地位的标准技术的用户忠诚度。按照用户忠诚度的高低也将其划分为五个层次，分别为高、较高、中等、较低、低，对应的分值分别为 1 分、2 分、3 分、4 分、5 分。潜在用户对正在使用的技术的用户忠诚度越高，其转向处于锁定地位的标准技术的可能性越小，因此，潜在用户的用户忠诚度和其得分成反向关系，用户忠诚度越高，分值越低。按照潜在用户从当前正在使用的技术中所能获得的网络效应的高低，将网络效应划分为五个等级，分别为低、较低、中等、较高、高，同理，由于潜在用户从既选技术中获得的网络效应越大，其转向处于锁定地位的标准技术所能获得的相对网络效应越小，因而潜在用户的网络效应与其分值成反向关系，五个等级对应的分值依次为 5 分、4 分、3 分、2 分、1 分。由于潜在用户使用新技术支付的确切数值难以获得，这里还是采用按照等级赋值的方法，首先将其分成低、较低、中等、较高、高五个层次，对应的分值分别为 5 分、4 分、3 分、2 分、1 分。潜在用户三级指标的分值如表3 – 11所示。

表 3 – 11 潜在用户三级指标的分值化

用户忠诚度 分值	低 5	较低 4	中等 3	较高 2	高 1
网络效应 分值	低 5	较低 4	中等 3	较高 2	高 1
使用新技术的支付 分值	低 5	较低 4	中等 3	较高 2	高 1

4. 外部力量对技术标准锁定作用测度指标的分值化

（1）政府。政府对技术标准锁定的作用主要从三个方面来衡量，即政府的技术标准化政策、知识产权保护政策、竞争政策。按照政府对技术标准化的重视和参与程度，将技术标准化政策划分为五个层次，分别为非常重视、积极参与、支持、比较支持以及不重视，对应的分值分别为5分、4分、3分、2分、1分。按照政府制定和颁布的知识产权政策的完善程度，将知识产权政策划分为五个层次，分别为非常完善、较完善、中等、不尽完善、不完善，对应的分值分别为5分、4分、3分、2分、1分。技术标准锁定有限制或阻止竞争的一面，因此政府是激励竞争政策抑或是阻止竞争政策将对技术标准锁定的解除或维持起重要作用，按照政府的竞争政策对技术标准锁定的作用，可将其划分为五个层次，分别为促进锁定（即政府实施的竞争政策有利于促进锁定的形成）、支持锁定（政府的竞争政策有利于支持技术标准锁定的维持）、中立（政府的竞争政策对技术标准锁定不产生任何实质性的影响）、限制锁定（政府的竞争政策将会限制技术标准锁定的形成）、解除锁定（政府的竞争政策会直接导致已经形成的技术标准锁定的解除），这五个层次竞争政策的分值依次为5分、4分、3分、2分、1分。政府作用三级指标的分值如表3－12所示。

表3－12　　　　　　　　　　政府作用三级指标的分值化

技术标准化政策 分值	非常重视 5	积极参与 4	支持 3	比较支持 2	不重视 1
知识产权保护政策 分值	非常完善 5	较完善 4	中等 3	不尽完善 2	不完善 1
竞争政策 分值	促进锁定 5	支持锁定 4	中立 3	限制锁定 2	解除锁定 1

（2）竞争者。我们主要从竞争强度、主要竞争对手的数量和竞争者协调的可能性三个维度来衡量技术标准锁定的市场所面临的竞争状况。按照竞争强度的大小，将竞争强度划分为五个层次，分别为双寡头垄断（当前技术标准锁定者有一个强大的可与之匹敌的竞争对手）、多寡头垄断（当前技术标准锁定者有多个伺机反锁定的竞争者）、强垄断竞争（垄断程度超过竞争）、垄

断竞争（垄断程度和竞争程度相当）和弱垄断竞争（竞争程度超过垄断程度），对应的分值分别为 5 分、4 分、3 分、2 分、1 分。按照主要竞争对手的数量，将其划分为五个层次，当竞争对手的数量在 0 ~ 2 时，分值最高为 5 分；当主要竞争对手的数量在 3 ~ 5 个时，分值为 4 分；当主要竞争对手的数量在 5 ~ 10 个时，分值为 3 分；当主要竞争对手的数量在 10 ~ 20 个时，分值为 2 分；当主要竞争对手的数量在 20 个以上时，分值为 1 分。按照竞争者之间协调可能性的大小，将其划分为五个层次，分别为协调的可能性高、较高、中等、较低、低（竞争者之间协调的可能性很小），对应的分值分别为 5 分、4 分、3 分、2 分、1 分。竞争者各三级指标对应的分值如表 3 – 13 所示。

表 3 – 13 竞争者三级指标的分值化

竞争强度 分值	双寡头垄断 5	多寡头垄断 4	强垄断竞争 3	垄断竞争 2	弱垄断竞争 1
主要竞争对手数（个） 分值	0 ~ 2 5	3 ~ 5 4	5 ~ 10 3	10 ~ 20 2	20 以上 1
竞争者协调可能性 分值	高 5	较高 4	中等 3	较低 2	低 1

第三节 技术标准锁定强度测度指标有效性的实证检验

为了检验上述测度技术标准锁定强度指标体系的有效性，我们选取了两个具有代表性的技术标准锁定案例，即 Windows 个人电脑操作系统的技术标准锁定和 Android 智能手机操作系统的技术标准锁定，Windows 系列操作系统对个人电脑操作系统的锁定已经三十多年，是延续时间比较长的技术标准锁定；而 Android 操作系统在智能手机操作系统领域的主流地位确立刚达到五年左右，是一种持续时间比较短的主流技术标准锁定。通过比较这两种技术标准在长锁定和短锁定条件下锁定强度的得分，实证检验技术标准锁定强度测度指标体系的有效性。

一、案例一：Windows 电脑操作系统锁定强度的测度与评价

（一）Windows 操作系统自身的锁定能力

Windows 系列操作系统是微软公司在 20 世纪 90 年代研制成功的图形化工作界面操作系统，俗称"视窗"。它问世于 1985 年初，Windows 起初仅仅是基于 MS – DOS 优化的桌面环境，其后续版本逐渐演变成专门针对个人电脑和服务器用户而设计的操作系统，直到现在依然处于世界个人电脑操作系统软件的垄断地位。当前，最新的个人电脑操作系统版本是 Windows 10，最新的服务器版本是 Windows Server 2012。

（1）Windows 操作系统的技术异质性分析。就 Windows 操作系统的技术复杂度来说，开发电脑操作系统需要涉及数学、编程、计算机应用、数据库等多学科、多领域的知识，是一项难度系数较大、复杂程度较高的研发工程。就 Windows 操作系统的兼容性来说，Windows 操作系统与很多操作系统有较好的兼容性，1995 年出台的 Windows 95 具有同时执行 MS – DOS、IBM 的 OS/2 和 POSIX 三种操作系统应用程序的功能，而且 Windows NT 还具有在 RISC 处理器上运行的能力。就 Windows 操作系统所含专利数量来说，美国商业专利数据库（IFI CLAIMS）显示，2010 年微软共获得 3094 项专利，据 Patent Tracker① 网站披露的信息显示，微软目前共拥有专利 4.0785 万件。

（2）Windows 操作系统的先进性分析。Windows 操作系统从最初的 Windows 1.0 到最新的 Windows 10，从 Windows 1.0 和 Windows 2.0 的无人问津，到目前 Windows 操作系统占据个人电脑操作系统的垄断地位，这是因为微软公司一直以来秉承技术创新的理念，始终保持 Windows 操作系统的先进性。关于 Windows 操作系统的先进性在第二章已经有所涉及，具体分析如下：第一，图形化用户界面，操作简便，易学易用。Windows 是一个图形窗口操作软件，界面灵活、友好，文件以各具风格的图标呈现在屏幕上，各应用程序通过使用"窗口"共享显示器，命令通过菜单选择，更复杂的信息则由对话框

---

① Patent Tracker 为微软推出的专利搜索网站，任何人通过该网站都可以搜索到微软的所有专利。

来解决，并实时提供联机帮助，易学易用。第二，在 386/486 CPU 保护模式下工作，充分发挥高档微机硬件的优异性能，386/486 CPU 是面向多任务的处理器芯片，多任务功能是其最本质的特性之一；Windows 工作在保护模式下，可以充分利用 386/486 CPU 先进的内存管理；完善的保护功能是 386/486 CPU 保护模式的另一个重要特性，其主要目的在于使系统运行安全、可靠。第三，应用程序间的数据信息交换十分方便，"剪贴板"的存在使各种应用程序之间能够方便地传送、交换各种图文信息；同时 Windows 环境支持动态数据交换，允许应用程序利用 Windows 的消息来交换数据和执行远程命令。第四，资源共享，Windows 采用了与外围设备无关的系统结构设计，由 Windows 统一管理各种软、硬件资源，保证 Windows 内的各种应用程序均能均等、无中断地访问共享。第五，Windows 还提供了一整套完善的程序设计标准并且为其应用程序的开发、调试、维护提供了丰富的工具包，Windows 3.1 的应用程序接口提供了 1700 个函数，其提供的服务覆盖面几乎无所不包；由于 Windows 的 API 核心实际上是由动态链接库组成的，Windows 应用程序可以和 API 在运行时动态连接，这样使得编制的应用程序可以充分利用 Windows 内部资源，而且代码长度大大缩短，还有效节约了内存；Windows 应用程序软件开发程序包 SDK 提供了一整套开发软件所需的环境、工具以及标准资源，各种版本在 Windows 环境下的大型语言开发软件纷纷出台，而且调试和维护工具功能强大成熟，这些都极大地方便了 Windows 应用程序的开发。

（3）就 Windows 操作系统的成熟度和互补组件来说，Windows 操作系统经过连续不断地创新升级，目前已经比较成熟，具有较低的成果转化风险和比较稳定的性能。Windows 操作系统从问世以来，一直践行积极的技术创新策略，即通过适时的技术更新和升级换代，完善和优化 Windows 操作系统，使 Windows 操作系统日臻完善、安全和稳定。以 Windows XP 为例，尽管 Windows XP 是基于 Windows 2000 代码的产品，但相比于 Windows 2000，Windows XP 拥有一个新的用户图形界面（Luna），并且简化了 Windows 2000 的用户安全特性，整合了防火墙以确保长期以来困扰着微软的安全问题。就 Windows 操作系统的配套技术和互补组件供应商来说，经过将近三十年的发展，Windows 操作系统有着完善的配套技术和可靠的互补组件供应商。

（二）微软公司维持 Windows 系统锁定的能力

微软公司是一家基于美国的跨国电脑科技公司，由 Bill Gatez 与 Paul Allen 创始于 1975 年，以研发、制造、授权和提供广泛的电脑软件服务业务为主。微软公司是世界软件开发的先导者，畅销产品为 Windows 操作系统和 Microsoft Office 系列办公软件。微软公司维持 Windows 操作系统锁定的能力体现在以下方面：

（1）微软公司的技术创新能力。第一，微软公司拥有非常优秀的研发团队；就微软公司的研发投入能力来说，微软公司属于世界 500 强企业，微软在 2009 年、2010 年和 2011 年的研发投入分别为 86 亿美元、87 亿美元和 90 亿美元，2012 年度微软的研发费用高达 98 亿美元，占据当年营业收入的 14%。而全球最赚钱、且以创新与高科技形象示人的苹果公司，其 2012 年的研发投入仅占到其营业额的 2%，因此无论是从技术创新投入能力还是从技术创新投入力度方面来看，微软公司都有着很强的创新实力。第二，微软公司的重大科技成果，如表 3 - 14 所示，从 1985 ~ 2012 年，微软几乎每年都会推出一个新的 Windows 版本；同时微软始终坚持不懈地改进其软件产品，例如，自 2001 年 Windows XP 系统发行到 2014 年微软停止提供针对 Windows XP 系统的服务期间，微软大约每年都会针对 Windows XP 发布一个升级，这些升级包含过去的一年中对 Windows XP 进行的所有修补和增强，用户可以通过文件升级获得最新、最全的驱动程序、工具、安全更新、补丁程序以及应用户要求所做的产品修改。第三，微软公司新产品的销量，如图 3 - 1 和图 3 - 2 所示，2013 年 10 月 Windows 操作系统的全球市场份额为 90.66%，其中新产品 Windows 8、Windows 8.1 的联合市场份额为 8.89%，Windows 8 的市场份额为 7.49%，最新发布的 Windows 8.1 的市场份额为 1.72%。

表 3 - 14   Windows 系列

版本	Windows 1.0	Windows 2.0	Windows 3.0	Windows 95	Windows 98
发布时间	1985 年	1987 年	1990 年	1995 年	1998 年
版本	Windows 98 SE	Windows 2000	Windows ME	Windows XP	Windows Vista
发布时间	1999 年	2000 年	2000 年	2001 年	2006 年

续表

版本	Windows 7	Windows 8	Windows 8.1	Windows 10	—
发布时间	2009 年	2012 年	2013 年	2014 年	—

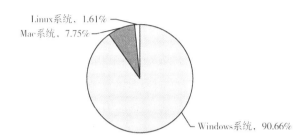

图 3 - 1　2013 年 10 月操作系统全球市场份额

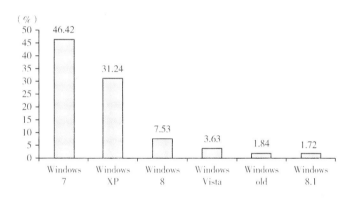

图 3 - 2　2013 年 10 月 Windows 系列操作系统的市场份额

（2）微软公司的生产和盈利能力。据统计，微软的总资产在 2005 年就已经超过了 5000 亿美元，2014 年 11 月，在 Satya Nadella 担任微软 CEO 10 个月之后，微软股票创下十四年新高，市值达到 3952.32 亿美元，员工数量为 12.85 万人。就年度营业收入来看，2014 财年，微软公司的年度营业收入为 868.33 亿美元，净利润 220.74 亿美元，高于 2013 财年的 218.63 亿美元，其中，仅微软商务授权部门营业收入就达 420.27 亿美元。

（3）微软公司的市场控制力和转产成本。就市场控制力而言：其一，主导产品的市场占有率，来自美国互联网流量监测机构 Net Applications 的市场份额数据显示，2013 年 10 月 Windows 操作系统的全球市场份额为 90.66%，其中主导产品 Windows 7 和 Windows XP 的市场份额为 46.42% 和 31.24%，因此，微软主导产品的市场占有率为 77.66%；Windows Vista 占据了市场份额的 3.63%，其他 Windows old 版本占到了市场份额的 1.84%（见图 3-1 和图 3-2）。其二，品牌影响力，对于大多数计算机用户来讲，Windows 系统就等同于操作系统的代名词，Windows 是 IT 历史上最为知名的品牌之一。为了确定 Windows 操作系统的品牌影响力，我们以 100 个经常使用电脑的用户作为随机样本，以问卷调查的方式调查他们通常安装在笔记本电脑上的操作系统，我们的调查问卷涉及 17 种笔记本电脑品牌（Apple/苹果、Lenovo/联想、Thinkpad、Asus/华硕、DELL/戴尔、Acer/宏基、HP/惠普、SONY/索尼、SAMSUNG/三星、Hasee/神州、TOSHIBA/东芝、MSI/微星、Fujitsu/富士通、BenQ/明基、Malata/万利达、QRTECH、Gateway/捷威），涉及的操作系统有 Windows、Mac OS、Linux、DOS，最后我们得到的统计结果表明，使用 Windows 操作系统的用户占到了 93%。其三，成本优势，微软公司的成本较市场平均成本显著较低，保持在市场平均成本的 1/2~3/4 之间。就转产成本来说，微软公司属于高新技术企业，目前其总资产已达到了 2556.48 亿美元，因此按照沉没成本为总资产的 1/2 来算，微软公司的沉没成本将达到上千亿美元；Windows 操作系统的市场份额占到了全球市场份额的 91.66%，其用户规模超过了 11 亿人，可见，微软公司面临的以用户规模来衡量的可变成本也是巨大的。操作系统属于高新技术产品，任何一项新技术的诞生不仅需要巨大的前期投入，同时也面临着较大的研发风险和市场风险，风险和不确定性使得一项新技术的研发过程更加艰难，因此，微软公司要想摒弃现有技术，研发一项新技术的成本将是巨大的。

（三）用户助推 Windows 系统锁定的能力

用户是助推技术标准锁定的需求方因素，用户又分为现实用户和潜在用户，就现实用户而言，用户规模是决定一项技术是否取得成功的重要标志，从前面的分析我们可以得到，Windows 操作系统已经占据了全球 90% 以上的市场份额，单从用户规模来说，Windows 操作系统已经占据了绝对的优势。为了确定 Windows 操作系统用户面临的转移成本和用户忠诚度，我们以随机抽样的方式通过问卷调查，调查了 500 个电脑用户，统计结果显示，有 453 位用户使用 Windows 操作系统，并且不愿意转换到其他操作系统。究其原因，主要在于多数用户已经习惯于使用 Windows 系统，不愿意承受或难以承受更换操作系统的成本，这种转换成本包括使用 Windows 操作系统可获得的很高的网络效用，以及转换到其他操作系统必须付出的学习培训成本等。因此，Windows 操作系统的用户忠诚度很高，在 500 个参加问卷调查的志愿者中，有 90% 的用户表示会一直使用 Windows 操作系统。就潜在用户而言，通过问卷调查的方式，我们发现 Windows 操作系统的潜在用户目前使用的主要是 Mac OS 系统和完全免费的操作系统 Linux，这两类潜在用户往往具有很高的用户忠诚度，由此导致潜在用户并不会轻易转向 Windows 操作系统；由于潜在用户的规模较小，因此其能享受到的由当前操作系统带来的网络效应也是极为有限的；当前市场上 Windows 操作系统很容易更换，可以通过直接更换硬件设备或者重装操作系统的方式获得 Windows 操作系统，且只需支付较低的费用。

（四）影响 Windows 系统锁定的外部力量

首先，政府的政策是影响微软公司发展的重要外部因素之一。微软的总部位于美国华盛顿州雷德蒙市，目前微软已经在全球约 100 个国家和地区设有分公司，微软的发展受到所有这些国家或地区的知识产权保护政策的制约。这里我们仅分析美国政府的政策对微软的 Windows 操作系统锁定的影响。一方面，关于美国的知识产权政策，美国一贯拥有尊重知识产权的传统和保护知识产权的得力机制。早在新中国成立之初，美国便在其宪法第一条第 8 款规定："国会有权保障作者和发明人对其作品和发明在一定期限内的独占权利。"现如今美国已经建立起一套完整的知识产权法律系统，包括《专利法》《商标法》《版权法》《不正当竞争法》等。美国的专利法显示美国政府对本国利益实行保护，特别是对跨国公司利益的保护，例如，美国仍在执行的专利授权公开制度，就使得美国企业一切不可获得专利法保护的技术都不对世界公开，而美国企业却可以从其他国家申请专利 18 个月后公开的文件中获取新技术信息。同时，美国政府重视保护海外知识产权，对美国在海外知识产权的保护是美国外交政策的重要任务之一，美国早在 20 世纪 70 年代就制定了相关法律（郭驰，2012）。另一方面，关于美国的技术标准化政策，从 20 世纪 90 年代开始，美国等主要发达国家就高度重视技术政策对标准化的作用及标准的研究开发，并把技术标准作为战略性竞争手段，美国国家标准协会（ANSI）是技术标准最重要的管理者和协调者，也是美国在如 ISO 和 IEC 等世界标准组织的唯一正式代表。2000 年底，ANSI 在有关政府部门、产业界和社会各界的支持下，制定并发布了《美国国家标准战略》。《美国国家标准战略》意在指导所有领域，以实现可信的、市场驱动的标准；在国际合作方面，该战略强调把美国的"产业界自愿同意"的标准哲学推广到全世界，改写世界建立标准的原则，并试图建立全球统一的标准。综上所述，美国的知识产权政策已经非常完善，美国的技术标准化政策也非常鼓励企业建立全球统一的技术标准（杨辉，2008）。

其次，竞争者的市场势力是微软公司发展的最大威胁。虽然微软处于 PC 电脑操作系统的垄断地位，但是依然不能占尽所有的市场份额，从美国互联网流量监测机构 Net Applications 2013 年 10 月发布的调查数据（如图 3 - 1 所示）我们可以看到，Windows 操作系统的最大竞争对手是苹果公司的 Mac OS 系统和完全免费的操作系统 Linux，其中 Windows 操作系统占据了全球市场份额的 90.66%，Mac 的市场份额为 7.73%，Linux 的市场份额为 1.61%。从市场份额来看，Mac OS 系统是 Windows 操作系统最大的竞争者，但 Mac OS 操作系统的用户规模并不像 Windows 操作系统那样庞大，Msc OS 是一套运行于苹果 Macintosh 系列电脑上的操作系统，典型的 Mac OS 特点是完全没有命令行模式，是一个 100% 的图形操作系统，它的优点在于容易使用，但是几乎没有内存管理、协同式多任务和对扩展冲突敏感。Windows 操作系统的第二大竞争者 Linux 是一种自由和开放源码的类 Unix 操作系统，Linux 的特点是完全免费，用户可以通过网络或其他途径免费获得，并可以任意修改其源代码；Linux 的另一个特点是完全兼容 POSIX 1.0 版，这说明在 Linux 环境中可以通过相应的模拟器运行常见的 DOS、Windows 的程序，这为实现用户从 Windows 向 Linux 转移奠定了基础；Linux 支持多用户、无任务，同时具有字符界面和图形界面，和 Windows 不同的是，Linux 的发展方向瞄准的是高端领域和产业发展，例如，AIX、HP-UX、Solaris 等。此外，虽然目前市场上 Windows 操作系统面临的竞争对手只有两个，但它们之间协调的可能性较低。

（五）Windows 电脑操作系统锁定强度的测度

综上所述，我们对 Windows 操作系统的锁定强度指标进行分值化。首先，运用专家权重信息合成法，计算一级指标和二级指标的权重，专家运用自己的专业知识分别赋予了一级指标和二级指标一定的权重；继而经过计算，Windows 操作系统锁定强度测度指标体系中一级指标和二级指标的权重如表 3-15 所示，根据上一节的分值化标准，各三级指标的分值化结果如表 3-16 所示。

表 3-15　Windows 操作系统一、二级指标的权重

W_A（40%）			W_B（30%）				W_C（15%）		W_D（15%）	
W_{A1}（25%）	W_{A2}（55%）	W_{A3}（20%）	W_{B1}（30%）	W_{B2}（30%）	W_{B3}（20%）	W_{B4}（20%）	W_{C1}（85%）	W_{C2}（15%）	W_{D1}（30%）	W_{D2}（70%）

表 3-16　Windows 操作系统三级指标的分值

A	A_{11}	A_{12}	A_{13}	A_{21}	A_{22}	A_{23}	A_{24}	A_{31}	A_{32}				
P_A	(3)	(3)	(5)	(5)	(5)	(4)	(5)	(5)	(4)				
B	B_{11}	B_{12}	B_{13}	B_{14}	B_{21}	B_{22}	B_{23}	B_{24}	B_{31}	B_{32}	B_{33}	B_{41}	B_{42}	B_{43}
P_B	(5)	(5)	(4)	(1)	(5)	(5)	(5)	(4)	(5)	(5)	(2)	(5)	(5)	(5)
C	C_{11}	C_{12}	C_{13}	C_{21}	C_{22}	C_{23}							
P_C	(5)	(5)	(4)	(5)	(5)	(4)							
D	D_{11}	D_{12}	D_{13}	D_{21}	D_{22}	D_{23}							
P_D	(5)	(5)	(5)	(4)	(5)	(3)							

根据表 3-15 和表 3-16 的分值，以及式（3.1）、式（3.2）、式（3.3）、式（3.4），最终 Windows 操作系统技术标准锁定强度的得分 I 为 14.715，而技术标准锁定强度的满分为 16.6，I 占总分的比重为 88.64%，因此，根据表 3-2 中的技术标准锁定强度的等级划分，Windows 操作系统技术标准锁定的强度属于强锁定。无论对于用户还是技术标准锁定供给者以及竞争者，都很难突破 Windows 对 PC 操作系统的技术标准锁定。

二、案例二：Android 手机操作系统的锁定强度测度与评价

相对于 Windows 对 PC 电脑操作系统将三十多年的锁定，从谷歌 2008 年发布第一版 Android 1.1 至今，Android 在智能手机操作系统领域的发展历史近八年之久，而其主流标准地位的获得则是在 2011 年，持续时间大约五年。为了进一步检验短锁定下技术标准锁定强度测度指标体系的有效性，下面分析 Android 手机操作系统的锁定强度及其得分。

（一）Android 手机操作系统自身的锁定能力

Android 是基于 Linux 平台的开源手机操作系统[①]，最初是由 Andy Rubin 等开发，并创建了名为 Android 的公司和 Android 团队，2005 年谷歌收购了 Android 公司及其团队，而 Android 的创始人 Andy Rubin 则成为谷歌公司工程部副总裁，负责 Android 的研发项目。2008 年 9 月，谷歌正式发布了 Android 1.0 系统，2011 年 8 月，Android 手机以占据 48% 的全球智能手机市场份额，并以在亚太地区市场占据统治地位，终结了 Symbian 系统的霸主地位，在智能手机操作系统领域跃居全球第一。来自一家名为"Onalacetks 战略"的国际研究机构的调查数据显示，2013 年第三季度，Android 在全球智能手机操作系统的市场份额达到了 81.3%。

（1）Android 手机操作系统的技术异质性分析。就 Android 手机操作系统的技术复杂度而言，同开发电脑操作系统一样，开发手机操作系统也需要涉及数学、编程、计算机应用、数据库等多学科、多领域知识，是一项很复杂的技术创新工程。就 Android 手机操作系统的兼容性来看，一方面，是Android 系统的纵向兼容性，Android 是一种免费和开源的手机操作系统，免费和开源的好处在于开放性、跨平台以及广阔的应用范围，但是它同时也带来了兼容

---

① 开源软件，就是指源代码开放的软件，这种软件的版权持有人在软件协议的规定下保留一部分权力允许用户学习、修改、增进提高这款软件的质量；对普通用户来说，开源软件大多都是免费下载的，对于商业用户来说，开源软件可以减少开发周期，因为源代码开放了，只要稍作修改就可以嵌入到产品中去，可以降低成本。

性的问题，即由于其免费向所有的普通用户和商业用户开放，任何人都可以在现有的软件基础上进行修改，因此导致了应用程序的分裂性，以至于很多应用都存在兼容性问题。比如说，可以在某一平台上运行的任务，却不能在另外的平台上运行，故而比较分散、分裂的兼容性问题是目前谷歌公司和An-droid 存在的最大问题；另一方面，是 Android 的横向兼容性，Android 作为一种智能手机操作系统，与 iOS、Symbian、Windows Phone 和 BlackBerry OS 等操作系统相互之间的应用软件都是不兼容的。就专利数量方面来看，从 2012 年谷歌公司公布的知识产权清单中可以看出，2012 年谷歌公司获准的专利数量为 1151 项，相较于 2011 年增长了 170%。2012 年谷歌公司成功入选汤森路透公布的"2012 年全球 100 大创新公司"榜单，该研究机构依据四项创新标准评选出该榜单，包括专利数量、专利申请成功率、专利组合全球覆盖范围以及专利被引次数，其中的考量因素包括专利质量和专利影响力，谷歌公司 2009 ~ 2011 年的专利在追踪范围内，汤森路透知识产权研究执行董事大卫·布朗（David Brown）表示，谷歌公司在 2009 ~ 2011 年的专利申请成功率高达 45%。

（2）Android 手机操作系统的先进性分析。从技术类型方面来说，智能手机操作系统属于高新技术。谷歌公司对于 Android 系统采取的技术创新方式，是渐进式的技术创新，即在原有版本的基础上进行升级创新，以 Android 1.5 和 Android 1.6 为例，Android 1.6 是在 Android 1.5 的基础上增加了 Android 应用市场集成，照相、摄像以及浏览、多选、删除功能，手势搜索、语音搜索应用集成，提升了语音阅读功能，对非标准分辨率有了更好的支持；再如，Android 4.3 和 Android 4.2 相比，新增了多用户登录、智能蓝牙等多项功能。Android 系统的升级速度是非常快的，谷歌公司每年都会发布好几个新的版本，最多的 2011 年总共发布了四个新版的操作系统，新的版本都是在原来旧版本基础上性能不断提升和功能不断完善（见表 3 - 17）。就 Android 操作系统的成熟度来说，Android 操作系统经过系列产品的不断升级和持续创新，目前已经比较成熟，具有较低的成果转化风险和比较稳定的性能。Android 操作系统虽然占据了很高的市场份额，但是其尚不属于国际标准，而是企业联盟标准。

表 3-17　　　　　　　　　　　　　　　　　Android 系统版本

版本	Android 1. 1	Android 1. 5	Android 1. 6	Android 2. 0/2. 0. 1	Android 2. 1
发布时间	2008 年 9 月	2009 年 4 月	2009 年 9 月	2009 年 12 月	2010 年 1 月
版本	Android 2. 2/2. 2. 1	Android 2. 3	Android 3. 0	Android 3. 1	Android 3. 2
发布时间	2010 年 5 月	2010 年 12 月	2011 年 2 月	2011 年 5 月	2011 年 7 月
版本	Android 4. 0	Android 4. 1	Android 4. 2	Android 4. 3	Android 5. 0
发布时间	2011 年 10 月	2012 年 6 月	2012 年 10 月	2013 年 7 月	2014 年 10 月

（3）就 Android 手机操作系统的互补组件方面来说，开放性是 Android 平台最大的优势，开放的 Android 平台允许任何移动终端厂商成为联盟的成员，显著的开放性可以使其吸纳和保留更多的开发者，同时赢得更多的消费者和厂商。对于消费者来讲，最大的好处在于丰富的软件资源；同时，开放的平台也会促进更大与更多的竞争，从而降低手机的价格。Android 手机操作系统的开源不仅使得其拥有了完善的配套技术，而且经过将近 8 年的发展，Android 手机操作系统已经拥有了较多可靠的互补组件供应商。

（二）谷歌公司维持 Android 系统锁定的能力

谷歌公司是一家美国的跨国科技企业，致力于互联网搜索、云计算、广告技术等领域，开发并提供大量基于互联网的产品和服务。谷歌公司的主要产品有谷歌搜索、电子邮箱服务 Gmail、博客服务 Blogger[①]、Notebook[②]、Android 手机操作系统等。1998 年谷歌公司创始人佩奇和布林在美国斯坦福大学的学生宿舍内共同开发了全新的在线搜索引擎，谷歌公司于 1998 年 9 月在美国加利福尼亚州山景城以私有股份公司的形式创立，以设计并管理一个互联网搜索引擎 "Google 搜索"。谷歌公司目前是全球规模最大的搜索引擎，Android 手机操作系统是谷歌公司的主要产品之一，2007 年谷歌公司正式向外界展示了这款名为 Android 的操作系统，同时谷歌公司宣布建立一个由 34 家手机制造商、软件开发商、电信运营商以及芯片制造商共同组成的全球性的联

---

① Blogger 是全球最大、最多人使用的博客系统。

② Google Notebook 是谷歌提供的一项服务，让使用者方便地储存及整理从网络上收集的资料，并且利用其共享功能让使用者将自己的笔记公开给其他人浏览。

盟，并与 84 家硬件制造商、软件开发商及电信营运商组成开放手持设备联盟来共同参与 Android 系统的研发与改良。2008 年谷歌公司正式发布了第一版的操作系统 Android 1.1。

首先，谷歌公司的技术创新能力分析。第一，谷歌公司的研发团队，谷歌公司作为高科技企业的领军者，具有非常强大的研发团队。第二，谷歌公司的研发投入能力，谷歌公司属于世界 500 强企业，其 2012 年的研发投入为 52 亿美元，占营业收入的 13.71%，从比例上来看，谷歌公司 2012 年的研发投入占营业收入的比重仅次于微软 0.29% 个百分点。第三，谷歌公司的重大科技成果，如表 3-17 所示，从 2008~2013 年，每年至少都会有两款新的 Android 系统发布，尤其是 2011 年每隔三个月就有一款新的 Android 系统发布。第四，谷歌公司新产品的销量，根据谷歌发布的最新消息，Android "果冻豆"系统（Android 4.1、Android 4.2、Android 4.3）在整个 Android 系统中所占的市场份额达到了 52.52%，其中 Android 4.1 拥有 37.3% 的市场份额，Android 4.2 拥有 17.92% 的份额，Android 4.3 的市场份额为 2.3%。

其次，谷歌公司的生产和盈利能力。2013 年 5 月谷歌公司的市值达到了 3039 亿美元，谷歌公司在美国的员工数量为 53546 人。2012 年谷歌公司营业收入 379.05 亿美元，利润额 97.37 亿美元，销售利润率为 25.69%，并且入选世界 500 强企业，排名第 277 位。

再其次，谷歌公司的市场控制力。就主导产品的市场占有率而言，Android 手机操作系统为谷歌公司的主要产品之一，市场研究机构 IDC 发布的《全球手机市场跟踪调查季度报告》显示，2013 年第三季度 Android 手机操作系统的全球市场份额达到了 81.3%（见图 3-3）。就品牌影响力而言，2012 年由世界品牌实验室编制的 2012 年度《世界品牌 500 强》中，谷歌公司排在榜首。由此说明，谷歌在世界市场上有着很高的品牌影响力，在此基础上，我们通过设计问卷，对 500 个随机个体进行了问卷调查，结果显示，有接近 60% 的人在使用 Android 手机操作系统。就成本优势而言，谷歌公司的成本低于市场的平均成本，但是高于市场平均成本的一半，有一定的成本优势。

最后，谷歌公司的转产成本。谷歌公司属于高新技术企业，2013 年谷歌公司的总资产为 1563.92 亿美元，因此按照沉没成本为总资产的 1/2 来计算，

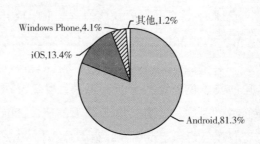

图 3 - 3　2013 年第三季度智能手机操作系统市场份额

谷歌公司的沉没成本将达到近 800 亿美元；Android 手机操作系统的市场份额占到了全球市场份额的 80%，谷歌执行董事长 Eric Schmidt 称，2013 年全球 Android 智能手机使用量已超过 7.5 亿部，可见，谷歌面临的以用户规模来衡量的可变成本也是巨大的。操作系统属于高新技术产品，一项新技术的开发不仅需要巨大的前期投入，同时也面临着较大的研发风险和市场风险，风险和不确定性使得任何一项新技术的研发过程都充满着艰辛，因此，谷歌公司若摒弃现有技术，研发一项新技术的成本将是巨大的。

（三）用户助推 Android 操作系统锁定的能力

就 Android 操作系统的现实用户来看，为了确定 Android 操作系统用户面临的转移成本和用户忠诚度，我们以随机抽样的方式通过问卷调查，调查了 1000 个智能手机用户，统计结果显示，有 823 位用户使用的手机都安装了 Android 操作系统，并且不愿意转换到其他操作系统，主要的原因是：一方面，Android 操作系统的智能手机品牌较多，可供选择的范围较广，更能满足消费者多样化的需求；另一方面，Android 操作系统的智能手机品牌、价位变化范围较大，能够满足不同消费水平的消费者的选择。相较之下，苹果公司 iOS 操作系统，不仅品牌单一（只限于 iPhone 手机），而且价位较高，不能满足不同消费水平和消费偏好的消费者的需求。鉴于以上原因，Android 操作系统的用户忠诚度很高，在 1000 个参加问卷调查的志愿者中，有 80% 的用户表示会一直使用 Android 操作系统。由于智能手机的价格参差不齐，大多数用户都能够通过可以接受的价格购得智能手机，因此，智能手机用户面临的转移成本并不是很高。就 Android 操作系统的潜在用户而言，我们对 200 个非使用

Android 手机操作系统的用户进行了调查，结果显示，这些用户大部分为 iPhone 手机用户，具有很高的用户忠诚度，这些潜在用户转向 Android 手机操作系统的可能性较低。此外，由于潜在用户占整个市场用户总数的 20%，市场份额的偏低使得其能够享受到的网络效应并不是很高。就潜在用户使用新技术的支付来讲，潜在用户只要更换一部 Android 操作系统的智能手机就可使用到这种操作系统，因此，潜在用户使用新技术的支付并不是很高。

（四）影响 Android 操作系统锁定的外部因素

第一，政府的政策。谷歌是一家总部位于美国加利福尼亚州山景城的跨国科技企业，因此，其发展要受到美国相关政策法规的制约，由于谷歌和微软同是美国的跨国公司，因此这两家公司所面临的政府政策是一样的，这里不再赘述。

第二，Android 操作系统的竞争者。如图 3－3 所示，与微软垄断 PC 电脑操作系统市场不同，谷歌所处的智能手机操作系统市场属于垄断竞争，谷歌所占智能手机操作系统的市场份额在 2013 年第三季度为 81.3%，其最大的竞争者是苹果的 iOS 系统和微软的 Windows Phone，2013 年第三季度，iOS 操作系统在智能手机操作系统市场所占份额为 13.4%，Windows Phone 占据操作系统 4.1% 的市场份额，剩余的 1.2% 为其他各种品牌的操作系统。其中苹果公司的 iOS 操作系统是 Android 操作系统的最大竞争者，苹果公司的 iOS 是苹果公司开发的手持设备操作系统，苹果公司最早于 2007 年 1 月 9 日的 Macworld 大会上公布这个系统，最初是设计给 iPhone 使用的，后来陆续套用到 iPod touch、iPad 以及 Apple TV 等苹果产品上。iOS 系统与苹果的 Mac OS X 操作系统一样，也是以 Darwin 为基础的，因此同样属于 Unix 的商业操作系统。Android 系统的第二大竞争者是 Windows Phone 系统，Windows Phone 是微软发布的一款手机操作系统，2010 年 10 月微软公司正式发布了智能手机操作系统 Windows Phone，2012 年微软发布手机操作系统 Windows Phone 8，Windows Phone 8 采用的内核与 Windows 8 相同。可见，智能手机操作市场具有较大的竞争强度，同时，竞争者之间协调的可能性也比较小。

（五）Android 智能手机操作系统锁定强度的测度

综上所述，我们对 Android 操作系统的锁定强度指标进行分值化。首先，运用专家权重信息合成法，计算一级指标和二级指标的权重，专家运用自己的专业知识和对行业的了解，分别赋予一级指标和二级指标相应的权重，继而经过计算，Android 智能手机操作系统锁定强度测度指标体系中一级指标和二级指标的权重如表 3 – 18 所示，考虑到 Android 智能手机操作系统所处的市场属于垄断竞争的市场类型，因此，代表竞争者状况的二级指标的权重要高于微软的 Windows 操作系统指标体系中代表竞争者状况的二级指标的权重，各三级指标分值化的结果如表 3 – 19 所示。

表 3 – 18　　　　　　Android 智能手机操作系统一、二级指标的权重

W_A （40%）			W_B （30%）				W_C （15%）		W_D （15%）	
W_{A1} （25%）	W_{A2} （55%）	W_{A3} （20%）	W_{B1} （30%）	W_{B2} （30%）	W_{B3} （20%）	W_{B4} （20%）	W_{C1} （85%）	W_{C2} （15%）	W_{D1} （30%）	W_{D2} （70%）

根据表 3 – 18 中一、二级指标的权重、表 3 – 19 中三级指标的分值，以及式（3.1）、式（3.2）、式（3.3）、式（3.4）相应的计算公式，最终求得 Android 智能手机操作系统的锁定强度的得分为 12.3825 分，满分为 16.6 分，因此 I 占总分的比重为 74.59%，根据表 3 – 2 中技术标准锁定强度的等级划分，Android 智能手机操作系统的锁定属于二级锁定。

表 3 – 19　　　　　　Android 智能手机操作系统三级指标的分值化

A	A_{11}	A_{12}	A_{13}	A_{21}	A_{22}	A_{23}	A_{24}	A_{31}	A_{32}				
P_A	(2)	(5)	(5)	(5)	(2)	(5)	(2)	(4)	(4)				
B	B_{11}	B_{12}	B_{13}	B_{14}	B_{21}	B_{22}	B_{23}	B_{24}	B_{31}	B_{32}	B_{33}	B_{41}	B_{42}	B_{43}
P_B	(5)	(5)	(5)	(2)	(5)	(5)	(5)	(3)	(5)	(4)	(2)	(5)	(5)	(4)
C	C_{11}	C_{12}	C_{13}	C_{21}	C_{22}	C_{23}								
P_C	(4)	(5)	(2)	(2)	(4)	(2)								
D	D_{11}	D_{12}	D_{13}	D_{21}	D_{22}	D_{23}								
P_D	(5)	(5)	(4)	(4)	(4)	(2)								

（六）结论与启示

技术标准锁定下新旧技术更替的可能性以及新旧技术更替的速度是影响技术进步的根本原因，不同的技术条件下，技术标准锁定的强度是不同的，其锁定的时间以及维持锁定的主要策略也各不相同。测度技术标准锁定的强度，一方面，可以反映出某一行业当前的技术现状和市场类型；另一方面，通过对某一技术标准锁定强度的测度和评价，可以判断该技术标准锁定效应的大小以及可能导致的非效率程度，以便为反技术标准政策的制定和反技术标准规制机制的设计提供理论依据和参考。本章通过梳理国内外学者对技术标准锁定的现有研究，以及基于前两章对技术标准锁定的本质、技术标准锁定的形成机制和影响因素、技术标准和技术创新关系等研究的基础上，构建了一套测度技术标准锁定强度的指标体系。该指标体系围绕着技术标准本身的锁定能力，标准供给者维持锁定的能力、标准需求者助推锁定的能力以及外部力量对锁定的作用等 4 个一级指标，设计了相应的 11 个二级指标和 35 个三级指标。在此基础上，为了检验测度技术标准锁定强度的指标体系的有效性，分别以长锁定下的 Windows 电脑操作系统和短锁定下的 Android 智能手机操作系统为例，测度了 Windows 电脑操作系统和 Android 手机操作系统的锁定强度，结果显示，Windows 操作系统经过三十多年（从 1985 年发布第一版 Windows1.0 至 2016 年）的不断创新升级，已经占据了操作系统主要的市场份额，其技术标准锁定强度的得分为 14.715 分，属于一级锁定强度，其在世界 PC 电脑操作系统软件领域的垄断地位毋庸置疑。而 Android 智能手机操作系统虽然只经过 8 年时间的发展，其锁定强度的得分为 12.3825 分，已经达到了二级锁定的强度。Android 智能手机操作系统的锁定强度弱于 Windows 电脑操作系统的锁定强度。主要的原因在于：第一，Android 智能手机操作系统的发展历史较短，占据主流地位的时间仅五年左右；而 Windows 电脑操作系统的发展历程已三十多年，三十多年的发展已经使 Windows 电脑操作系统获得了足够的用户基础，单从市场份额来看，Windows 电脑操作系统就占到了全球 PC 电脑操系统市场份额的 90% 以上；而 Android 手机操作系统占全球智能手机操作系统的市场份额刚达到 80%。第二，电脑操作系统的转移成本相对要高于手机操作系统。用户从 Windows 电脑操作系统转换到其他电脑操作系统，需要付出一定的学习成本和承担一定的沉没成本；而且还会失去 Windows 电脑操作系统高市场份额产生的较大的网络效应；而由于手机操作系统相较于电脑操作系统，其应用比较简便，因此用户的转移成本相对较小。第三，单从技术成熟度方面来分析，Windows 操作系统要更加成熟，性能更加稳定。可见，我们运用上述构建的技术标准锁定强度测度指标体系得出的测度结果和事实是基本吻合的，这说明我们设定的指标体系是有效的。

第四章　技术标准锁定与技术创新中的市场失灵

第一节　市场失灵与技术创新中的市场失灵

一、市场失灵的一般理论

（一）市场失灵概述

市场失灵（market failures）是微观经济学中的一个重要概念，市场失灵理论是伴随着完全竞争市场经济运行出现问题而产生和发展起来的理论。传统自由主义经济理论认为，完全竞争的自由市场是有效率的市场，在这个市场中，生产者追求利润最大化，消费者追求效用最大化，他们在追求个人利益最大化的同时也推动了社会福利最大化的实现，且使资源配置达到了帕累托最优（Pareto Optimality）。自由市场中竞争这只"看不见的手"不仅能够确保资源配置，而且能确保资源得到合理的配置斯蒂芬·芒迪（Stephen Munday，2009）。关于"看不见的手"原理，亚当·斯密（Adam Smith，1772）在《国富论》中这样写道："每个人都试图应用他的资本，来使其生产品得到最大的价值。一般来说，他并不企图增进公共福利，也不清楚增进的公共福利有多少，他所追求的仅仅是他个人的安乐，个人的利益，但当他这样做的时候，就会有一双看不见的手引导他去达到另一个目标，而这个目标绝不是他所追求的东西。由于追逐他个人的利益，他经常促进了社会利益，其效果比他真正想促进社会效益时所得到的效果为大"。然而现实的市场经济运行并不如"看不见的手"原理那么完美，自由市场机制在运行过程中常常会出现某些缺陷或不足，这些缺陷或不足导致市场机制不能有效地配置资源，市场机制这种无效率的状态即被称为市场失灵。

市场失灵理论的发展，大致可以分为三个阶段：第一个阶段是垄断竞争理论的产生。19世纪末至20世纪初，主要资本主义国家先后过渡到垄断阶段，生产和资本越来越集中，涌现出卡特尔、辛迪加、托拉斯、康采恩等多种形式的垄断组织或集团。这些现象引起了越来越多经济学家的关注，1933年美国的 Chamberlin 和英国的 J. Robinson 分别出版了《垄断竞争理论》和《不完全竞争经济学》（爱德华·张伯伦，2009；琼·罗宾逊，2012），他们摒弃了新古典经济学把完全竞争看作普遍的市场结构而将垄断作为个例的做法，认为完全竞争和垄断是市场结构的两种极端模式，合乎经济现实的往往是介于这两者之间的垄断竞争市场模式。Chamberlin 和 Robinson 的垄断竞争理论弥补了以完全竞争市场为基石的新古典经济学不能对垄断做出合理解释的缺陷，Samuelson 评价 Chamberlin 和 Robinson 对不完全竞争市场理论的贡献称之为"垄断竞争的革命"。第二个阶段是外部性理论的拓展和福利经济学的产生。"福利经济学之父"Pigou 在1920年在《福利经济学》一书中提出了"外部性理论"，该理论在 Marshall "外部经济性"理论的基础上，提出了内部经济性和内部不经济性、外部经济性和外部不经济性等概念。此后，经济学家们在批判和吸收 Pigou 的"旧福利经济学"基础上建立起了"新福利经济学"（庇古，2008）。1932年英国经济学家 Robbins 发表了《论经济科学的性质和意义》，对 Pigou 的福利经济学进行了批评；1939年 Kaldor 发表了《经济学的福利命题和个人间的效用比较》，将帕累托的系数边际效用价值论引入福利经济学，并把帕累托提出的社会经济最大化新标准——帕累托最佳准则作为福利经济学的出发点。随后，Kaldor，Hicks，Bergson 和 Samuelson 等经济学家对帕累托最佳准则作了多方面的修正和发展，并提出了补偿原则论和社会福利函数论，创立了新福利经济学。新福利经济学推进了对"外部性"及其福利效应的研究，并将市场失灵理论更深一步推进到"公共产品"领域。第三个阶段是信息不对称理论的提出。对信息不对称现象进行深入研究并取得卓越研究成果的经济学家主要有 George Akerlof，Michael Spence，Joseph

Stiglitz，这三位经济学家因为对信息经济学以及信息不对称条件下的市场理论作出奠基性的贡献而获得 2001 年诺贝尔经济学奖。Akerlof（1970）在《柠檬市场》一文中，首次将著名的"柠檬市场"模型引入到信息经济学中并通过二手车市场分析了当产品的卖方对产品质量比买方有更多的信息时，低质量产品将会把高质量产品驱逐出市场的逆向选择问题。Spence 首先提出了"市场信号"概念，用于说明信息在市场中的传递方式、效用以及对市场行为的影响，从而为"逆向选择""道德风险"和"委托代理模型"的建立打下了坚实基础，他在其博士论文《劳动市场的信号》一文中，详尽分析了人才市场的信息不对称现象及信号在其中所发挥的作用。Stiglitz 将信息不对称理论应用到保险市场，1976 年他与 Rothschild 合作发表了著名论文《竞争性保险市场的均衡：论不完备信息经济学》，指出由于被保险人与保险公司之间的信息不对称，客观上造成了保险公司的损失；此后 Stiglitz 对不完全信息条件下产品市场、资本市场和保险市场中的经济行为进行了深入研究。

市场失灵是指由于市场的内在功能性缺陷和条件性缺陷引起的市场机制在资源配置的某些领域运作不灵，导致资源配置无效率或低效率。根据市场失灵的成因，市场失灵可以分成两大类：其一是源生性市场失灵。这类市场失灵是由于市场的内在功能性缺陷导致的，即具备纯粹市场经济所需要的完整运行环境，但调节效果仍然不尽人意。源生性市场失灵主要表现为收入分配不公和经济波动失衡。其二是条件性市场失灵。这类市场失灵是由于条件性缺陷造成的，即现实的市场条件不符合纯粹的市场经济所必须的条件假定。条件性市场失灵主要包括不完全竞争、外部性、信息不充分、公共产品等。收入分配不公和经济波动失衡是宏观经济研究的主要问题，包涵源生性市场失灵的市场失灵理论是广义上的市场失灵理论；通常地，多数文献研究的市场失灵是指狭义上的市场失灵，即仅包括条件性市场失灵。下面将按照含义、分类、资源配置效率三个方面分别对不完全竞争、外部性、信息不充分、公共产品等市场失灵理论进行阐述。

（二）不完全竞争理论

不完全竞争是由美国经济学家 J. M. Clark 针对完全竞争概念的非现实性而

提出来的。完全竞争市场又称纯粹竞争市场，是指一种不受任何阻碍和干扰的市场结构，完全竞争市场必须满足以下条件：市场上存在着为数众多的具有理性经济行为的卖者和买者；产品是完全同质的，可以互相替代；生产要素在不同部门间可以自由流动，不存在进入或退出障碍；卖者或买者对市场都不具有某种支配力或特权；卖者或买者间不存在共谋、暗中默契行为；卖者和买者具有充分掌握市场信息的能力和条件，不存在不确定性。相应地，不能完全符合上述条件的市场就意味着完全竞争不能保持，即不完全竞争市场，不完全竞争市场包括完全垄断、寡头垄断和垄断竞争三种市场类型。

完全竞争市场是一种理想化的市场，现实的市场中完全竞争的条件很难满足；但完全竞争市场作为一种理论抽象，被认为是最有效率的市场。效率包括静态效率和动态效率，静态效率主要指资源配置效率和生产效率，动态效率主要指技术创新效率。当产品数量组合最优且生产产品的每单位资源能够给消费者带来最大满足时即为资源配置效率；当生产的每种产品所耗费的稀缺资源数量最小且生产的各个方面都实现了尽可能低的资源成本时即为生产效率（Stephen Munday，2009），由 Harvey Leeibenstein（1966）最早提出的"X - 效率"本质上就是指生产效率。完全竞争市场被认为能够实现这三种效率，根据完全竞争市场的效率基准，完全垄断、寡头垄断和垄断竞争三种市场都存在不同程度的效率损失，其中完全垄断市场损失最大，效率最低；寡头垄断市场次之；垄断竞争市场效率损失最小。下面主要通过完全垄断市场的情况来说明非完全竞争市场上的效率损失，完全垄断市场的静态效率损失可以从图 4 - 1 中得到说明。图 4 - 1 中，垄断厂商按照边际成本 MC 等于边际收益的利润最大化原则决定生产的产出量为 Q_1，并按照价格水平 P_1 销售产出量 Q_1，这时价格高于边际成本 MC，垄断厂商可获得超额利润，其大小为图中阴影部分的长方形面积所示，这说明垄断厂商的产出量低于社会所要求的最优产出量，资源在该产品或服务上的投入偏少了。同时在图 4 - 1 中垄断厂商的生产 Q_1 的成本处于平均成本 AC 最低点的左边，说明垄断厂商没有在最低点处进行生产，存在生产的非效率。

（三）外部性理论

外部性又称外溢效应、溢出效应、外部效应等，是指一个经济主体的决

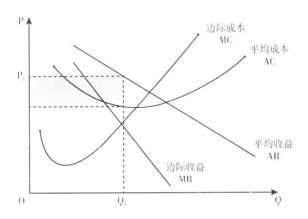

图 4 - 1　垄断下的配置非效率和生产非效率

策或经济行为对其他无辜的第三方经济主体的影响；或者反过来说，当某一经济主体的效用函数所包含的某些要素被另一经济主体控制时，就表明存在着外部性（Buchanan & Stubblebine，1962），即某个经济主体的福利函数所包含的自变量中包含了其他经济主体的行为，而该经济主体却并没有向其他经济主体提供报酬或索取补偿。包含外部效应的经济主体 j 的福利函数可用公式表示为：

$$F_j = F_j（X_{1j}，X_{2j}，\cdots，X_{nj}，X_{mk}）\qquad j \neq k \qquad X_i（i = 1，2，\cdots，n，m）$$

其中，F_j 表示经济主体 i 的福利函数，该函数式表明，某个经济主体 i 的福利，除了受到他自己所控制的经济活动 X_{1j}，X_{2j}，$\cdots$，X_{nj} 的影响外，还受到另外一个经济主体 k 所控制的经济活动 X_{mk} 的影响（周茜，2012）。根据这种影响是正面的还是负面的，外部性可以分成正外部性和负外部性。正外部性是指一个经济主体的决策或行为给社会其他经济主体带来了好处而他自己却没有因此而得到补偿；负外部性是指一个经济主体的决策或行为使社会其他经济主体增加了成本而他也没有因此而补偿他人。根据经济主体是生产者还是消费者，外部性又可以分为生产的外部性和消费的外部性，如化工厂在生产过程中所排放的污染物就是一种生产的负外部性，高技术企业的研发创新成果惠及行业内其他企业就是一种生产的正外部性；又如办公室内某人的抽烟行为对同一办公室内其他同事的影响是一种消费的负外部性，某镇点亮的圣诞灯让邻近镇的居民欣赏到它们的美丽是一种消费的正外部性。

在外部性的情况下，第三方没有参与经济决策的制定或经济行为的实施过程，但却受到了经济决策或经济行为的影响。如果社会资源将按决策制定者或经济行为者的选择进行分配，就应该考虑决策或行为对第三方的影响，不考虑第三方结果的资源配置不是最佳配置，经济效率会受到损失（Stephen Munday，2009）。在负外部性的情况下，社会成本大于私人成本，负外部性会导致生产过剩，负外部性导致效率损失的情况如图4-2所示。图4-2中有两条边际成本线 MC_p 和 MC_s，MC_p 位于 MC_s 的右下方说明某一经济决策或经济行为的私人边际成本小于社会边际成本，外部边际成本 MC_E 等于社会边际成本和私人边际成本之差；由于私人边际收益在负外部性下等于社会边际收益，所以图4-2中，两者合而为一为同一条边际收益线 MR_p（MR_s），经济主体按照私人边际成本 MC_p 等于私人边际收益 MR_p 的原则确定的私人最优产量水平 Q_1 大于社会边际成本 MC_s 和社会边际收益 MR_s 相等时的产量水平 Q_2，负外部性导致生产过剩。

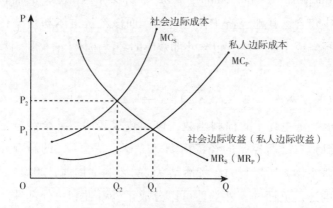

图4-2　负外部性导致的生产过剩

在正外部性的情况下，社会收益大于私人收益，正外部性导致效率损失的情况如图4-3所示。图4-3中，有两条边际收益线 MR_p 和 MR_s，MR_p 位于 MR_s 的左下方说明某一经济决策或经济行为的私人边际收益小于社会边际收益，社会边际收益和私人边际收益之差为外部边际收益 MR_E；由于在正外部性下，私人边际成本等于社会边际成本，所以图4-3中，两者合而为一为同一条边际成本线 MC_p（MC_s），经济主体按照私人边际收益 MR_p 等于私人边

际成本 MC_P 的原则确定的私人最优产量水平 Q_1 小于社会边际收益 MR_S 和社会边际成本 MC_S 相等时的产量水平 Q_2，正外部性导致生产不足。

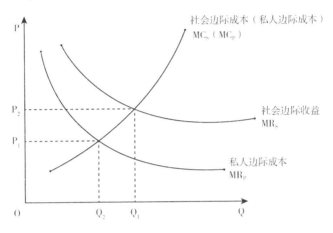

图 4 - 3　正外部性导致的生产不足

（四）信息不完全理论

信息不完全是指市场参与者不拥有某种经济环境状态的全部知识，信息不完全包括绝对信息不完全和相对信息不完全，绝对信息不完全是指市场经济本身不能够生产出足够的信息并有效的配置它们；相对信息不完全是指由于受人们认识能力和知识水平的限制，导致其不可能对任一经济环境状态或拟交易的对象具有充足的信息，相对信息不完全常常导致市场交易双方之间的信息不对称。当存在不完全信息的时候，市场就有可能失灵，信息不完全下的非效率主要表现为优值品的消费不足、劣值品的消费过剩、逆向选择和道德风险等。

优值品的消费不足和劣值品的消费过剩[①]可以通过图 4 - 4 来说明。优值品是一种实际效应高于消费者主观评价的产品，但由于市场上存在着信息失灵，消费者没能对优值品作出最好的或者最正确的判断。在图 4 - 4 中，消费者认为其从消费优值品获得的收益水平由处于左下方较低位置的平均收益

———————
① 本部分内容参考了 Stephen Munday. 市场与市场失灵［M］. 北京：机械工业出版社，2009：50 - 55.

131

（或需求）曲线 AR_1 决定，从而在数量为 Q_1 价格为 P_1 处达到市场均衡，而实际上 AR_1 是基于不准确、不完全的信息确定的，消费者消费价值物品获得的真实收益水平是由右上方代表更高收益水平的平均收益（或需求）曲线 AR_2 所决定的，此时价值物品的市场价格为 P_2，所消费的数量应该为 Q_2，Q_2 大于 Q_1 说明信息不完全导致优值品的消费不足。劣值品是一种实际效应低于消费者主观评价的产品，同理，劣值品导致的消费过剩也可以通过图 4-4 来说明，只不过情况相反。图 4-4 中，消费者认为其从消费劣值品获得的收益水平由处于较高收益水平的 AR_2 决定，从而在数量为 Q_2 价格为 P_2 处达到市场均衡，而实际上消费者消费劣值品获得的真实收益水平是由左下方代表较低收益水平的 AR_1 所决定，此时劣值品的市场价格为 P_1，所消费的数量应该为 Q_1，Q_1 小于 Q_2 说明信息不完全导致劣值品的消费过剩。

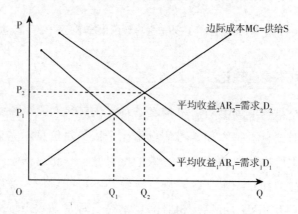

图 4-4　优（劣）值品的消费不足（过剩）

逆向选择和道德风险分别是由交易发生之前的信息不完全和交易发生之后的信息不完全引起的。由于交易之前的信息不对称，导致市场上交易的劣值品比例越来越高，甚至将优值品完全驱逐出市场，这种"劣胜优汰"的现象就是逆向选择。逆向选择的经典模型是由 Akerlof（1970）建立的二手汽车市场模型，信息不完全市场中二手车质量不断下降及逆向选择下二手车市场的均衡情况可以分别通过图 4-5 和图 4-6 来说明。假设存在这样的一个二手车市场，市场上待出售的二手车的质量呈正态分布，如图 4-5 中的 DIS_0 所示。在市场交易之前，卖者知道所售的二手车的真实质量，但买者不知道拟购买的汽车的真实质量，他们只知道这个市场上汽车的平均质量，于是理性的买者只愿意按照该市场上二手车的平均质量支付价格，质量处于较高档次的二手车卖主因为得不到自己所想要的售价而被迫撤出市场，这样经过第一轮市场选择以后，二手车市场的汽车质量下降，其分布如图4-5中的DIS_1所示。买主在得知高质量的二手车退出市场以后，会调整他们的支付价格至市场上剩余汽车的平均价格，于是原来处于中等档次的二手车的卖主也因为得不到其想要的售价而撤出市场，于是第二轮选择以后二手车市场的汽车质量进一步下降，其分布如图4-5中的DIS_2所示。如此过程不断重复，最后二手车市场上留下来的全部是劣质量的二手车。

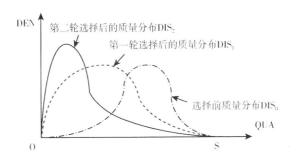

图4-5 逆向选择下二手车市场的质量变化

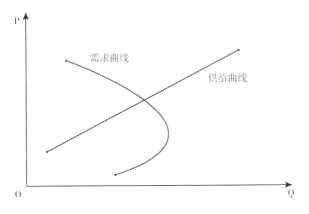

图4-6 逆向选择下二手车市场的均衡

图4-6说明了二手车市场的均衡情况，其需求曲线表现出向左下方后弯的特征，这是因为买主了解二手车的价格越低，其质量就越低，正所谓"便

宜没好货"，所以当二手车价格下降到一定的时候，买主会认为二手车的质量也已经低到一定的程度以至于不值得购买，因而二手车的购买量不增反减，需求曲线会向后弯曲。向后弯曲的需求曲线表明二手车的市场需求不仅依赖于价格，而且依赖于质量。二手车的供给曲线依然是常规的向右上方倾斜的直线，说明随着二手车价格的上升进入市场出售的二手车数量会增加。

道德风险又被称为败德行为，是指经济代理人利用信息优势在使其自身利益最大化的同时损害委托人或者其他代理人利益的行为。道德风险是由于交易之后的信息不完全导致的，产生道德风险的主要原因在于代理人拥有私人信息且这种私人信息难以被委托人观察到，于是在签订委托代理合同后，代理人会利用私人信息，改变签订合同前的行为模式，从中谋取自己的最大利益并不惜损害委托人的利益。道德风险是由 Stiglitz（1976）在研究保险市场时发现的。在保险市场上，人们常常会发现在保险公司推出汽车保险以后，汽车被盗的概率反而上升了，原因就在于车主在购买车辆被盗险以后，防范措施明显减少了，这种车主对汽车安全防范的不作为行为，就是道德风险。道德风险下的"损人利己"行为会导致市场的效率损失。

（五）公共产品理论

公共产品是与私人产品对应的，是指具有非排他性和非竞争性特征的产品。非排他性是指产品在消费过程中所产生的效用不会被某个人或某些人独占，并且将其他人排斥在产品消费和效用产生过程之外，不让这些人享有产品产生的效用是不可能的；非竞争性是指消费主体之间不存在利益冲突，原先享用产品的人所得到的收益不会因为消费该产品的人数的增加而受到影响。公共产品包括纯粹公共产品与准公共产品，纯粹公共产品是指那些为一个社会全体成员所共同消费的产品，纯粹公共产品具有完全的非竞争性和非排他性，如国防系统，一旦国家决定保护一个公民免受潜在敌人的袭击，那么所有的公民都会平等地受到保护；这种保护给一个公民带来的收益不会因为其他人也受到保护而减少。严格地讲，它是在消费过程中具有非竞争性和非排他性的产品，是任何一个人对该产品的消费都不减少别人对它进行同样消费的物品与劳务（Stephen Munday，2009）。准公共产品是指具有公共产品与私人产品双重特征但更接近公共产品的产品，准公共产品根据其所具有的非排他性、非竞争性两种属性的不同组合状况，可以分成以下三类：一是具有非竞争性但不具有非排他性，例如，公园，游客在公园的消费具有非竞争性，但没有购买公园门票游客会被拒之门外，即具有排他性。二是具有非排他性但不具有非竞争性的产品，例如，公有的海滩、公有的草场、公有的渔业资源等，这类产品的共同特征是具有一定的承载量，超过这一承载量后，增加一个人的消费会降低其他人享用该产品的得益。三是在一定条件下具有非竞争性和非排他性，例如，收费的高速公路、收费的桥梁等，与第二类产品一样，这类产品也有一个承载限度，超过这一限度以后，就会因为拥挤而具有竞争性；同时又会因为收费而具有排他性。

与公共产品相关的市场失灵问题包括供给和定价两个方面。第一，关于公共产品的供给问题。自由市场中理性的、追求效用最大化的私人经济主体不会去生产公共产品，尽管他们认为公共产品具有正的价值并且原则上愿意付费，但由于公共产品的非排他性，当得知其他人可以不用支付就能从公共产品中获益时，任何一个理性的私人经济主体都不会有动力去生产和提供公共产品，他们要做的就是等待其他人提供该公共产品然后自己来"搭便车"，这样每一个经济主体的"搭便车"行为最终导致公共产品不会有私人经济主体愿意供给，这就需要政府以社会管理者的身份组织和实现公共产品的供给，并对其使用进行监管（金太军，2002）。第二，关于公共产品的定价问题。公共产品的定价难题源于公共产品需求曲线的不真实性，首先，单个消费者通常并不很清楚自己对公共产品的需求价格，更不用说去准确地陈述自己对公共产品的需求和价格的关系；其次，由于公共产品不可被分割成多个单位单独买卖，不存在谁付款谁排他性受益的问题，所以即使单个消费者了解自己对公共产品的偏好程度，他们也会为了少支付价格或者不支付价格而低报或隐瞒自己对公共产品的偏好。由于不能基于单个消费者的偏好推导出单个消费者的需求曲线，因而也就无法得到由单个消费者需求曲线加总的公共产品市场需求曲线，进而无法得到公共产品的最优数量和均衡价格（高鸿业，2011）。

二、技术创新中的市场失灵

技术创新是一个探索未知、创造出新的技术或知识等无形产品的过程，而无形的技术创新成果只有应用于生产过程生产出能被市场接受的有形产品时，技术创新才算取得成功。技术创新既可能开发新技术，也可能是对已有技术进行应用创新，技术创新过程中投入和产出的特殊性，决定了技术创新中存在着种种市场失灵。对于技术创新中市场失灵问题的研究最早可以追溯到 Schumpeter（1912）的技术创新理论，其在 1912 年发表的《经济发展理论》一书中深入地论述了垄断与技术创新的关系：一是大企业比小企业更具有创新性和创新效率，即企业规模越大，技术创新就越有效率；二是技术创新与市场集中度之间存在正相关性关系，这就是著名的 Schumpeter 假说。我国学者在 21 世纪初也开始大力关注技术创新中的市场失灵问题，例如，胡卫（2006）从外部性、创新外溢、技术创新的不确定性和风险、信息不对称、路径依赖和锁定方面对技术创新中的市场失灵展开研究；朱雪祎等（2007）根据技术创新链条中不同阶段的技术创新特点，分别对技术创新链条中的基础研究阶段、应用性研究阶段、技术开发与扩散阶段以及市场进入阶段中的市场失灵表现进行了分析研究，并基于各阶段的市场失灵特征提出了相应的纠正技术创新中市场失灵的措施；孙南申、彭岳（2010）认为技术创新的市场失灵有三种形式：技术创新成果维护与转让的困难、不完全竞争市场和科技评估制度体制的缺陷。本部分将基于现有文献，对技术创新中的市场失灵问题进行全面系统的阐述。

（一）技术创新中的不完全竞争

就完全竞争市场所需要满足的条件来看，技术创新的市场难以满足：首先，技术创新是有门槛条件的，并非任何经济主体都能从事技术创新，只有具备一定技术创新能力的主体才能够开展技术创新活动；其次，经济主体要想取得技术创新的成功，必须研制出具有一定程度异质性的产品，否则其创新成果难以市场化；再其次，异质性技术创新成果的不完全替代性本身会赋予其供给主体一定程度的市场控制力，倘若这些成果获得知识产权或专利权保护的话，则在其法定保护期内其供给主体拥有独占权从而市场控制力进一步增强；最后，由于技术创新成果的高知识技术含量，买者不容易掌握其全部信息或者掌握其信息的成本太高。因此，技术创新与不完全竞争市场结构存在着必然的联系，下面将对两者的相互影响进行分析。

Schumpeter 假说提出以后，关于技术创新的市场结构选择问题成为产业组织理论研究的重要热点问题之一。作为对熊彼特假说的回应，Arrow（1962）在《经济福利和发明的资源配置》一文中通过比较完全竞争和完全垄断对技术创新的影响后提出完全竞争市场比垄断市场更有利于技术创新，市场竞争性越强，越有利于技术创新，即 Arrow 假说；Mansfield（1968）则提出"倒 U 型假说"，即认为中等程度的市场结构最有利于创新，随着市场集中度的提高和市场垄断程度的增强，技术创新活动先增多后减少。Mansfield："倒 U 型假说"是对 Schumpeter 假说和 Arrow 假说的折中，围绕着对这三个假说的验证和修正，理论界关于何种市场结构最有利于技术创新的争论大体也形成三派：一派是 Schumpeter 假说的支持者，如 Fisher 和 Temin（1973）认为大企业的创新机构比小企业有更优越的科研条件和交流环境，可以进行多样化的创新活动以降低风险，且融资成本在同等条件下比小企业低；Freeman（1974）发现研究开发项目在所有的 OECD 国家是高度集中的，其中最大的100 个项目占据了 80% 的研究开发经费支出，这些项目常常在大于 5000 名雇员的企业中。另一派是熊彼特假说的反对者，如 Scherer（1965）指出创新产出与市场力量变量不存在系统关系；Bound（1984）等研究发现大企业和小企业都具有较高的研究开发强度，技术创新和厂商规模之间明显地存在非线性关系。第三是折中派，如 Levin 等（1975）通过检验美国 1970 年产业中的研究开发增长及相同经营范围部门的创新决定因素，发现研究开发与 CR4 之间呈"倒 U 型"关系。Kamien 等（1976）研究表明，随着竞争程度的加剧，开始时会提高研发投入，但是后来可能会引起研发活动的下降，以至于低于最优的研发水平。因此，中等程度的竞争是最有利于研发活动的。进一步的研究表明，研发投入与产业集中度之间是非线性关系，是一种"倒 U 型"的关系：介于垄断和完全竞争之间的市场结构最有利于创新活动。

　　三派学者的观点虽然是见仁见智，但都认为市场结构影响技术创新，市场结构通过对技术创新动力和技术创新能力形成影响而对技术创新产生作用，技术创新的动力取决于经济主体技术创新前后利润的差异；技术创新的能力取决于经济主体是否有充足的资金、人力及组织技术创新的能力。在具有极高集中度的完全垄断市场上，具有垄断地位的经济主体原本就拥有超额利润，技术创新后新技术带来的超额利润并不能全部归为垄断经济主体的创新收益，其中必须扣除因对原有技术的替代而损失的原有超额利润，原有超额利润是垄断经济主体进行技术创新的机会成本，这种替代效应的存在使得垄断经济主体"自我替代式"的技术创新动力不足；但是垄断的经济主体一般规模庞大，资金实力雄厚，能够承担技术测试和推广、市场调研和营销活动等所需要的巨额成本，可以同时开展多项研发活动以规避失败的风险，并且有足够的控制力确保创新活动能够收获成果以补偿成本，如此种种说明垄断经济主体具有足够的技术创新能力。在具有超低集中度的完全竞争市场上，价格等于边际成本使完全竞争经济主体在技术创新之前超额利润为零，而在技术创新之后凭借新技术的成本节约或者技术专利可以获得超额利润，从而具有足够的技术创新动力；但是由于完全竞争经济主体一般规模很小，资金有限，技术创新能力不足。将上述分析一般化即为：垄断力量与技术创新动力负相关，与技术创新能力正相关；竞争力量与技术创新动力正相关，与技术创新能力负相关，既然完全垄断市场和完全竞争市场都不能同时强化技术创新动力和技术创新能力，那么介于两者之间的不完全竞争市场就是最有利于技术创新的市场。

　　技术创新反过来又能够促进和提高市场的不完全竞争性，技术创新通过影响市场集中度、产品差异化、进退壁垒等作用于市场结构。技术创新的成果是技术、知识等无形产品，这些无形产品的研发成本高，边际成本低，从而使创新主体在创新成功以后具有成本优势；无形产品投入到生产过程以后，生产过程中的无形要素比重将不断上升，而伴随着无形要素取代有形要素成为生产中的主导要素，报酬递增规律将超越报酬递减规律发挥主导作用，报酬递增规模作用的增强会扩大规模经济效应，提高市场集中度；在技术创新成果获得知识产权保护的情况下，创新主体可以在一定时期内排他性地独占专利技术或知识产权产品，他人若要使用该技术或知识产品，必须支付相关费用才能获得产权人的授权。知识产权是法律赋予创新主体的一种合法的排他性权利，从本质上来说就是法律赋予创新主体对知识产品或专利技术的一定垄断权。Comanor（1967）提出研发活动的目标之一就是利用产品差异化创造进入壁垒，成功的技术创新活动必须是或"标新"或"立异"，求新求异式的创新活动必然会扩大创新主体新旧技术或技术产品之间以及创新主体和非创新主体技术或技术产品之间的差异化程度。Levin（1978）提出技术创新的进入壁垒机制，即在位企业通过持续进行的研发活动，保持技术上的领先地位，以维持技术型进入壁垒；除此之外，研发活动的高投入还使潜在竞争对手进入面临资金壁垒。

（二）技术创新中的外部性

对知识、技术和人力资源外部性的讨论是新经济增长理论的核心，即在传统外部性理论的基础上，分析知识、技术和人力资源的正外部性特征及其对社会经济发展及创新活动的影响（金太军，2002）。人力资本是技术创新活动中的重要投入要素，知识、技术是技术创新成果的主要形式。知识的外溢和共享、技术的溢出和扩散、人力资源的较高流动性等使得技术创新过程中具有很强的外部性。一直以来，学者们多关注技术创新的正外部性，强调正外部性导致技术创新活动不能满足社会最优需要，但事实上技术创新活动也具有负外部性，如李建军（2008）将技术创新的负外部性分为显性负外部性和隐形负外部性。除了正、负外部性之分外，技术创新中的外部性还有单向和双向之分，单向外部性强调一个经济主体的技术创新活动对另一个或另一些经济主体的单向影响，如阿里巴巴网络销售平台使大量借助此平台销售的零售商获益；双向外部性是指两个经济主体技术创新活动之间的相互影响，如苹果、三星、HTC、诺基亚等品牌手机生产商与山寨手机的生产商之间，品牌手机生产商的原始研发创新活动对山寨手机生产商有正外部性，而山寨手机的模仿创新活动会损害品牌手机的信誉，降低品牌手机的声誉，因而存在负外部性。技术创新的外部性既可以发生在同一产业内，也可以发生在不同产业之间，还可以是特定地理空间范围内的溢出，因此可以分成垂直外部性、水平外部性和空间集聚外部性。

对技术创新外部性的研究，一是以主张新经济增长理论的学者为代表，他们强调知识、人力资本等要素在经济增长中的贡献，以此为视角研究技术创新中的外部性。Arrow，Romer 和 Lucas 分别对创新投资的溢出效应、知识的溢出效应和人力资本的溢出效应进行了研究，Arrow（1962）认为企业的研发活动对其他企业的生产存在正的外部性，创新投资获得的新知识通过员工流动、新品发布等渠道被其他企业获得并采用，且创新企业无法确定应该向这种外部性索取回报的对象和大小，并很难通过法律手段完全抑制知识溢出；Romer（1986）提出知识溢出模型，他认为知识溢出提高了资本的边际生产率，从而造成知识创造厂商的私人收益率低于社会收益率；Lucas（1988）提出人力资本溢出模型，他认为具备人力资本的人员通过相互学习、交流促进团体所有人的共同提高进而导致团体整体生产率的提高，其中具备较高人力资本的个人在团体中贡献巨大，但其却未必因此而获得额外的收益。二是关注集聚现象和集聚经济理论的学者，他们以集聚为视角研究技术创新中的外部性。Jacobs（1969）等学者认为不同产业的集聚会导致行业间的知识溢出和思想的碰撞，从而有利于促进创新的形成；Feldman 和 Audretsch（1999）在对创新集聚现象进行研究的基础上强调了创新的专业化外部性（产业内）和多样化外部性（产业间）；Maskell 和 Malmberg（1999）、Desrochers（2001）等认为集群内企业的地理位置邻近性、信息传递的便捷性使得集群内企业交流、合作的机会增多，从而使得技术创新在产业集群内更易于传播和扩散；Schienstock（2005）认为产业集群内有正式和非正式的作用机制，以此形成了创新系统内部的创新网络和创新机构，能有效地增强集群企业的创新产出，使创新成果的扩散速度加快。三是关注外部性对技术创新动力影响的研究。Cohen 和 Levin（1989）认为同一行业内其他厂商或者潜在进入者通过模仿可以分享技术创新的成果，从而使得创新领先者成本降低、收入增长的优势下降，创新者难以通过创新行为获得、保持市场领先者的地位；D'Aspremont 和 Jacquemin（1988）的 AJ 模型、Kamien，Muller 和 Zang（1992）的 KMZ 模型均发现，企业研发活动产生的外部性会侵蚀创新者的利润，造成对企业家创新激励的动力不足。Romer（2009）指出技术溢出效应阻碍技术创新活动，创新活动所面临的沉没成本及溢出效应与研发投资活动减少之间存在一定的因果关系。四是对技术创新外溢差距的研究。如图4-7为美国和日本的几位学者对技术创新外溢差距的估算。

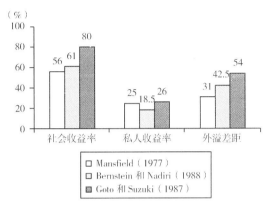

图4-7 外溢差距

资料来源：Sumil Mani. Government, Innovation and Tchnology Picy: an International Comparative Analysis. Cheltenham, UK: Northampton, MA: Edward Elgar, 2002: 22.

技术创新中的外溢效益的产生渠道或途径主要有以下几个方面：第一，市场竞争和示范作用引发的外溢效应。由技术创新而引发的技术竞争和技术竞赛无论在内容上还是激烈程度上都要高于传统的价格竞争和质量竞争，技术创新对于创新主体降低成本、提高生产效率、增强市场控制力意义重大，技术竞争促成了一浪高过一浪的技术创新大潮，加快了技术变革和更替的步伐，技术创新成果给创新主体带来较大的获利能力和较高的经济效益，对其他经济主体取到良好的创新示范效应；创新主体的技术创新成果以产品的形式投放到市场以后，其技术就不可避免地被行业内其他企业或者是其他产业中的企业观察到，这样创新主体之外的企业就可以"免费"地学习、消化吸收并将这种新技术投入到自己的生产过程中，或者是通过"反求工程"对新技术进行模仿创新和改进，甚至超越新技术。第二，前后波及关联关系产生的外溢效应。这种效应主要是指处于产业链不同环节的经济主体之间的交易活动而导致的技术创新外溢，创新主体除了投入知识、信息、技术、网络、人力资源等无形要素外，还有投入必要的原料、燃料、实验设备等硬件，并且为保证供应商所提供的硬件能满足其所要求的质量，他们往往会向供应商提供诸如技术援助、咨询、人员培训等服务，从而使供应商的技术水平和生产效率得到提高；处于上游环节的研发厂商在研发成功以后会将其成果以某种契约的形式提供给处于下游的生产商使用；即使上下游企业没有契约关系，非创新主体也可以通过与创新主体的供需关联关系获得技术创新主体的技术知识信息。第三，员工流动和人力资本市场导致的外溢效应。创新主体的研发管理人员和受过培训的技术工人是创新技术知识以及创新产品相关信息的主要载体，在经济高度开放化、全球化的高技术时代，资源流动的便捷性和经济人的逐利性使得人员的流动在所难免，这些研发管理人员和高技能员工充当了传播技术创新知识的媒介，导致创新主体的技术创新成果外溢；如果这些人员的流动是通过在人力资本市场搜寻实现的，则他们必然会在人才市场上传递有关自身信息的各种信号，在信号传递过程中即有可能透露原有创新主体的创新信息。第四，产权保护申请过程中的外溢效应。知识产权或专利权虽然可以给技术创新所有者带来产权保护，但任何产权保护都是有保护期限的，保护期限一过，技术创新成果就得向其他经济主体免费公开；技术标准通常会包含一定数量的专利技术，一方面，一旦申请专利，与专利有关的技术知识信息就必须公开，这就为其他的竞争者提供了获取专利知识的渠道；另一方面，在申请产权的过程中，必须提供知识产品和专利发明说明书，说明书中需包含知识、技术信息的部分内容，而绝大部分知识产品和专利发明说明书均刊登在公开出版物上，对相关知识、技术感兴趣的经济主体可以通过查阅说明书获得该知识、技术的重要信息，进而为己所用。

（三）技术创新中的信息不完全

技术创新的特点之一是不确定性，而不确定性的重要原因是信息不完全。在技术创新中既存在绝对信息不完全，又存在相对信息不完全，技术创新成果的无形性及其市场交易的特殊性使得信息不完全贯穿于技术创新过程的始终，包括技术研发之前和研发活动过程中的信息不完全、融资过程中的信息不完全、技术扩散及技术成果转化过程中的信息不完全等。

首先，技术研发之前和研发过程中的信息不完全。在研发活动开展之前，技术创新主体不可能准确地知道要探索什么，对于探索的结果很难事先知道，对于研发活动可行性难以准确估计，对研发成果的市场前景也难以准确预知；在研发活动展开之后，技术创新主体对于技术向何方向发展，多长时间能够取得成功，也都没有确切的信息，等等，诸如此类的信息问题是绝对信息不完全问题。另外，在技术创新过程中还存在相对信息不完全即信息不对称问题，技术创新主体（在我国通常是高校、科研机构）与技术成果市场化和产业化的载体——企业之间往往存在着信息不对称，一方面，高校、科研机构在从事研发活动和技术项目攻关时，对市场需求以及企业的生产条件、工艺条件等方面了解不够，对研究出的高技术创新成果和攻克的技术项目是否具有实用性从而是否可以市场化、产业化进而批量生产知之甚少，因此，常常会出现高校和科研机构研究的高科技成果却不是市场和企业所需求的；或者是即使转化为产品，却找不到大规模的消费群体以至于研发创新成本得不到应有的补偿，最后只好束之高阁；另一方面，市场和企业所期望的，并且一旦转化为产品实现产业化即可给技术创新者和技术产品生产者带来高额回报的高新技术，却不为高校和科研机构所了解（陶爱萍，2004）。这种信息的不对称常常导致技术创新中的逆向选择问题，即市场潜力好、应用价值大的高新技术常常得不到开发；而市场已经处于饱和且有萎缩趋势的技术却不断地得到重复开发，导致科技资源配置中的市场失灵。

其次，技术创新融资过程中的信息不完全。资金是技术创新活动的基本保障，技术创新是一项高投入的活动，没有充足的资金投入和后续的资金保障，研究开发活动将无从谈起，技术创新的成果转化工作也无法进行。然而研发项目实施者同其资助者之间的信息不确定性和不对称性却限制了对研发项目的资助（N. Shah，2000），使技术创新的融资工作难以顺利进行。一方面，技术创新主体或技术创新成果转化主体或被动或主动隐瞒技术创新的信息，被动是缘于上述技术研发前和研发中的绝对信息不完全，技术创新主体本身不具备关于拟研发或正研发技术的完全信息，主动是技术创新主体或技术创新成果转化主体为防止技术外溢而刻意对技术创新及其成果的有关信息进行保密；另一方面，技术创新的投资者为了确定投资的方向和投资的规模，降低对技术创新的投资风险，又必须获得关于技术创新主体和技术创新项目的尽可能完备的信息。技术创新的投资者和技术创新有关主体之间的信息不对称既导致技术创新中的逆向选择问题，又会产生委托—代理问题。通常情况下，技术创新主体对自身综合素质、研制和开发新技术的能力、当前存在的问题及技术未来的发展前景等方面拥有优于银行、风险投资公司等技术创新投资者的更多信息，为了增加获得银行贷款、风险资本等资金的机会，在信息披露时他们往往会扬长避短，过于夸大其自身综合素质、研发创新的能力、技术性能及其市场化后的需求前景，而对技术研发的风险、现实和潜在的问题等不利因素则避重就轻；银行、风险投资机构等技术创新资助者若根据技术创新主体提供的信息做出决策，或是根据边际信息收益等于边际信息成本时可获得的有限信息量做出判断，结果都会使"逆向选择"的可能性增大：那些真正综合素质高、研发创新能力强的技术创新主体或性能优越、市场前景好的技术可能因信息的不对称及信息甄别的困难而得不到技术创新资助者的相应资金资助。一旦资助资金投入到技术创新主体之后，银行、风险投资公司等资助者与技术创新主体之间就形成了一种委托—代理关系（陶爱萍、刘志迎，2005）。银行、风险投资公司等技术创新资金资助者是委托人，技术创新主体是代理人，由于委托人不能准确地观察到代理人运作资金的行为及工作努力程度，可能出现代理人损害委托人利益的败德行为。具体来说，银行、风险投资公司等技术创新资助者期望技术创新主体专款专用并能做到工作勤勉以降低其资金的风险、提高技术创新的成功概率和资金的收益回报；而技术创新主体则未必按照技术创新资助者的要求专款专用，他们可能会把银行贷款、风险资本等所得资助用于指定项目以外的其他项目，这些项目或者风险较小、收益偏低从而使技术创新资助者达不到预期的资金收益回报；或者收益虽高但风险很大以至于研发成果的概率偏低，而使技术创新资助者面临较大的无资金收益回报的风险。

最后，技术扩散及技术成果转化过程中的信息不完全。技术创新成功者为了保持自己在技术上的领先优势或是保持对新技术的垄断特权，会阻止技术扩散；或者是有条件地推动技术扩散。有条件技术扩散的常见形式是技术专利授权许可，在技术专利授权许可交易中，授权方和被授权方之间存在信息不对称问题，一方面，技术创新主体通过收取许可费进行专利授权，允许支付许可费的其他经济主体使用其技术专利进行生产；另一方面，为了防止过多的技术外溢从而其他经济主体可能免费乘车，技术创新主体又不愿意提供关于专利的有用信息，拟付费的经济主体因为得不到有价值的专利信息而可能不愿意按照授权方所要求的专利许可费进行付费，这样信息不对称下的专利所有者和专利使用者之间的技术交易就会出现阻滞。在技术创新成果转化过程中，如果技术创新成果转化者（通常是企业）与技术创新者非同一主体的话，则两者之间会存在信息不对称问题。技术创新成果转化者作为技术创新成果市场化和产业化的重要载体，其经营能力、生产能力和对待技术创新成果转化的态度和努力程度对技术创新成果转化的成败具有决定性的影响，但为了获得相应的技术支持或技术产品，技术创新成果转化者可能会刻意隐瞒自己生产和经营能力的真实状况或者会夸大其经济能力、生产能力等方面的信息，从而使技术创新主体在选择成果转化主体时可能做出错误的选择。不仅如此，技术创新主体和技术创新成果转化主体之间也会产生委托—代理问题，技术创新主体对转化主体如何运用技术创新成果、成果转化的方式以及推动成果转化的努力程度等信息难以观察，技术创新成果转化者可能利用信息优势在最大化自身利益的同时损害技术创新主体的利益。

（四）技术创新中的公共产品属性

技术创新活动的成果是以专利、工艺、程序、配方、概念模型等知识、技术形式而不是物质产品为主要表现形式，即技术创新所提供的是科学技术。曼昆在《经济学原理》一书把科学技术分为基础科学、基础技术和应用技术，基础科学和基础技术属于公共产品，它的发现和创造丰富了人类的知识宝库和技术宝库，深化了人们对世界的认识，为其他应用技术的开发提供了基础和平台，但人人都可以免费利用，即可以"搭便车"（苏东斌，2001）。应用技术在市场化和转化为产品的过程中，也容易被他人剽窃或模仿，具有准公共产品的性质。斯蒂格利茨也曾指出："知识不同于其他物品，它有许多公共物品的特性，甚至是一种全球性的公共物品"（陈昭锋、黄巍东，2001）。

技术创新活动既要投入有形要素，更要投入知识、技术、信息、人力资源等无形要素，技术创新成果亦是以科学技术、知识等无形产品形式出现，无形要素或产品具有公共产品或准公共产品属性：第一，消费上的非拥挤性和非排他性。有形要素和有形产品比如说资本、土地、冰箱等，同一有形要素或有形产品被甲消费则乙就不能同时消费；而无形要素或无形产品则不同，无形要素或产品是可以共享的，一个研发主体的投入并不排斥其他厂商使用同一要素投入到研发过程中；无形的知识、技术产品一旦创造和研制出，任何具有相关知识的人都可以使用，在不存在知识产权和专利保护制度的条件下，复制、传播和使用知识、技术产品的成本与初始的研发创造成本相比可以忽略不计，知识、技术产品的高度外溢性使得其排他成本极高，公共产品的"搭便车"问题在技术创新中较为严重。第二，消费上的不可分性。知识、技术产品具有天然的不可分性，必须作为一个整体而存在，这种不可分性，既不能也不便于排斥其众多的受益者。第三，消费上的非竞争性。无形要素具有边际报酬递增特征即生产方规模经济，无形产品具有需求方规模经济，在这两种规模经济效应的作用下，无形要素或无形产品的重复使用或增加使用不仅不会损害原有用户的利益，反而可能会增加原有用户的利益，同时新用户的利益不会减少，即用户之间不存在利益冲突。无形要素和无形产品的共享性和难以排他性使得在知识、技术的研发、生产和使用过程中容易产生公共性失灵，正如洛斯所说："当某些的公有产权存在时，对获取较多的技术和知识很少有刺激"（陶爱萍，2004）。

除了无形要素和无形产品本身的属性导致技术创新中的公共性市场失灵以外，技术创新平台也具有公共产品属性。技术创新平台一般包括创新基础设施、创新不可或缺的主要要素等，技术创新平台的基本功能是优化配置创新资源，推动创新基础设施和创新要素的共享，避免重复创新和降低创新成本，为创新主体高效地实现创新活动目标提供重要的基本条件。技术创新平台的具体功能主要包括创新人才引进与培训、科技信息服务、技术的研究与开发、成果转化、技术服务、产品检测与认证、知识产权保护与利用等内容。技术创新平台提供的具体功能具备同时服务于平台覆盖范围内的所有技术创新主体，即创新技术平台在消费上具有非竞争性，但是平台覆盖范围内的技术创新主体在消费这些服务时要付出一定的代价，比如投入资金，支付使用费、服务费、检测费或认证费等，即在消费上创新平台具有一定程度的排他性。根据公共物品理论，具有非竞争性和排他性的物品，属于准公共物品的范畴，因此，技术创新平台具有准公共物品的属性（余忠等，2010）；当然若技术创新平台对特定区域内或特定领域内的技术创新主体免费开放，则它就是该区域和该领域内的纯公共产品。如果技术创新的成果上升为技术标准，则无论技术标准是公共的还是私人的，都具有一定程度上的公共产品属性。公共技术标准与有一定开放度的私人技术标准都在某种程度上为技术创新提供基础和平台，因而与同技术创新平台一样，具有公共产品或准公共产品属性。

（五）技术创新中的不确定性和风险性

除了上述四种典型的市场失灵问题之外，技术创新还具有较高的不确定性和风险性。不确定性和高风险性也会导致技术创新中的市场失灵。技术创新中行为主体面临着来自于投资、技术、市场、收益等几个方面的不确定性。所谓投资的不确定性，技术创新是一项复杂的系统工程，包括创意思想的形成阶段、技术的研究开发阶段、中试阶段、批量生产阶段、市场营销阶段、创新技术扩散阶段，每一个阶段都需要相应的设备、人员等的支持，而这些设备和人员的获得都需要一定的资金支持，这就需要有持续不断的资金注入，一旦资金链断裂技术创新就会失败。日本经济学家植草益（1992）认为："在私人企业经济制度中，企业是在一定预测下投入开发，而在投入开发阶段又常常会伴随着风险，私人企业由于资金负担有限，往往会取消风险大的投资。这样某些从社会经济来看应扩大投资，但充满着较大风险的事业领域，投资并没有达到社会所需要的水平。因此，对于具有较大风险性的事业领域采取某些对策是十分必要的"。植草益的这段话既说明了投入研发的高风险性导致其达不到社会所要求水平的市场失灵问题；又指出了在研究开发中投入资金存在不确定性。

所谓技术的不确定性，是指新技术的发展方向以及最终的成果都是未知的，最终的技术与预期不符或者创新未果都意味着创新的失败，根据曼斯费尔德的研究，不同的技术创新项目的技术成功的概率是不同的（见表4－1），但总的成功概率不高（胡卫，2006）。技术的不确定性决定了技术创新活动的高风险性，导致技术风险的主要因素有：第一，技术开发及其产业化成功的不确定性。实现技术研发与产品创新，牵涉到技术决策、技术原理突破、技术设计、工艺条件制定、产品改进完善等方方面面，并贯穿于从创意到开发、从研制到中试、再到实现产品化、产业化的全过程，其中任何一个环节的障碍，都将使技术研发和产品创新前功尽弃；第二，技术前景的不确定性。新技术在诞生初期，通常都是粗糙的或是不完善的，能否在现有的知识技术条件下使其尽快地完善起来，开发者和技术创新者都没有足够的把握。由于信息不完备和信息搜寻成本的制约以及社会发展进程的加快，技术创新和研究开发者对未来的估计越来越困难；另外，其他的技术研发者是否会超前开发和研制出相同或类似的技术，或者是由于市场变化的飞快和技术发展的迅速而淘汰了尚在开发和研制中的技术，也具有很大的不确定性；第三，技术寿命周期的不确定性。知识经济时代一个重要的特征就是科学技术发展突飞猛进，更新换代的频率加快，从而技术及其产品的寿命周期也越来越短，对于新技术的研发和创新者来说，如果不能在新技术的寿命周期内迅速完成开发并实现产业化、市场化，收回初始投资并取得利润，遭受巨大损失就是必然的；第四，技术效果的不确定性，即技术是否具有先进性、适宜性以及由此产生的绩效如何。一项新技术即使能成功开发并产业化，在事先也难以确定其效果，因为有的技术有负的外部性，会造成环境污染、破坏生态环境，甚至威胁人类生存，这种技术就可能受到限制，不允许实施；而有的技术则具有很大的外部经济性，一旦投入使用，就被人类所共享，社会效果好（陶爱萍，2004）。

表 4 – 1　　　　　　　　**不同类型技术创新项目中的技术不确定性**

项　　　目	实验室与产品种类	技术成功的概率
实验室	X	0.68
	Y	0.66
	Z	0.52
技术创新的程度	小	0.66
	中	0.42
	大	0.26

续表

项　目	实验室与产品种类	技术成功的概率
项目的种类	产品改进	0.72
	新产品	0.49
对技术领域的熟悉程度	熟悉	0.59
	不熟悉	0.46
	所有项目	0.57

注：以上三个实验室（以 X、Y、Z 表示）的 200 个技术创新项目为依据。
资料来源：Paul Beije. Technological Change in the Modern Economy：basic topics and new developments［M］. Cheltenham. UK：Northampton. MA：Edward Flgar, 1998.

所谓市场的不确定性，是指一项新的技术能否被市场接受，是否符合用户的要求、市场规模能够达到多大等也存在着不确定性。技术的研发和创新必须以市场为导向，没有市场、市场规模达不到赢利要求、市场发生变化而技术没有随之变化等都会加剧技术创新活动的市场风险，导致市场风险的因素主要有：第一，新技术的市场接受能力及需求规模的不确定性。新技术的市场接受能力取决于其是否与社会、经济发展的需求相适应，如果技术创新成果过于超前、过于先进，则短期内市场可能接受不了，或者即使能够接受，但市场需求达不到获得创新收益回报的规模；如果技术创新成果是成熟技术，则市场虽然可以接受该技术但客观上受市场容量的限制，其市场规模也无法使其充分实现市场价值，回收投资成本；第二，进入市场时机的难以确定性。抢占市场先机虽然可以为技术创新主体赢得先动优势，但可能提供的是不够成熟、不够完善的新技术，影响市场和用户对新技术的认同感；追求完美的技术创新者晚进入市场也未必能够实现后来者居上，技术更新速度的加快可能使其刚进入市场就面临被更新的技术淘汰的命运；第三，新技术的市场价格难以确定性。技术创新活动是一项高投入的活动，作为技术创新活动成果的新技术具有很高的固定成本，即初始的研究开发投入。撇开技术作为准公共产品的公共产品定价难题不说，如果技术创新者想很快回收成本，按照固定成本对新技术定价，则一方面违背最优定价原则；另一方面又因为价格过高超过了潜在用户的承受能力而导致技术交易无法进行。如果技术创新者按照提供价格的边际成本来对新技术定价，则其初始投入的巨额研发成本将无法收回。

所谓收益的不确定性，是指技术创新的收益大小不能事先准确预知、收益是否能够补偿成本具有较大的风险性等。技术创新收益的不确定性与投资的不确定性、技术的不确定性、市场的不确定性三种不确定性紧密相关，投资不确定性、技术不确定性、市场不确定性的高低直接决定了技术创新收益不确定性的大小。技术创新中的不确定性和风险性给创新主体的技术创新活动带来负向激励效应，技术创新活动投资巨大且不确定性和风险程度很高，过大的不确定性和过高的风险性将会使经济主体对创新望而却步。

第二节　技术标准锁定和技术创新中市场失灵的相关性分析

技术标准锁定不仅本身是市场失灵的一种表现，同时技术标准锁定通过作用于技术创新中的其他市场失灵现象影响技术创新，技术标准锁定或缓解或加剧技术创新中的市场失灵，也可改变技术创新中市场失灵的作用方式。技术标准锁定通过阻止和排斥竞争、增加新技术进入市场的壁垒、供给方规模经济效应、需求方规模经济效应等加剧技术创新中的不完全竞争性；技术标准锁定下的高转换成本甚至可能导致标准在位者的垄断。技术标准锁定抑制了标准内涵专利技术的外溢和扩散，降低了技术标准持有者未来收益的不确定性和风险；但同时技术标准锁定也妨碍了市场公平竞争秩序，增加了新技术进入市场的难度，提高了新技术未来市场份额和收益回报的不确定性。技术标准锁定是技术标准私有化的结果，技术标准锁定下的垄断和封闭标准策略又会加剧技术标准的私有权力，技术标准锁定下的高收益及对技术标准锁定地位的追求可以在一定程度上缓解技术创新中的公共性失灵。

一、技术标准锁定与技术创新

技术标准锁定既有促进技术创新的正效应，又有阻碍技术创新的负效应；技术创新既受制于技术标准锁定，又有利于技术标准锁定的解除。技术标准锁定与技术创新之间存在两种反馈机制，一种是消极的负反馈机制，消极的负反馈机制加深技术标准锁定，阻碍技术创新的路径变革和技术升级；另一种是积极的正反馈机制，积极的正反馈机制有利于技术标准锁定的解除，促进技术创新的路径跨越和路径创造。何种反馈机制起主导作用既取决于技术标准锁定的程度，又取决于技术创新的模式。

技术标准锁定与技术创新之间的正反馈可能源于缓解了技术创新中的市场失灵所致，负反馈可能源于加剧了技术创新中的市场失灵所致。从本质上来说，技术标准锁定可以理解为技术创新和技术发展的轨道锁定；相应地，技术标准锁定的解除伴随着技术创新和技术发展的轨道跃迁，发生在新旧技术标准之间的革命实质上是新旧技术轨道的替代和跃升。

技术标准锁定与技术创新之间的负反馈机制在很大程度上由于技术标准的锁定效应过于强大，技术标准锁定限制了技术创新的方向和路径，在强锁定效应的作用下，技术标准的内核即其中的关键性核心技术难以被撼动或被替代，技术创新只能顺着标准内核技术的轨道连续渐进地进行，囿于现有技术轨道的连续渐进创新一般属于跟随模仿创新，跟随模仿创新使得技术发展沿着标准内核技术轨道所对应的路径缓慢演进，受网络效应和自增强机制的影响，这一路径得以不断强化并最终导致技术创新的路径依赖，路径依赖增加了技术变革的成本和难度，加深了技术标准锁定。特别是当技术标准最初锁定的是非最优技术时，负反馈机制下路径依赖的黏性效应会加剧技术创新的低效率，使技术标准闭锁在低层次状态，难以解脱。

技术标准锁定与技术创新之间的正反馈机制在较大程度上归功于强劲的自主创新能力及建立于其上的革命式创新，革命式创新是非连续的变轨创新，革命式创新通过路径跨越和路径创造两种途径引发技术轨道的跃迁。要解除技术标准锁定，必须打破技术标准锁定下现有技术轨道的刚性，实现技术的变轨。与跟随模仿创新对现有技术路径的依赖不同，自主创新不受现有技术路径惯性的束缚，自主创新能力越强，技术创新的涌现功能越强，偏离现有技术轨道的技术创新越容易发生，技术轨道转换的可能性越大。渐进式创新是在既有技术轨道上对现有技术进行改进，革命式创新是在改变技术轨道的基础上实现技术跨越，技术轨道的突破是革命式创新的本质特征，每一个新技术轨道的起点，都伴随着突破性技术变革的引入。如果新技术的性能或绩效有一个低于旧技术性能或绩效的阶段，则新技术轨道是通过路径创造形成的，此时新技术范式需要经过萌芽期、成长期以后才能超越和替代旧技术范式；如果新技术的性能或绩效在起点处就超越旧技术的性能或绩效，则新技术轨道是由于路径跨越而产生的，此时新技术范式的产生是旧技术范式的渐进式创新累积到一定时候由量变到质变的结果。一旦现有技术标准下的技术轨道和技术范式被突破，新的技术标准就会替代旧的技术标准，原技术标准的"自增强"和网络效应便为新技术标准的"自增强"和网络效应所替代。如此过程不断反复，自主创新和革命式创新不断推动技术标准的更替升级。

二、技术标准锁定和技术创新中的不完全竞争性

技术标准锁定虽不必然导致垄断，但却必然会导致技术及技术创新的不完全竞争性。在技术标准锁定的情况下，标准持有者和非标准持有者之间的技术竞争必然是不完全竞争的：一方面，锁定加剧了技术标准持有者对标准内含核心专利技术的排他性占有权，非标准持有者不经付费难以企及和使用该专利技术；即使非标准持有者拥有自己的核心技术，在标准持有者因锁定而积累的巨大的异质性优势面前，也难以撼动和替代现有技术标准的锁定地位。另一方面，锁定使报酬递增规律的作用更加突出，标准持有者会因为边际成本不断递减甚至趋向于零而表现为马太效应中的强者愈强；非标准持有者则会因为标准持有者的锁定壁垒难以进入市场进而被市场接受而表现为马太效应的弱者更弱，非标准持有者要想在技术标准锁定的市场上分得一份羹，就得跟随现有技术标准或者成为现有技术标准组件的供应商，非标准持有者相对于标准持有者的追随从属地位进一步促进市场的集中乃至垄断。事实证明，技术标准锁定的程度越深，不完全竞争的程度越高，电脑操作系统的Windows、办公软件Office、无线通信技术WCDMA、手机操作系统Android等即是如此。

在第三章第一节中分析技术标准锁定的竞争效应时，论证了技术标准锁

定与寡占市场结构的必然联系；在分析技术标准锁定的壁垒效应时，论证了技术标准锁定不仅会强化对新技术进入市场及新技术标准化的壁垒；而且会提高技术交易和技术贸易的壁垒；在分析技术标准锁定的规模经济效应时，论证了技术标准锁定不仅会进一步强化锁定前的需求方规模经济效应，而且会使供给方规模经济效应不断增强。对这三种效应的分析过程也充分体现了技术标准锁定与技术竞争和技术创新的必然联系。下面补充说明下技术标准锁定提高市场集中度和市场进入壁垒的机制。

（1）技术标准锁定提高了市场集中度。首先，技术标准锁定通过削弱技术创新动力而维持和提高现有标准技术的市场集中度，处于锁定地位的技术标准持有者，为了维护既得的高额锁定收益，一般会规避自我替代式的突破式技术创新，通常会选择渐进式技术创新以维持技术标准锁定地位；处于非锁定地位的经济主体则因为替代锁定地位的高难度而没有积极性去进行技术创新，技术创新动力的不足必然使现有标准技术的市场份额不断提高。其次，技术标准锁定通过影响消费者的选择偏好而提高市场集中度，锁定情况下现有标准技术在网络规模上占据优势，从而具有较大的网络效应，用户对网络效应的追求会诱使他们做出倾向于在位标准技术的选择。在网络效应的作用下，技术标准锁定影响用户偏好进而影响用户选择的机理如下：用户从某一技术 i 中得到的效用 u 可以表示为：$u = a_i + \delta f(n_i)$，其中 a_i 为技术 i 的自身价值或者基本效用；δ 为技术 i 的用户数量增加所带来的边际效用，δ 是反映网络效应强度的系数，$\delta \in (0, 1)$；$f(n_i)$ 为衡量网络效应大小的函数，即当技术 i 的用户基础（市场份额）为 n_i 时的效用，并且 $\partial f(n_i)/\partial n_i > 0$，表明用户基础越大，新用户选择加入该技术获得的网络效用越大。

假设有两种技术 A 和 B，其中 A 技术是处于锁定地位的标准技术，又假定有两种对技术 A 和 B 具有不同偏好的用户类型，偏好技术 A 的用户和偏好技术 B 的用户，又假定每类用户只有在选择自己偏好的技术时才能得到该技术的基本效用。则偏好技术 A 的用户选择 A 时的效用为 $a_A + \delta f(n_A)$，选择技术 B 时的效用为 $\delta f(n_B)$，即偏好 A 的用户选择 B 时，只能获得技术 B 的网络效用。同理，偏好技术 B 的用户选择技术 B 的效用为 $a_B + \delta f(n_B)$，选择技术 A 的效用为 $\delta f(n_A)$。假设用户是追求效用最大化的，那么偏好 A 技术和偏好

B 技术的用户选择分别如表 4 – 2 和表 4 – 3 所示（陶爱萍，2013）

表 4 – 2   偏好 A 技术的用户选择

$a_A + \delta f(n_A) > \delta f(n_B)$	选择 A 技术
$a_A + \delta f(n_A) < \delta f(n_B)$	选择 B 技术
$a_A + \delta f(n_A) = \delta f(n_B)$	选择技术 A、B 效用无差异

表 4 – 3   偏好 B 技术的用户选择

$a_B + \delta f(n_B) > \delta f(n_A)$	选择 B 技术
$a_B + \delta f(n_B) < \delta f(n_A)$	选择 A 技术
$a_B + \delta f(n_B) = \delta f(n_A)$	选择技术 A、B 效用无差异

从表 4 – 2 可以看出，由于 A 技术是处于锁定地位的标准技术，技术 A 的用户规模要大于技术 B 的用户规模，用户选择技术 A 所得的网络效用 $\delta f(n_A)$ 必定大于选择 B 所得的网络 $\delta f(n_B)$，再加上偏好 A 技术的用户还能从选择 A 中获得基本效用，因此偏好 A 技术的用户必然选择技术 A。从表 4 – 3 可以看出，偏好 B 技术的用户只有在 $a_B + \delta f(n_B) > \delta f(n_A)$ 时，才会坚定地选择技术 B，但由于处于标准锁定地位的 A 技术相对于 B 技术具有显著的用户规模优势，偏好 B 的用户选择 B 技术获得的网络效用 $\delta f(n_B)$ 显著的小于选择 A 技术所能获得的网络效用 $\delta f(n_A)$，以至于非从 B 技术中获得的基本效用 a_B 所能弥补，于是处于锁定地位的标准技术 A 的网络效应优势把非偏好 A 技术的用户也吸引了过来，从而标准技术 A 的用户规模进一步扩大，市场集中度进一步提高。

（2）技术标准锁定提高了市场进入壁垒。进入壁垒按照其成因，可以分为结构型进入壁垒、策略型进入壁垒和制度型进入壁垒。第一，结构型进入壁垒是指经济主体进入某一特定市场时因技术特点、资源供给条件、消费者偏好等因素而形成的壁垒。第二，策略型进入壁垒是指市场在位者利用自身的优势，通过有意识地策略性行为，构筑阻止潜在进入者进入以维持在位优势、获得超额利润的壁垒。第三，制度型壁垒是指由于政府有关机构只对特定经济主体授予特许权而不允许其他经济主体进入；或是发明创造获得的专利权保护以及其他政府管制措施等形成的进入壁垒（刘志迎，2014）。在技术标准锁的情况下，上述三种进入壁垒都存在，其一，处于锁定地位的标准技术或是领先技术，或是具有较高异质性的技术，或是凭借先动优势、路径依赖等积累了较大用户规模从而使消费者更为偏好的技术，此为结构型壁垒；其二，标准持有者为了维持和延长锁定地位、获得锁定收益，往往会采取性能演示、不兼容、提高用户满意度和培育用户忠诚度、技术系统适时升级、提供互补组件等策略性行为提高潜在进入者的进入壁垒；其三，如果处于锁定地位的技术标准是在标准竞争中胜出并得到政府认可的，这实际上就是政府授予的特许权；在事实技术标准中一般都包含有专利技术，此为制度性壁垒。

三、技术标准锁定与技术创新中的外部性

技术创新中的正外部性使得技术创新主体的私人边际收益小于社会边际收益从而表现为技术创新不足；技术创新中的负外部性使得技术创新主体的私人边际成本小于社会边际成本从而表现为技术创新过度。一方面，技术标准锁定具有消除外部性影响的作用，技术标准锁定可以提高技术创新主体的私人边际收益或私人边际成本，将技术创新的外溢效应部分的内部化，从而在一定程度上消解外部性导致的技术创新不足或过度问题；另一方面，技术标准锁定下创新主体对私人利益的过于追求又会引发新的外部性问题，同时，技术标准锁定还会降低甚至阻止技术标准社会效应的实现。

技术标准锁定可以提高技术创新主体的私人边际收益是针对技术标准持有者而言的，使创新成果成功标准化并在标准竞争中胜出进而巩固和强化标准地位的标准持有者一方面可以凭借标准锁定地位获得锁定收益，另一方面可以通过延长标准锁定的时间来保障这种收益的延续性，我们将两者带来的边际收益增量称为锁定的私人边际收益。因技术标准锁定而增加的私人边际收益会减少标准技术的外溢效应，刺激技术创新主体研制技术标准及参与标准竞争的积极性。纵使技术标准在使用和推广过程中难免会发生技术溢出效应，但技术标准锁定带来的私人边际收益增量及标准锁定下内含专利技术的授权许可费可以在一定程度上补偿这种外溢效应损失，技术标准锁定可以将标准持有者技术创新的外部效应部分甚至全部内部化，从而削弱或者解除正

外部性导致的技术创新不足问题。技术标准锁定对技术创新中正外部性的消解作用可以通过图4-8来说明。图4-8中，假设技术创新主体从事某一技术创新活动的私人边际收益为 MR_P，该活动的社会边际收益为 MR_S，边际外部收益为 $MR_E = MR_S - MR_P$，在该项创新活动成果没有上升为技术标准且没有形成标准锁定的情况下，该技术创新主体根据私人边际收益 MR_S 等于私人边际成本 MC 的原则确定的最优技术创新活动量为 I_P，小于社会所要求的最优技术创新活动量为 I_S。倘若该项技术创新活动的成果上升为技术标准且处于锁定地位，则该技术创新主体就成为锁定标准的持有者，他因此可以获得额外的边际锁定收益和边际许可费收益，假设这两项收益之和为 MR_A，则随着标准锁定地位的巩固和锁定时间的延长，边际锁定收益和边际许可费收益之和会不断地趋近于外部边际收益，即 $MR_A \rightarrow MR_E$，则标准技术持有者的私人边际收益为 $MR = MR_P + MR_A \approx MR_S$，此时技术标准持有者获得的边际私人收益 MR 接近于社会边际收益 MR_S，技术标准持有者按照 MR = MC 的利润最大化原则决定技术创新水平 $I_P \rightarrow I_S$，技术创新主体从个人理性出发决定的技术创新水平接近于社会所需要的最优的技术创新水平。

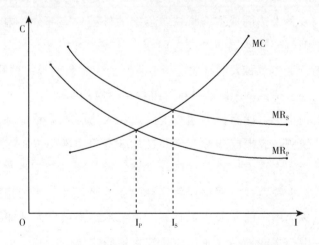

图4-8　技术标准锁定与技术创新中的正外部性

　　技术标准锁定可以提高技术创新主体的私人边际成本主要是针对非技术标准持有者而言的，由于非技术标准持有者进行的技术创新活动不等同于具有负外部性的技术创新活动，因此我们这里分析技术标准锁定导致私人边际成本增加进而消解技术创新过度问题的机理是不同于消解负外部性下市场失灵的机理的。技术标准锁定通过为非技术标准持有者的技术创新活动设置市场准入壁垒而提高其私人边际成本，技术标准锁定限制了非技术标准持有者技术创新活动的方向和路径，框定了未来技术的开发趋向和发展轨道，迫使非标准持有者向符合技术标准的方向进行创新，避免技术研发活动过于分散，减少技术研发的无序性。

技术标准锁定虽然可以削弱或消除技术创新中的"搭便车"问题，但又因为过于强调私人利益而导致新的外部性问题，这种外部性可以通过锁定下技术标准的直接网络外部性和间接网络外部性体现出来。直接网络外部性是由技术标准的用户规模带来的，即新用户的加入增加技术标准对原有用户的价值；而原有用户的存在也增加技术标准对新用户的吸引力，在直接网络效应的作用下，处于锁定地位的技术标准的用户规模越来越大，而锁定下的技术标准又是封闭的或至多是部分开放的，这样留给其他异质技术的市场份额和生存空间越来越小。间接网络外部性是由处于锁定地位的技术标准用户规模增加导致互补技术供给量的增加而间接增加的标准价值，在间接网络外部性的作用下，与标准内含专利技术具有互补关系的技术研发创新得以促进，而与标准内含专利技术具有替代关系的技术则得不到研发，或者即使研发成功也难以市场化（倪云虎、朱六一，2007）。

技术标准锁定在将正外部性内部化的同时也会降低甚至阻止技术标准社会效应的实现，并可能妨碍整个社会的技术进步，使技术创新的步伐和技术标准的更替跟不上时代技术进步的要求。在不存在技术标准锁定的条件下，技术创新成果可以自由的扩散，如图 4-9（a）所示，中心圆表示技术标准提供者，中心圆以外的大圆表示技术标准提供者以外的其他经济活动主体，中心圆以外的大圆越多，表明技术标准扩散的范围越广，该技术标准惠及社会经济主体越多，从而该技术标准的社会效应越大；而且这些受惠的经济主体可以通过"干中学"进一步完善该技术标准。在技术标准锁定的情况下，技术标准的不完全开放及核心专利技术的授权使用限制了技术标准的扩散和波及范围，如图 4-9（b）所示，技术标准的使用被限制在技术标准提供者以及中心圆以外的圆所表示的支付许可费的经济主体范围内，这在一定程度上妨碍了技术标准社会价值的最大实现，并且在技术标准锁定次优技术或者在有更新技术出现而技术标准不能适时更新换代时，技术标准阻碍了整个社会的技术进步。

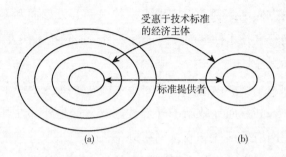

受惠于技术标准
的经济主体

标准提供者

(a)　　　　　　　　　　　　　　(b)

图4-9　锁定与非锁定下技术标准的社会价值

四、技术标准锁定与技术创新中的信息不完全

在技术标准锁定情况下，技术创新中的绝对信息不完全性会有所降低，但相对信息不完全性仍会存在，甚至可能加剧。由于技术标准锁定对技术创新路径和方向的限制和束缚，技术创新主体若沿着锁定标准技术的范式或轨道进行研发创新，则诸如技术创新向何方向开展、技术创新主体要研制什么样的技术、技术创新活动能否获得成功、技术创新成果的市场前景如何等问题，较之于非技术标准锁定的情况下，可预知的程度将大为提高。至于技术创新中的相对信息不完全性，无论是技术研发过程中、技术创新融资过程中还是创新成果扩散及成果转化过程中在技术标准锁定情况下都存在，特别是在以专利技术的授权许可促进标准技术扩散的情况下，其信息不对称问题更为严重。技术标准锁定下其内含的专利技术是非公开的、有偿使用的，这就导致了技术标准使用以及相关技术研发中的信息不对称问题。处于锁定地位的技术标准使用是和其内含专利技术的授权结合在一起的，由于在支付授权费用之前，技术标准购买方无法获取其中专利技术尤其是核心专利技术的完全信息，只能在"无知"或"半无知"的情况下进行交易，更有甚者，技术标准持有者可能会利用私有信息以非必要专利甚至无效专利进行不合理的收

费。因信息不对称而导致的技术标准交易无效率影响了技术标准和专利技术的推广和应用，技术标准锁定下的封闭专利技术信息策略，还可能引起相关技术的重复投资和过度投资，导致非技术标准持有者的非理性技术创新活动。一方面，如果技术标准的授权费用过高，非标准持有者会宁愿自己研发类似技术标准，这种在个人看来是理性的行为对社会来说却是资源的浪费；另一方面，由于不知道现有技术标准包含哪些技术以及这些技术是否能够为己所用、标准功能如何等，非标准持有者也可能会做出自行研究开发的决定。但由于现有技术标准的锁定地位很难撼动和替代，非技术标准持有者即使耗费了巨额的研发成本研制出新技术也未必能成功替代现有标准技术。

五、技术标准锁定与技术创新中的公共产品属性

技术标准锁定是技术标准私有化的产物，反过来，技术标准锁定也加剧了技术标准的私有权属性。技术标准私有属性的增加既激励了私人经济主体研制技术标准的积极性，从而有效地缓解了技术标准研制过程中的"搭便车"问题；又改变了技术标准作为公共技术规范使用的两个维度：非排他性和非竞争。

不同所有权属性的技术标准的特征是不同的，纯粹私有技术标准与纯粹公共技术标准的特征比较详见表4-4。从形成过程来看，公共技术标准需要政府及政府授权的标准化组织、行业协会等经过多方论证、反复协商、协调一致时才能通过，所用时间比较长，但由于公共技术标准较少涉及专利技术，无须经历专利申请、专利授权、标准竞争这样的过程，因而就公共技术标准形成的全过程来看，速度是前期快后期慢，时间是前期短后期长；私有技术标准一旦在市场竞争中胜出，就可以被用户接受、市场认可，但前期需要经过技术研发、专利申请、专利授权、标准竞争这样的过程，因而就私有技术标准形成的全过程来看，速度是前期慢后期快，时间是前期长后期短。从垄断程度和开放性来看，公共技术标准强调集体利益的"谋公"目标使得它具有低垄断度和高开放性，普遍适用性和难以排他性决定了公共技术标准的低市场控制力，共享性要求使得公共技术标准保持较高的开放度甚至是完全开

放；私有技术标准中专利权人追求私人利益的"谋私"目标使得其具有高垄断度和低开放性，所含专利技术越多，私有技术标准的垄断程度越高，技术标准在位者通过封闭标准或部分封闭标准策略维持市场优势的可能性越大。从兼容性和获取方式来看，由于公共技术标准所涉及的主要是基础技术，因而兼容性比较强，一般无须授权即可使用，具有无偿性、公益性；私有技术标准由于涉及很多专利技术，因而兼容性比较低，若要使用必须获得专利授权，需要支付一定费用，具有有偿性、私利性。

表 4 – 4　　　　　　　　　纯粹公有标准与纯粹私有标准的特征比较

属性	纯粹公有标准	纯粹私有标准
形成过程	先快后慢，先短后长	先慢后快，先长后短
垄断程度	低	高
开放性	高	低
兼容性	强	弱
获得方式	无偿使用	授权使用

资料来源：陶爱萍，汤成成．技术标准私有化对技术创新的影响研究［J］．工业技术经济，2012 (9)．

综合上述比较分析可以得出处于锁定地位的技术标准既不是纯粹意义上的公共产品，也不是绝对意义上的私人产品，而是必须兼顾技术标准公益性与其内含专利技术私利性的"半公半私产品"，此时的技术标准需要在公益与私利、无偿与有偿、开放与独占之间进行抉择和权衡。公益与私利的权衡一方面避免了过于强调公共利益而引发的技术标准研制的"搭便车"问题；另一方面又避免了过于强调私人利益而影响技术标准社会公共目标的实现。无偿使用是指技术标准中所涉及的非专利基础技术是开放的、无偿使用的；有偿授权是指技术标准中所包含的专利技术，则必须获得授权、需要支付一定费用才能使用。无偿使用和有偿授权的结合一方面克服了技术标准由公共机构主导研制可能导致的创新资源配置扭曲问题，增强私人研发主体参与技术标准研制、提供技术标准的积极性；另一方面又可以借助于技术标准的权威扩大专利技术的使用范围，增大专利技术的社会经济收益。开放不是指公共技术标准下的完全开放，而是对标准中的非专利技术和非关键专利技术实行开放；控制不是指知识产权保护下对专利技术的独占，而是对标准中的关键核心专利技术的控制。部分开放策略既有利于标准技术的推广和扩散,增加技术标准的市场份额和行业影响力,又可以避免专利持有人对技术标准的独占和对知识产权的滥用;部分控制既保护技术标准提供者的利益,使得他们在承担技术研发和标准推出成本的同时享有一定的收益;又可以避免技术标准沦为公共产品进而由此引发的"搭便车"行为。对于技术创新来说,技术标准的完全开放和完全控制都不是最优的,完全开放会使技术标准在实质上演变成一种公共产品,公共产品的强外溢效应导致创新投入和创新收益在主体上的严重不一致性,造成技术创新的激励和动力不足;完全控制意味着技术标准的市场垄断和市场支配力,依靠这种垄断和支配力获取的巨大收益使得研发创新、更替技术标准的诱导效应不足,从而也会削弱创新的动力,诱发创新惰性(陶爱萍、汤成成,2012)。技术标准锁定下的适度开放和适度控制在保证对标准中的技术内核实施掌控权的同时,最大化技术标准和专利技术的社会经济价值,适度的开放可以部分消除强外溢效应对技术创新激励作用的侵蚀;适度的控制可以部分化解垄断势力对技术创新的消极效应。

技术标准锁定降低了技术创新主体的排他性成本,与纯粹公共技术标准使用上的难以排他和非竞争性不同,技术标准锁定条件的技术标准具有使用和受益上的排他性,技术标准锁定使得技术标准成了技术创新主体的私有产权,技术创新主体以外的其他经济主体要想获得技术标准的使用权,必须获得技术创新主体的授权许可,并支付一定的许可费,拒绝支付许可费的经济主体将被排除在处于锁定地位的技术标准的使用者之外;另外,技术标准锁定条件下的技术标准具有了消费上的竞争性,处于锁定地位的技术标准往往具有很强的网络外部性,而用户使用技术标准获得的网络效应的大小取决于技术标准用户规模的大小,用户的增加增强了其他用户从处于锁定地位的技术标准中获得的网络效用,用户的退出相应地减少了其他用户从处于锁定地位的技术标准中获得的网络效用。

六、技术标准锁定与技术创新中的不确定性和风险性

如前所述,技术创新中的不确定性和风险性降低了技术创新主体进行技

术创新活动的积极性，根据锁定技术标准的所有权属性，技术标准锁定下的技术创新主体主要有两类：一类是处于锁定地位的技术标准持有者，另一类是处于跟随或者从属地位的非技术标准持有者，技术标准锁定使得这两类技术创新主体所面对的不确定性和风险性是不同的。

如图 4 - 10 所示，对于技术标准的持有者来说，技术标准锁定下相对稳定的市场份额和用户规模使得标准技术具有确定的市场份额和预期收益，从而面临的市场风险和收益风险都很低，在与非标准持有者进行技术创新竞争时面临的技术风险也比较小，技术能否产业化、技术的寿命长短、技术的前景及效果如何等在技术标准锁定下都是可预期的，不确定性小。然而这种低技术风险、市场风险和收益风险下占优的锁定地位和锁定收益也容易诱发技术标准持有者的创新惰性，并使其创新范式固化在现有标准技术的路径和轨道上。在技术标准的锁定地位难以撼动和难以替代的情况下，技术标准持有者即使不进行技术创新也可以维持市场优势和获得巨大的锁定收益，其创新的动力会大大降低；在技术标准的锁定地位可能受到外界冲击和威胁的情况下，技术标准持有者会适时地选择在原有的技术范式上进行渐进的升级式创新，以便在抗击外来技术竞争风险的同时维持既有技术的锁定地位。

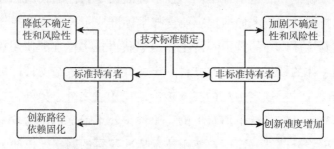

图 4 - 10　标准锁定下标准持有者和非标准持有者的风险

对于非技术标准持有者来说，技术标准锁定加大了其技术创新的难度，降低了其技术创新成果标准化及赢得标准竞争胜利并替代现有技术标准的概率。与没有技术标准锁定的情况相比，非技术标准持有者的技术创新活动要逾越更多的阻碍、跨越更高的壁垒。非技术标准持有者不仅面临市场竞争壁垒；而且面临着技术扩散壁垒。非技术标准持有者在与拥有标准锁定地位的标准持有者进行竞争时，很难获得追求网络效应最大化的用户的支持，现有技术标准的老用户在比较转换成本和既得网络效用以后宁愿选择不转换，风险中性或风险厌恶的潜在新用户在权衡现有技术标准的确定性网络效用和新技术的不确定性未来收益以后倾向于选择现有标准。用户对处于市场锁定地位的在位标准技术的选择性偏好加剧了非标准持有者技术创新成果未来市场份额和技术收益的不确定性，竞争的非公平性和获取用户支持的难度差异决定了非标准持有者很难取得市场竞争的胜利。不仅如此，技术标准锁定还会阻碍非标准持有者的新技术扩散，通常地，技术标准持有者为了防止自己的锁定地位被逐步侵蚀和弱化，会采取与非标准持有者的新技术不兼容的策略，技术标准锁定下余留市场的有限性及标准持有者的不兼容策略会加剧非标准持有者技术不能市场化、产业化的风险。

第五章 技术标准锁定的非效率及其规制机制

在第三章研究技术标准锁定的创新激励效应、进入壁垒效应、竞争效应和规模经济效应四种效应时，为了较为全面地分析技术标准锁定的效应，我们已经在一定程度上提到了技术标准锁定会产生一些非效率问题，但没有深入展开。在第四章中我们逐一分析了技术标准锁定与技术创新中不完全竞争、外部性、信息不完全、公共产品、不确定性和风险等市场失灵现象之间的关系。本章为了进一步论证对技术标准锁定进行规制的必要性，我们首先运用了比较研究方法和博弈研究方法对技术标准锁定与技术垄断的关系进行了研究，进而深入探究技术标准锁定可能导致的一些非效率问题，最后基于一般规制理论并借鉴反垄断规制的理论成果和实践经验设计对技术标准锁定的规制机制。

第一节 技术标准锁定与技术垄断

"技术垄断"一词最早来源于 Neil Postman 的《技术垄断：文化向技术投降》一书，他将科技史和媒介史分为工具使用、技术统治和技术垄断三个阶段。邱立成（1993）认为技术垄断是资本主义特有的一个经济范畴，并认为技术垄断的程度取决于技术使用的扩散范围。石林芬、唐力文（2003）认为技术垄断是技术的所有者对技术使用的排他性权力。李建民（2006）认为技术垄断是技术转移中的保护主义。曾繁华、彭光映（2007）认为技术垄断是指跨国公司为维护和巩固其技术领先优势而对先进技术、核心技术等所进行保密、封锁和控制。刘康（2012）认为技术垄断是指在一定时间和空间范围内对某些技术完全占有，并享有技术垄断收益的状态。技术标准是技术标准化的结果，技术标准锁定是事实标准取代法定标准成为主导标准的产物，是指技术标准难以被撼动或被替代的状态。随着高新技术的快速发展，技术标准与技术专利日益交叉、融合，当处于锁定地位的技术标准所含的主导技术为处于垄断地位的专利技术时，技术标准锁定和技术垄断就交织在一起。垄断技术的所有者可以挟技术标准获得更多的利益，并借助技术标准锁定强化垄断技术的市场控制力和影响力；而技术标准锁定则可以借技术垄断的影响力进一步扩大用户规模和网络效应，从而锁定程度加深。技术标准锁定是通向技术垄断的路径之一，技术标准锁定可以强化技术垄断；但技术垄断未必能导致技术标准锁定，技术垄断导致技术标准锁定的前提是垄断技术能够标准化。技术标准锁定与技术垄断作为知识经济时代的两种现象，共同的技术内涵使技术标准锁定与技术垄断既具有一定的相关性，又有差异性。

一、技术标准锁定与技术垄断：比较分析

（一）相关性分析

从本质上来说，技术标准锁定和技术垄断的载体都是技术，以技术为纽带，技术标准锁定与技术垄断在一定条件下存在互促互进、互相强化的关系。

1. 技术垄断有利于技术标准锁定的形成和强化

首先，技术垄断助推技术标准化。技术标准锁定的前提条件是技术的标准化，若技术不能标准化，则技术标准锁定将无从谈起。技术标准化实质上是技术标准的制定和实施过程，以实现建立技术标准的意义，而技术标准是技术标准化的结果表现。技术标准化的过程涉及市场、政府和企业联盟等众多组织的互动。Farrell 和 Saloner（1988）对标准化机制进行了专门的探讨，并将标准形成机制分为：市场机制、组织机制和混合机制。技术标准的形成机制概括起来主要有市场机制、组织机制、政府主导机制和寡头垄断机制（吕铁，2005）。技术标准化的寡头垄断机制是指行业内一家或几家企业利用

其在行业中的垄断地位将某一技术推行为行业的技术标准。企业通过技术垄断可以取得产品市场的垄断地位，从而在一定程度上助推技术的标准化。垄断技术的所有者既可以凭借其在行业中的技术垄断地位强制将该技术推行为行业的技术标准，也可以借助于该技术的控制力和影响力将其配套技术推行为技术标准，如美国思科公司的"私有协议"开始只是企业标准，借助其在互联网设备领域的技术垄断地位，使其"私有协议"成为招标的事实标准，并逐渐演变为产业标准和国际标准；微软凭借其对 Windows 操作系统的技术垄断强制要求使用 Windows 操作系统的电脑制造商使用 IE 浏览器，从而使 IE 浏览器成为浏览器领域的技术标准。这种带有强制权的技术标准化加快了技术标准的市场化进程，能够以较快的速度累积技术标准的用户规模，进而通过正反馈促成技术标准锁定。

其次，技术垄断强化技术标准锁定。技术标准锁定的维持和持续时间的长短从根本上来说依赖于技术创新。锁定情况下标准内含技术因技术创新而形成的技术优势会对非标准拥有者形成巨大的技术壁垒，新技术要替代现有标准技术成为行业标准，其创新程度至少要与现有标准技术相当，这样才能具备侵蚀和替代现有标准技术的毁灭力，非标准拥有者必须支付高昂的研发成本才能研发出与其相匹敌的技术。但由于技术创新存在溢出效应，并且技术的仿制成本一般要比研制成本低得多，在竞争的市场条件下，技术标准持有者的技术创新成果很容易被其他经济主体模仿和剽窃，技术标准持有者的技术优势会受到冲击和威胁，因技术优势而形成的技术壁垒将会被打破。而通过对先进技术、核心技术等进行保密、封锁和控制，即实施技术垄断策略可以防止过度的技术溢出效应，维持和巩固技术标准持有者的技术领先优势，提高技术标准的影响力和吸引力，进而强化技术标准的锁定地位。

2. 技术标准锁定会强化技术垄断

技术标准锁定可以从强度、长度和广度三个维度强化技术垄断。首先，技术标准锁定使得技术垄断从传统意义上对单项技术的垄断上升到对一个技术系统的垄断。在工业化后期及后工业化时代，知识、技术、信息等无形要素在生产过程中的占比日益提高，科研活动不断深入，科研分工越来越细，生产过程中涉及的专利技术越来越多，"专利丛林"现象日益普遍（陶爱萍、汤成成，2012），技术标准不仅难以绕开专利技术，而且一项技术标准往往涉及多项专利技术，如苹果（Apple）、康柏（Compaq）、松下（Matsushita）、飞利浦（Philips）、索尼（Sony）和东芝（Toshiba）六家公司在1999年建立的"防火墙"技术标准，其涉及的核心技术专利就有1394个。技术标准表现为由一系列专利技术组成的综合技术系统，是由核心技术及其配套技术组成的技术群，技术标准锁定下形成的技术垄断是构成技术标准的技术群的垄断。一般来说，通过技术创新突破一项现有技术的垄断对企业来说不难做到，但在技术标准锁定下，非技术垄断市场主体若想突破现有技术标准的技术垄断，就必须进行一系列的技术创新，而多项技术的系统创新需要整合多种技术资源和组织资源，非单个市场主体所能企及。标准锁定下的技术垄断的强度相比于一般技术垄断大大加强。其次，技术垄断的时间会因为技术标准锁定而延长。技术垄断在很多时候具有暂时性和脆弱性（曾繁华等，2013），在知识产权保护下的技术垄断的时间是非常有限的，由于垄断本身刺激了竞争，刺激了对技术资源的开发，因而这种垄断局面很快就被打破，新的技术垄断随之形成（李真柯，2004）。技术和技术产品所具有的高技术含量和短生命周期等特点，使得其垄断呈现出一定的变动性和不稳定性，表现为一项新的创新技术或创新产品的问世都有可能一举打破原来的技术垄断，进而形成新的技术垄断，导致从原有技术垄断到形成新的技术垄断之间的时段大为缩短（潘红岩，2008）。技术标准锁定是指技术标准难以被撼动或被替代的状态，技术标准锁定是长期的，短期无所谓锁定。当处于垄断地位的技术被纳入到技术标准后，其垄断地位会因为技术标准的难以被替代而得到巩固，其垄断时间会因技术标准锁定的持续而得以维持。若被纳入技术标准内核的技术为专利技术时，则专利技术在保护期满以后仍然可以借助技术标准锁定维持对技术专利的控制力，因此，技术标准锁定延长了技术垄断的存续期。最后，技术标准锁定通过技术标准使用范围的推广扩大了技术垄断的波及范围。技术标准锁定使现有技术标准的网络效应和正反馈的作用更加突出，对新技术标准筑起较高的用户规模壁垒，现有技术标准在与新技术标准的竞争中占据绝对优势，使得现有技术标准长期在某个领域占据主导标准、甚至是唯一标准的地位，进而成为特定市场、特定区域，甚至是全球范围内的通用技术标准，技术垄断的波及范围将会随着技术标准的推广不断扩大。

（二）差异性分析

技术标准锁定与技术垄断的差异性可通过表 5 - 1 来说明。从形成基础来看，技术优势和用户规模是技术标准锁定形成的基础，其中技术优势是顺向技术标准锁定形成的主要决定因素，当某一技术凭借技术优势在标准竞争中胜出，并通过不断的技术更新与技术升级维持这种技术优势时，其技术标准地位不断加固进而难以替代，形成顺向技术标准锁定；用户规模是逆向技术标准锁定形成的主要决定因素，基于用户规模的网络效应促进技术标准锁定形成。技术垄断的形成主要取决于技术的智能性质和技术垄断制度形式（专利和专有技术等）的完善状况（石林芬、唐力文，2003），技术垄断的形成是这两种因素相结合的结果。技术越复杂，越不易于扩散，其垄断的程度越高；对技术创新成果的保护制度越完善，技术越不易于溢出，技术垄断地位越容易维持和巩固。从判断依据来看，技术标准锁定强调的是技术标准的难以被撼动或被替代，判断技术标准锁定强度的依据是在位技术标准是否具有替代性以及其被替代的难易程度，如果在位技术标准的内核技术没有替代技术，或者虽然有替代技术但替代的成本非常高以至于替代几乎不可能发生时，技术标准锁定的强度就大；反之，技术标准锁定强度小。技术垄断则强调对技术的控制力，其程度通常由技术占有的市场份额来衡量，技术占有的市场份额越大，对市场的控制力越大，技术垄断程度越高，因而判断技术垄断的依据是看其是否具有控制力以及控制力的程度。从开放性和控制性来看，技术标准锁定与技术标准是开放还是控制无关，QWERTY 键盘作为键盘领域、Windows 系统作为操作系统领域的技术标准，其锁定的历史悠久，但却是高度开放性的；Intel 芯片作为计算机芯片的技术标准，其锁定时间亦有近二十年，但却是封闭的。开放标准、控制标准分别从扩大标准的用户规模、增强对标准关键技术的控制两个方面夯实技术标准的锁定地位，技术标准拥有者通常会根据技术标准内含技术的特质及现有的用户基础有选择地适度开放标准或适度控制标准。而技术垄断对技术控制力的要求决定了垄断技术必然是低开放、高控制的，技术所有者若是开放垄断技术，竞争者就会争相学习、模仿和再创新，进而替代现有技术的垄断地位。从稳定性来看，技术标准锁定是长期的，高替代难度和低替代率使得技术标准锁定具有较强的稳定性。技术垄断则具有动态性，随着技术更新速度和频率的加快，技术垄断难以维持，旧的技术垄断会被新一轮的技术垄断所取代。从动机和后果来看，技术标准拥有者期望借助技术标准的锁定地位和延长技术标准锁定的时间来最大化从技术标准中所得的收益，其结果是由于处于锁定地位的标准技术具有较大的用户规模和网络效应，从而使非标准技术所有者进入市场面临较高的进入壁垒，阻碍了新技术市场化和标准化的进程，使得新旧技术不能顺利替代。垄断技术的持有者希望通过垄断地位和技术优势最大化垄断技术的收益，为了维持垄断地位，技术垄断者通常会对其核心技术进行保密、封锁或限制授权，从而妨碍了技术扩散。

表 5－1　　　　　　　　　技术标准锁定与技术垄断的差异性

差异项	技术标准锁定	技术垄断
形成基础	用户规模、技术优势	技术优势、制度保护
判断依据	替代性及其难度	控制力及其程度
开放性	不确定	较弱
控制性	不确定	较强
稳定性	较强	较弱
动机	最大化技术标准的收益	获得技术垄断收益
后果	阻碍技术替代	妨碍技术扩散

二、技术标准锁定与技术垄断：博弈分析——基于专利许可费的视角

鉴于知识经济时代"专利丛林"的广泛存在使得技术标准难以绕开专利技术，而技术专利又是形成技术垄断的重要途径之一，专利许可费也就成为影响技术标准锁定和技术垄断的共同因素，因此可以基于专利许可费的视角探索技术标准锁定和技术垄断之间的关系。本书将通过数理模型讨论以下两种情况：其一是技术标准锁定是否导致技术垄断；其二是技术垄断是否导致技术标准锁定。

首先确定技术产品的逆需求函数，由于技术产品普遍具有网络效应，且网络效应越大，用户对技术产品的支付意愿越大，因而技术产品的价格和网络效应是正向变动的关系。因此，在普通产品线性的逆需求函数的基础上，添加表示网络效应的变量，即可以得到具有网络效应的技术产品的逆需求函数如下：

$$p_i = a - Q + v(Q_i^e)$$

其中，p_i表示第 i 种技术产品的价格，$v(Q_i^e)$ 表示第 i 种技术产品的网络效应，Q_i^e 表示预期的第 i 种技术产品的网络规模，并且 $v' > 0, v'' < 0, v(0) = 0$。

（一）技术标准锁定会诱发技术垄断

考虑技术标准锁定的情形。技术标准锁定使得技术标准拥有者成为主导厂商，其他厂商的最优选择是跟随采用处于锁定地位的标准技术。假设厂商 1 是技术标准拥有者，其技术 1 已经升级为技术标准且处于锁定地位。为了简化，假设只有一个跟随厂商 2，厂商 2 采用技术标准 1 且需要向厂商 1 缴纳专利许可费，又假定厂商 1 向厂商 2 收取的专利许可费为 b（假设按每件产品计算）。设两个厂商的边际成本为零，此时，厂商 1 和厂商 2 的利润函数分别为：

$$\pi_1 = pQ_1 + bQ_2 - C_1 \tag{5.1}$$

$$\pi_2 = (p - b)Q_2 - C_2 \tag{5.2}$$

其中，$Q = Q_1 + Q_2$。

根据逆向递推法，厂商 2 在已知厂商 1 的产量的情况下确定最大化自身利润的产量水平，令 $\frac{\partial \pi_2}{\partial Q_2} = 0$，求得：

$$Q_2 = \frac{a + v(Q_i^e) - Q_1 - b}{2} \tag{5.3}$$

将式（5.3）代入厂商 1 的利润函数，并令 $\frac{\partial \pi_1}{\partial Q_1} = 0$，得：

$$Q_1 = \frac{a + v(Q_i^e)}{2} \tag{5.4}$$

将式（5.4）代入式（5.3）得：

$$Q_2 = \frac{a + v(Q_i^e) - 2b}{4} \qquad (5.5)$$

将式（5.4）和式（5.5）代入逆需求函数，求得：

$$p = \frac{a + v(Q_i^e) + 2b}{4} \qquad (5.6)$$

标准在位者厂商 1 的总收益等于产品销售收益和专利许可费收益之和，即：

$$R_1 = pQ_1 + bQ_2 \qquad (5.7)$$

将式（5.4）、式（5.5）和式（5.6）代入式（5.7）得：

$$R_1 = \frac{[a + v(Q_i^e)]^2}{8} + \frac{[a + v(Q_i^e)]b}{2} - \frac{b^2}{2} \qquad (5.8)$$

对厂商 1 的利润函数关于 b 求偏导，令 $\frac{\partial \pi_1}{\partial b} = 0$，得到最优的专利许可费水平为：

$$b = \frac{a + v(Q^e)}{2} \qquad (5.9)$$

根据式（5.4）和式（5.5）可知，技术标准锁定时，技术标准拥有厂商 1 向跟随厂商 2 收取专利许可费不会影响其自身的产量抉择，但会降低跟随厂商 2 的产量水平；根据式（5.7）、式（5.8）和式（5.9）可知，厂商 1 的总收益等于产品销售收益和专利许可费收益之和，合理的专利许可费水平能使技术标准拥有厂商的收益达到最大化，并且最优的专利许可费水平与技术标准产品的网络效应正相关，即技术标准产品的网络效应越大，技术标准拥有厂商收取的专利许可费水平越高。因此，在技术标准锁定的情况下，技术标准产品巨大的网络效应会诱使技术标准拥有厂商提高其内含专利技术的专利许可费，从而促成技术垄断的形成。

（二）技术垄断未必能导致技术标准锁定

考虑技术垄断的情形。技术能否标准化以及技术标准锁定能否形成在很大程度上取决于技术能否累积到启动正反馈的用户规模，因此考察技术垄断对用户规模的影响可以说明技术垄断是否能导致技术标准锁定。假设市场上存在两种有差异性的技术 1 和技术 2，厂商 1 是技术 1 的拥有者，且技术 1 处于垄断地位；厂商 2 是技术 2 的拥有者，技术 2 是非垄断技术，两种技术产品之间的替代系数为 r（$0 < r < 1$，表示两种技术产品之间是非完全替代的）。为简单起见，假设厂商 1 和厂商 2 的都只有一个追随厂商，技术垄断厂商 1 向其跟随厂商收取每单位技术产品的专利许可费为 b_1，非技术垄断厂商 2 向其跟随厂商免费开放其技术使用权。厂商 1 和厂商 2 的技术产品产量分别为 q_1 和 q_2，各自跟随厂商的技术产品产量分别为 q_{11} 和 q_{22}，技术产品 1 和技术产品 2 的市场总产量分别为 Q_1 和 Q_2；又假定各厂商的边际成本为零。考虑到两种技术产品之间的替代关系后，技术产品的逆需求函数变为：

$$p_i = a - Q_i - rQ_j + v(Q_i^e) \quad (i, \ j = 1, \ 2) \tag{5.10}$$

技术产品 1 和技术产品 2 的市场总产量分别为：

$$Q_1 = q_1 + q_{11} \tag{5.11}$$

$$Q_2 = q_2 + q_{22} \tag{5.12}$$

厂商 1 和厂商 2 及其各自的跟随厂商的利润函数分别为：

$$\pi_1 = p_1 q_1 + b_1 q_{11} - C_1 \tag{5.13}$$

$$\pi_2 = p_2 q_2 - C_2 \tag{5.14}$$

$$\pi_{11} = (p_1 - b_1) q_{11} - C_{11} \tag{5.15}$$

$$\pi_{22} = p_2 q_{22} - C_{22} \tag{5.16}$$

根据逆向递推法，厂商 1 和厂商 2 各自的跟随厂商在已知厂商 1 和厂商 2 产量的情况下确定最大化自身利润的产量水平。令 $\dfrac{\partial \pi_{11}}{\partial q_{11}} = 0, \dfrac{\partial \pi_{22}}{\partial q_{22}} = 0$，求得：

$$q_{11} = \frac{a + v(Q_1^e) - (q_1 + rq_2) - rq_{22} - b_1}{2} \tag{5.17}$$

$$q_{22} = \frac{a + v(Q_2^e) - (rq_1 + q_2) - rq_{11}}{2} \tag{5.18}$$

联立式（5.17）、式（5.18），求得：

$$q_{11} = \frac{(2-r)a + 2v(Q_1{}^e) - rv(Q_2{}^e) - (2-r^2)q_1 - rq_2 - 2b_1}{3} \quad (5.19)$$

$$q_{22} = \frac{(2-r)a + 2v(Q_2{}^e) - rv(Q_1{}^e) - rq_1 - (2-r^2)q_2 + b_1}{3} \quad (5.20)$$

将式（5.19）、式（5.20）代入厂商 1 和厂商 2 的利润函数，且令 $\frac{\partial \pi_1}{\partial q_1} = 0, \frac{\partial \pi_2}{\partial q_2} = 0$，求得：

$$q_1 = \frac{(2-r)a + 2v(Q_1{}^e) - rv(Q_2{}^e) - rq_2 + (r-r^2)b_1}{2(2-r^2)} \quad (5.21)$$

$$q_2 = \frac{(2-r)a + 2v(Q_2{}^e) - rv(Q_1{}^e) - rq_1 + (2r-1)b_1}{2(2-r^2)} \quad (5.22)$$

联立式（5.21）、式（5.22），求得：

$$q_1 = \frac{\begin{array}{l}(2r^3 - 3r^2 - 6r + 8)a + (8 - 3r^2)v(Q_1{}^e) + \\ (2r^3 - 6r)v(Q_2{}^e) + (2r^4 - 2r^3 - 6r^2 + 5r)b_1\end{array}}{4r^4 - 17r^2 + 16} \quad (5.23)$$

$$q_2 = \frac{\begin{array}{l}(2r^3 - 3r^2 - 6r + 8)a + (8 - 3r^2)v(Q_2{}^e) + \\ (2r^3 - 6r)v(Q_1{}^e) + (-3r^3 + r^2 + 8r - 4)b_1\end{array}}{4r^4 - 17r^2 + 16} \quad (5.24)$$

综合以上各式，求得技术产品 1 的市场总产量为：

$$Q_1 = \frac{(-4r^5 + 6r^4 + 24r^3 - 34r^2 - 36r + 48)a + (6r^4 - 34r^2 + 48)v(Q_1{}^e)}{(4-r^2)(4r^4 - 17r^2 + 16)}$$
$$- \frac{(4r^5 - 24r^3 + 36r)v(Q_2{}^\varepsilon) + (r^4 + 5r^3 - 14r^2 - 14r + 32)b_1}{(4-r^2)(4r^4 - 17r^2 + 16)}$$

$$(5.25)$$

根据式（5.25），由于

$$\frac{(r^4 + 5r^3 - 14r^2 - 14r + 32)}{(4-r^2)(4r^4 - 17r^2 + 16)} = \frac{r^3(r+5) - 14r(r+1) + 32}{(4-r^2)[(2r^2-4)^2 - r^2]} \quad (5.26)$$

又在 $r \in (0, 1)$ 时，$14r(r+1) \in (0, 28)$，进一步推导出式（5.26）分子：$r^3(r+5) - 14r(r+1) + 32 > 0$；在 $r \in (0, 1)$ 时，$(2r^2 - 4) \in (-4, -2)$，进

而推导出$(2r^2-4)^2 \in (4, 16)$，从而$[(2r^2-4)^2-r^2]>0$，又结合$(4-r^r) \in (3, 4)$，推导出式（5.26）分母$(4-r^2)[(2r^2-4)^2-r^2]>0$。综合上述推导过程得出：$r \in (0, 1)$ 时，$(r^4+5r^3-14r^2-14r+32)/(4-r^2)(4r^4-17r^2+16)>0$恒成立，即$b_1$的系数小于零恒成立。说明在给定的博弈条件下，技术产品 1 的市场规模与专利许可费水平之间呈现负相关关系，即专利许可费水平抑制了技术产品 1 的用户规模的扩大，而专利许可费的高低又是技术垄断程度的一个反映，由此可得，技术垄断不利于技术的用户规模积累，因此，从技术垄断对用户规模影响的角度，我们可以发现技术垄断未必能导致技术标准锁定。

第二节　技术标准锁定的非效率

如前节所论证，技术标准锁定会诱发和强化技术垄断，与同技术垄断会产生负面影响一样，技术标准锁定也会导致一系列非效率问题的出现，下面主要从用户选择黏滞、技术演化失灵、技术竞争弱化、技术创新惰性四个方面来分析技术标准锁定导致的非效率问题。

一、技术标准锁定与用户选择黏滞

技术标准锁定会导致用户选择黏滞，使得用户选择不能反映其偏好。用户选择黏滞包括用户选择黏性和用户选择滞后两个方面，选择黏性是指用户在选择了现有标准之后难以转换和更替到其他技术标准，可见选择黏性主要是针对老用户而言的；选择滞后是指用户在面临新技术标准和现有技术标准时仍然做出选择现有技术标准的决策，即用户选择跟不上技术创新和技术进步的步伐，因此选择滞后主要是针对新用户而言的。对老用户来说，选择黏性主要缘于转换惰性，技术标准锁定可以从两个方面引发老用户的转换惰性：一方面，技术标准锁定使得老用户通过对现有技术标准的重复使用而产生不断增大的学习效应，进而形成对现有技术标准的使用惯性，技术标准锁定的时间越久，这种学习效应和使用惯性越大，老用户越不愿意更替和转换现有技术标准；另一方面，技术标准锁定增加了老用户转换技术标准的成本。新旧技术标准之间的转换成本由两部分组成：一是在旧技术标准基本设备及互补资产（如相关软件）上的投资、花费在旧技术标准上的培训和学习费用等，这部分投入与旧技术标准的网络效应无关，不随旧技术标准用户规模的变化而变化，可以看作是转换成本中的固定成本。固定成本与新旧技术标准的异质性程度有关，异质性程度越大，意味着在旧技术标准上投资的资产专用性越大，若转向新技术标准，沉没成本越大。二是随着旧技术标准的用户规模和网络效应变化而变化的可变成本部分，旧技术标准的用户规模和网络效应越大，现有用户转向新技术标准的收益损失越大（陶爱萍、张丹丹，2013）。老用户转换技术标准不仅会使其在现有技术标准上的先期投入绝大部分沦为沉没成本，而且还会导致其损失在技术标准锁定下累积的现有技术标准的网络效应，此为转换的机会成本，巨大的沉没成本和机会成本在客观上阻碍了老用户从现有技术标准中退出。对新用户来说，选择滞后主要由于羊群效应和企鹅效应：一方面，新用户在选择技术标准时存在信息不对称，新用户在选择技术标准时会受到现有技术标准巨大用户规模的示范作用影响，从而产生从众的"羊群效应"，这种"羊群效应"使得新用户追随老用户选择现有技术标准；另一方面，相对于现有技术标准可预期的用户规模和网络效应，新技术标准未来用户规模和网络效应具有较大的不确定性和风险性，不确定性和风险性的存在会诱发新用户选择新技术标准时的"企鹅效应"，谁也不愿率先选择新技术标准，从而提高了新技术标准不被选择的概率。综上所述，无论是老用户的选择黏性还是新用户的选择滞后都会导致用户的选择不能反映用户的偏好，这种有偏选择[①]不仅损害了用户的福利，还导致技术标准使用中的"逆向选择"。

二、技术标准锁定与技术演化失灵

关于技术演进，Abernathy 和 Utterback（1975）对技术演进的过程进行了

---

① 有偏选择是指不能反映用户偏好的选择。

详细考察，并于 1975 年提出了关于技术创新的三阶段模型（即"A-U"模型），将一个完整的技术创新过程划分为三个阶段：流动性阶段（fluid phase）、过渡性阶段（transitional phase）和明确性阶段（specific phase）。他们认为区分流动性阶段和过渡性阶段的标志在于主导设计，随着主导设计的出现，过程创新活动将超过产品创新活动，当创新进入到明确性阶段后，无论是产品创新还是过程创新活动均将减少。可见，特定技术的演进过程主要与产品创新行为对应，"A-U"模型实际上隐含着一个思想：技术的生长过程遵循着一个诞生、成长、成熟、衰弱的生命周期（王发明，2010）。之后，Kuznets 和 Duijn 等提出了关于技术演进的生命周期理论（"S"形曲线理论），典型的两周期技术演进的过程如图 5-1 所示。根据"A-U"模型和技术演进的生命周期理论，技术演进可以分为线性路径和非线性路径两个阶段：当技术沿着线性路径演化时，技术进步主要表现为渐进的、积累的、连续性的过程，没有发生技术的跃迁，技术演进强调的是秩序性；当技术沿着非线性路径演化时，技术进步则表现为突变的、跃迁的、非连续性的过程，技术演进强调的是非秩序性。Dosi（1982）提出了技术范式的概念，技术演进可以划分为范式内技术演进和范式转换过程中技术演进两个阶段，与之对应的有技术演进的线性和非线性两个阶段。

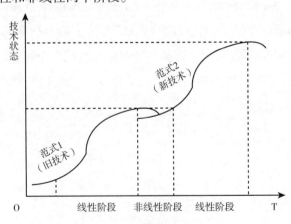

图 5-1　技术演进的生命周期理论

Liebowitz 和 Margolis（1995）认为锁定将会带来技术演进的滞后，技术标准锁定会导致技术正常演化和更替路径的中断，延缓技术演化的进程。如图

5-2所示，R_1表示技术演化的正常路径，R_2表示技术标准锁定下的技术演化路径。从R_1来看，技术1从T_0时刻引入，经历了成长期、成熟期，技术2在技术1成熟期后期开始引入，并在T_1时刻超越技术1进入快速成长期，而技术1则在T_1时刻之后进入衰退期，此时，技术完成了从技术1到技术2的有序替代。同理，技术3也是在技术2成熟期后期引入，并在T_2时刻取代技术2。如此演化过程不断持续，更优的技术不断取代次优的技术，实现新旧技术的有序替代，社会的技术水平不断提高。从R_2来看，技术1是技术标准锁定下的标准内含技术，技术2属于新技术，T_1时刻之后，虽然技术2的技术性能优于技术1的技术性能，但由于技术1占有技术标准锁定优势，技术1的用户规模和网络效应优势超过了技术2相对于技术1的技术优势，技术2无法取代技术1，技术演化路径中断，社会的技术水平保持不变或微弱上升。可见，技术标准锁定阻碍了新旧技术的有序替代，至少是延缓了技术演化的进程（从图5-2中的T_1时刻延缓到T_2时刻，甚至更晚），从而阻碍了社会的技术进步。

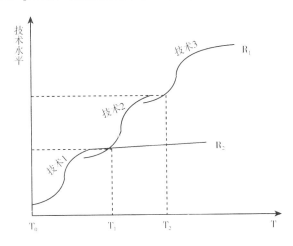

图5-2　技术标准锁定下的技术演化路径

三、技术标准锁定与技术竞争弱化

技术标准锁定降低了技术标准内的竞争，阻碍了技术标准间的竞争，造成了技术竞争的弱化。技术竞争弱化一是由于技术标准锁定下技术垄断的强化；二是由于技术标准锁定下变轨创新动力的不足。如前所述，技术标准锁定从强度、长度和广度三个层次推动了技术垄断的升级，技术垄断的强化意味着技术竞争的弱化：一方面，技术标准内的竞争因为核心技术难以被撼动的锁定地位而大为降低，在核心技术的竞争被排除的情况下，技术标准内的竞争就主要体现为标准核心技术提供互补组件的供应商之间的竞争；另一方面，技术标准间的竞争也因为新技术在技术标准锁定下面临较大的不利地位而受阻。除了强化技术垄断以外，技术标准锁定还会导致变轨创新的动力不足，减少技术创新的多样化。对技术标准拥有者来说，技术标准锁定不仅使其坐享锁定收益，而且还为新技术的进入设置了较高的壁垒，巨大的既得利益使得技术标准拥有者不想打破现有技术标准的锁定地位，而是为了维持现有技术标准锁定按照现有标准的技术路径进行渐进式的顺轨创新。对于非技术标准拥有者来说，技术标准锁定一方面加剧了其技术创新成果标准化的不确定性和风险性，降低了其通过突破式变轨创新替代现有技术标准的积极性；另一方面技术标准锁定下在位技术标准的广大用户规模刺激了对其互补组件的需求，非技术标准拥有者在权衡替代现有技术标准的难度和追随现有技术标准并为其提供互补组件的得失之后，会选择围绕现有标准的技术路径进行互补式的创新，即对现有标准的互补组件进行创新。技术标准拥有者的渐进式创新和非技术标准拥有者的互补性创新使得社会的技术创新囿于现有标准的技术路径难以变轨，降低了从其他多样化路径上创新获得先进技术、特质技术的可能性，使得技术标准内的竞争和技术标准间的竞争都大为削弱。

四、技术标准锁定与技术创新惰性[①]

技术创新惰性是技术创新主体在外部环境或者内部条件的制约之下，在现有的技术基础上安于现状，不能积极地进行突破式技术创新的行为。技术创新主体的技术创新惰性阻碍了技术进步，因此技术创新惰性也是一种技术

---

① 本部分内容引自陶爱萍，张丹丹. 技术标准锁定、创新惰性与技术创新 [J]. 中国科技论坛，2013（3）：11 – 16.

创新市场失灵的表现，是技术标准锁定导致的主要非效率问题之一。下文首先分析积极创新惰性和消极创新惰性的产生机理，进而探究顺向标准锁定与积极创新惰性、逆向标准锁定与消极创新惰性之间的正相关关系。

（一）积极创新惰性和消极创新惰性

典型的技术创新惰性有两种表现形式，即积极创新惰性和消极创新惰性，这两种创新惰性在技术创新成功者和技术创新失败者之间表现得尤为明显。在技术创新的竞争中，技术创新成功者和技术创新失败者在选择是否继续进行技术创新时决策行为是有差异的，从而产生不同类型的创新惰性（见图5－3）。

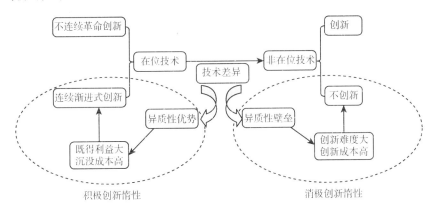

图5－3　创新成功者和创新失败者的创新惰性

技术创新成功者的技术我们称其为在位技术，技术创新失败者的技术我们称其为非在位技术，创新成功者和创新失败者的技术差异会随着时间的推移逐渐拉大，即在位技术和非在位技术之间的梯度悬殊越来越大。具体表现在以下几个方面：第一，用户规模和网络效应的差异。在位技术在经过一段时期的试用和推广以后，已经积累了一定的用户基础，具备了一定的网络规模；技术创新失败者则由于在技术创新中败北，所以其所使用的技术可能是以前的旧技术或者不完善的有缺陷的技术，因此非在位技术往往会得不到市场的接受和认可，缺乏用户基础和网络规模，随着时间的推移，在位技术和非在位技术之间的用户规模差距会越来越大。第二，不确定性和风险程度的差异。与在位技术可确定的市场份额和可预测的未来收益不同，非在位技术的市场份额和未来收益具有较大的不确定性，因此在位技术和非在位技术所面临的风险是非对称的。第三，互补组件可得性的差异。技术创新的成果通常是由一个核心技术和一系列互补组件构成的技术系统，因此，技术创新成功者的核心技术在推向市场之后，必然吸引较多的配套组件供应商为其研发并提供相应的互补组件，这些互补组件供应商之间的竞争提高了互补组件的质量和种类；相反，非在位技术自身弱小的市场规模不足以对互补组件供应商产生足够的吸引力，恶性循环会使其获得配套的互补组件越来越困难。第四，专利壁垒强度的差异。一般来说，技术创新的成果不是单一的技术，而是技术系统，技术系统往往包含一定的专利技术，技术系统和专利的授权是捆绑在一起的，专利权人的私有专利演变为技术系统的必要专利，技术系统的使用者在使用技术系统的同时必须支付专利许可费用，吸纳和融合了专利的技术系统具有较大的专利壁垒强度；而创新失败者的技术系统即使包含专利技术，由于难以推向市场而被标准使用者所绕开，专利的壁垒强度较弱（陶爱萍、汤成成，2012）。

对于创新失败者来说，与创新成功者日益拉大的技术差异使得其重新进入市场所需跨越的异质性壁垒越来越高，异质性壁垒的高低是制约创新失败者创新抉择的主要因素。创新失败者的创新决策不外乎两种：一是不创新，接受和跟随创新成功者的技术；二是创新，超越和取代创新成功者的技术。从上述四种技术差异来看，用户规模的劣势和网络效应的缺失使得非在位技术在争夺新用户上无法与在位技术相抗衡，在吸引老用户上又会遇到因转换成本而产生的转换惰性问题，如何取得用户支持是技术创新失败者必须解决的最基本问题；技术创新是一项高风险的活动，需要相应的高收益来补偿，与坐拥技术创新成功带来巨大收益的在位技术相比，非在位技术未来市场地位和市场收益具有较大程度的不确定性，回报的不稳定性和无法弥补研发投入的高风险使得创新失败者不愿意进行创新；缺乏配套组件供应商支持的创新失败者不得不自己提供核心技术和相应的组件，进行新一轮的系统创新，组件和核心技术的同时创新使得创新失败者通过研发创新、更替在位技术的难度加大，成本增加；专利含量的多寡体现了技术市场控制力的强弱，绕开一项单独的技术专利开发一项类似的专利技术对创新失败者来说不难做到，但若想绕开一组技术专利开发新的含有类似专利技术组合的技术对创新失败者来说并非易事。在位技术和非在位技术之间的技术差异对创新失败者技术创新构成的障碍越大，创新失败者通过自主创新替代在外技术的成本越高，创新动力越弱；当这种因技术差异扩大而产生的创新阻力达到一定的限度时，技术创新失败者的跟随动机就会超越创新动机，从而在心理上表现为不思创新、在行动上表现为疏于创新，这种"懒惰，不作为"现象是高技术差距下的无奈之举，因而被称为消极创新惰性（W. Brian Arthar，1989）。

对于创新成功者来说，与技术创新失败者的非在位技术的差异化程度越高，在位技术的异质性优势越明显。拥有异质性优势的技术创新成功者在创新决策上也有两种选择：一是连续的渐进式升级创新，二是不连续的自我毁灭式创新，沉没成本和既得利益是制约技术创新成功者决策的主要因素。创新成功者在做出创新决策时不仅要考虑研发活动本身的成本，还要考虑在现有技术上已经投入的成本，如果创新成功者进行内容迥异于现有技术的技术创新，则其在现有技术上的投资会基本上沦为沉没成本，无法收回；如果再考虑自我毁灭替代现有技术可能损失的用户规模和网络效应①，则广义上的沉没成本会更大。创新的不连续梯度越大，创新越激进，沉没成本就会越大，不可逆性的沉没成本使得创新成功者不倾向于选择自我毁灭式的革命创新。技术创新成功者可以凭借异质性优势和创新成功取得的既得利益维持技术竞争力和市场垄断力。建立在庞大用户规模之上的网络效应和建立在高密度专利之上的专利授权费使技术创新成功者可以从掌控的技术中获得巨大的经济利益，甚至是垄断利益；毁灭式替代创新无疑会毁坏和侵蚀这些利益，在现有技术上的既得利益使得技术创新成功者不愿意采取不连续的毁灭式创新。现有技术的异质性优势越大，技术创新成功者的市场控制力越强，技术创新成功者放弃现有技术的利益损失就越大，市场地位和异质性作用下既得利益的可维持性使得技术创新成功者宁愿选择小修小补式的连续渐进创新，这种在已有成功技术的基础上用渐进创新应对未来环境变化的思维定式和行为倾向，是技术创新成功者权衡沉没成本和既得利益之后的主动选择，因此被称为积极创新惰性。

---

① 用户规模和网络效应一旦损失，马太效应作用下的弱者更弱将使其难以追回，因此在广义上也可以看作是沉没成本的一部分。

（二）两种技术标准锁定和两种技术创新惰性的关系

技术创新惰性无疑阻碍了技术创新和技术进步的进程，在技术标准锁定的条件下，技术创新惰性不仅没有消除，而且会随着技术标准锁定强度的增加而惰性增大。如图5-4所示，技术标准锁定有顺向标准锁定和逆向标准锁定之分，顺向标准锁定是指标准锁定最新技术或最优技术；逆向标准锁定是指标准锁定次新、次优技术甚至是劣质技术[①]。创新惰性有积极惰性和消极惰性之分，积极惰性可以理解为物理学中的"惯性"，是指创新主体用已有的成功技术应对未来环境变化的思维定式或行为倾向；消极惰性则可以解释为组织行为学中的"懒惰，不作为"，是指创新主体安于接受现有技术的不思创新心理或疏于创新行动的行为。技术标准锁定与创新惰性是相互关联的，一方面，技术标准锁定下的技术垄断和创新难度增大容易使创新主体滋生创新惰性；另一方面，创新惰性下的创新思维定式和创新乏力会加剧技术标准锁定。从类型上看，顺向技术标准锁定通常与创新的积极惰性相关联；逆向技术标准锁定通常与创新的消极惰性相关联。技术标准锁定与创新惰性的关系通过图5-4来说明。

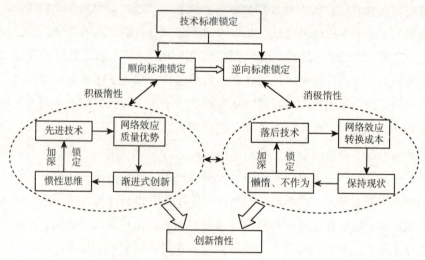

图5-4 技术标准锁定与创新惰性的关系

---

① 为分析方便，下文把最新或最优技术统称为先进技术；次新、次优技术和劣质技术统称为落后技术。

网络效应是导致技术标准锁定的基本因素，无论是顺向标准锁定还是逆向标准锁定都需要一定的用户规模以及由用户规模产生的网络效应。除了网络效应这个共性基本因素以外，顺向标准锁定和逆向标准锁定各自又有导致其生成的关键因素，最新技术或最优技术之所以能够成为技术标准关键是质量优势，次新、次优技术甚至劣质技术之所以能够被标准锁定关键是转换成本。

顺向锁定下的标准在位者往往会沉迷于现有技术创新的成功成果以及建立在其上的标准锁定地位，缺乏继续进取和突破创新的精神，形成了一种依赖于既往成功技术来应付未来技术需求的"积极惰性"。以质量优势在标准竞争中胜出并成功上位为市场或行业标准的技术所有者，一方面，可以凭借标准锁定建立技术的市场垄断地位和获取垄断利润；另一方面，现有技术已经在标准竞争中取胜，突破再创新的"创造性毁灭"能否再次获胜具有一定的风险；即使能够获胜也是用新的成功代替现有的成功，新技术标准的市场控制力和得益是否能够超越现有技术标准具有不确定性。巨大的既得利益和革命式创新的风险使得顺向锁定下的标准在位者宁愿选择对现有成功技术进行"小修小补"式的渐进创新，即在既有技术的基础上沿着其发展路径进行局部的改进和完善，这种渐进式的持续创新最终会诱发技术创新中的思维定式和行为僵化，进而加深技术标准对现有成功技术的锁定。

逆向锁定下的标准在位者不需要经过技术创新和技术变革就可以维持市场控制力和获得垄断利润，因而乐于接受和保持其落后技术被标准锁定的现状；非标准在位者虽然受困于现有落后技术标准，却因转换到新技术标准的成本过于高昂而不得不维持现状；这种由转换成本导致的或主动或被动选择安于接受现有落后技术标准的心理或行为即是"消极惰性"。"消极惰性"在思想上表现为不思创新、懒惰，在行动上表现为疏于创新、不作为。转换成本是阻碍先进技术标准替代落后技术标准的重要因素，当转换成本足够大时，逆向标准锁定的技术所有者没有被替代的危机感，不能居安思危、居危思变；非标准在位者则因为阻力过大、创新困难加剧、创新成功概率降低而产生畏难思想，缺乏变革现有标准的足够勇气。不思变或者没有勇气思变作用下的创新不足或不创新加剧了技术标准对落后技术的锁定。

顺向标准锁定和逆向标准锁定并不是总是一成不变的，在合适的时机在适当的条件下也是可以相互演化的。在技术变革日新月异、标准竞争愈演愈烈的时代，如果渐进式创新对现有成功技术改进完善的幅度跟不上技术变革的步伐，被标准顺向锁定的技术的质量优势会逐渐消减乃至消失，最新或最优技术会逐步退化为次新或次优技术甚至是劣质技术，这时顺向标准锁定也就会演化为逆向标准锁定。同样道理，如果革命式创新能够创造出功能十倍于①逆向标准锁定的技术的新技术，突破创新的行为人从新技术的卓越性能中得到的收益就会高于新技术与旧技术之间的转换成本，逆向标准锁定就会被打破，技术标准转而锁向革命式创新所得的新技术，即顺向标准锁定。

综上所述，技术标准锁定和创新惰性之间存在正相关关系，即技术标准锁定越深，创新惰性越大；创新惰性越大，技术标准锁定越牢固，此为相互强化；反之，技术标准锁定程度较低，创新惰性也相对较小；创新惰性越小，越有利于技术标准锁定的解除，此为相互弱化。技术标准锁定与技术创新之间的反馈要视技术标准锁定程度和技术创新强度而定，当技术标准锁定程度过高时，负反馈机制将起主导作用；当技术创新强度足够大时，正反馈机制起主导作用。

第三节 反技术标准锁定的规制机制设计

由第四章的研究可知，技术标准锁定对技术创新中的市场失灵既可能起到加剧作用，又可能起到缓解作用；还可能改变技术创新中市场失灵的作用方式。本章第二节又探析了技术标准锁定可能导致的典型非效率问题，这些非效率问题的产生与技术标准锁定下的市场失灵高度相关。市场失灵是微观规制的经济学理由，因此有必要对技术标准锁定进行规制，设计合理的规制机制可以有效地降低和缓解技术创新中的市场失灵，进而降低或消除技术标准锁定导致的非效率问题。

对于技术标准锁定下不完全竞争的规制，本节将通过比较反技术标准锁

---

① Andy Grove 曾经讲过"十倍"的基本定律：要发起一场革命，你提供的功能必须十倍于现有的技术。

定规制与反技术垄断规制的异同进行研究；至于技术标准锁定下的公共产品、风险性和不确定性问题，由于对两者的规制可以蕴含在对技术标准锁定下外部性的规制、信息不对称的规制及非效率问题规制的研究中，所以本节将不再单列出来进行研究。

一、反技术标准锁定规制与反垄断规制的异同

对技术标准锁定的规制是一个新的研究领域，而对技术垄断的规制在理论研究和实践中都比较成熟。前面已经讨论了技术标准锁定与技术垄断两者之间的相关性和差异性，本节力图在两者相关性和差异性研究的基础上对两者规制的异同进行探讨，以便从反技术垄断规制中获得某些经验和启示，为反技术标准锁定的规制机制构建提供参考。

从对技术标准锁定与技术垄断比较分析和博弈分析的结果来看，技术标准锁定和技术垄断在一定条件下可以相互强化，且技术标准锁定是技术垄断形成的路径之一，但并不是唯一的路径，技术垄断也未必能导致技术标准锁定，因而技术垄断不完全是技术标准锁定下的技术垄断，技术标准锁定下的技术垄断具有不同于一般垄断的特殊性，因此反技术标准锁定与反技术垄断既有共性，又有个性，表现在规制上存在交集，但又不完全重叠（如图 5 - 5 所示）。鉴于技术标准锁定与技术垄断的相关性，技术标准锁定下的技术垄断具有一般技术垄断的特征又高于一般的技术垄断，技术垄断是技术标准锁定非效率问题产生的重要原因之一，因而反技术标准锁定下的技术垄断既是反技术垄断规制的重要内容，也是反技术标准锁定规制的重要内容。对技术标准锁定下技术垄断规制机制的设计可以借鉴一般技术垄断规制机制设计的经验，在《反垄断法》《知识产权法》等相关法律的基础上根据技术标准锁定下技术垄断体现出的新特征进行修正和完善。鉴于技术标准锁定与技术垄断的差异性及其技术标准锁定下的非效率问题，反技术标准锁定规制有别于反技术垄断规制。下文将从规制价值取向、规制内容、规制方式、规制主体和规制客体五个方面展开探讨反技术标准锁定规制与反技术垄断规制的差异性。

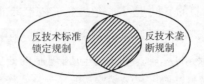

图 5 - 5　反标准锁定规制与反垄断规制的重叠

（一）规制目标的异同

垄断是市场经济发展到一定高度以后必然产生的、与竞争相对立的经济现象，垄断是发源于市场竞争，又反过来否定、限制和阻止市场竞争的"异化"力量，因而垄断对公平竞争市场秩序构成了较大的威胁。传统经济理论认为垄断是市场失灵的表现之一，垄断者通过种种排他性限制，阻止竞争对手（含潜在竞争对手）的进入，限制公平竞争，损害消费者权益，阻碍技术进步，降低经济效率，导致经济滞缓。由于垄断存在的巨大危害，对垄断进行规制、促进和维护竞争成为理论界的普遍共识。以 Adam Smith 为首的古典经济学家认为完全竞争市场机制如果能够自由发挥，可以使社会资源达到最优配置（宋则，2001），Adam Smith 提出的完全竞争理论成为反垄断的理论基础，继 Adam Smith 之后的新古典经济学家通过大量的论证来证明完全竞争理论，代表人物主要有 Cournot、Jevons、Walras、Pareto、Marshall 等。但在现实经济世界中完全竞争几乎不存在，并且伴随着规模经济与竞争活力的两难选择问题即"马歇尔冲突"的存在，激发了学者们对竞争及垄断理论的进一步探索。反垄断的理论基础经历了从完全竞争理论、垄断竞争理论等静态竞争理论到以熊彼特为代表的动态竞争理论的发展；J. M. Clark 针对完全竞争的非现实性，通过对静态和动态要素进行综合考虑，首次提出了"有效竞争"的概念，并将垄断划分为：效率式的市场势力和非效率式的市场势力，为反垄断提供了明确的初步标准（陈甫军、胡德宝，2013）。技术垄断是垄断的形式之一，虽然不少学者认为技术垄断是法定垄断或是一种竞争性垄断，这种垄断能在一定程度上同时兼顾规模经济和竞争活力，不会造成传统垄断的危害，但技术垄断仍然会导致垄断技术的所有者滥用知识产权、限制技术竞争、不正当技术竞争等行为的出现，从而产生抑制技术有效竞争、阻碍技术创新和技术进步、损害技术经济效率的不利影响。因此，对技术垄断规制的价值取向是激励技术创新，促进技术竞争和技术进步，提高技术的经济效率。

技术标准锁定会诱发和强化技术垄断，但技术标准锁定与技术垄断属于知识经济中的两种不同现象。技术标准锁定是技术标准更替过程中的"过度惰性"问题，在"过度惰性"情况下，新旧技术标准转换和更替过于缓慢，使含有优异性能技术的新技术不能及时淘汰旧技术标准，从而阻碍新技术的市场化、标准化，延缓技术演进的步伐。新旧技术标准无法有序替代是技术标准锁定下产生的用户选择黏滞、技术演化失灵、技术竞争弱化等非效率问题的最为根本的原因。因此，对技术标准锁定规制的价值取向应是促使新旧技术标准顺利更替，促进技术有序演进和技术路径跃升式变迁。

（二）规制内容的异同

反垄断规制包括规制垄断结构和规制垄断行为两个方面，早期的反垄断规制基于哈佛学派的产业组织理论，规制的主要内容为规制垄断市场结构。但知识和技术的特点决定了技术垄断有别于传统垄断，反垄断规制的重点也由对垄断结构的规制转为对垄断行为的规制。技术垄断虽可能导致垄断市场结构，但未必会产生传统垄断的危害。美国著名经济学家 Paul Krugman (2000) 认为，垄断本身在科技领域是无罪的，相反，至少得存在主导未来市场的希望，整个企业才具有发展的推动力（彭陟刚、岳振宇，2006），因此对技术垄断规制的重点不是垄断市场结构，而是垄断技术持有者滥用技术优势和知识产权等给经济效率造成损失的行为，如技术创新者通过研发创新和知识产权获取垄断地位本身并不违法，但若其依仗对关键技术的控制把垄断势力延伸到下一代技术或互补技术市场，则反垄断机构要予以关注。同理，对技术标准锁定的规制主要是规制技术标准所有者滥用其锁定优势和锁定地位的行为，但技术标准锁定下所要规制的滥用行为又具有不同于规制技术垄断滥用行为的具体内容，如标准内多项专利技术的捆绑许可问题、利用标准锁定地位收取过高的专利许可费问题（如2002年以来，国际DVD联盟利用DVD技术标准锁定向中国出口企业收取巨额专利许可费用，中国企业每出口一台DVD产品需缴纳的专利费用占产品价格的比例最高达20%～30%）、标准内多个专利权持有人串谋限制标准外竞争者的行为、在专利期满以后仍借助技术标准锁定地位继续进行专利授权许可的行为、凭借技术标准锁定的长期性和稳定性在专利许可中添加不合理条款等。对于处于锁定地位的技术标准持有者来说，因网络效应和正反馈机制获得大市场份额本身并无可厚非，但若其利用网络效应和转移成本阻碍竞争对手进入或是置竞争对手于不利地位，则要受到反垄断机构的规制；通过标准竞争获得标准领导者和标准锁定地位本身并不违法，但若封闭标准、控制或操纵标准，则应受到反垄断机构的追诉（陶爱萍，2009）。

（三）规制方式的异同

对技术垄断的规制通常采取法律法规（如《反垄断法》《知识产权法》等）的形式，属于法规性规制。从国内外立法来看，技术垄断的法律规制主要包括反垄断法、竞争法和公平交易法等；也包括专门针对技术垄断的规定；还有在反垄断法中规定的特别知识产权适用条款。例如，美国除通过反垄断法调整技术创新活动外，1995 年美国司法部和联邦贸易委员会联合发布了知识产权许可反垄断指南，用于对知识产权许可行为进行规范。欧盟对技术创新予以规范调整的主要法律依据是《欧共体条约》第 81 条关于禁止垄断的规定和第 82 条关于禁止权利滥用的规定，以及 2004 年修订的《将欧共体条约第 81 条（3）应用到各类技术转移协议的条例》（简称 TTBE）和《运用欧盟条约 81 条到技术转移协议的指南》（彭玉勇，2006）。欧盟竞争法下的技术转移竞争责任免除条例（TTBE）是欧盟规制技术垄断的重要法律文件。日本的《禁止私人垄断及确保公平交易法》第 21 条就对如何合理协调知识产权法与禁止垄断法之间的关系做出了说明。日本公正交易委员会于 1999 年 8 月发布《关于专利、技术秘密的许可使用合同的禁止垄断法上的指导方针》，又于 2007 年 9 月颁布了最新的《知识产权利用的反垄断指南》。我国 1999 年制定实施的《合同法》第 329 条规定"非法垄断技术、妨碍技术进步或者侵害他人技术成果的技术合同无效"，第 334 条规定"技术转让合同可以约定让与人和受让人实施专利或者使用技术秘密的范围，但不得限制技术竞争和技术发展"。这是我国法律首次对技术垄断的内容进行了正面、明确的规定，也成为我国规制技术垄断的法律依据（彭玉勇，2006）。2008 年 8 月 1 号颁布的《反垄断法》是我国规制技术垄断的一个新起点，第 55 条规定"经营者依照有关知识产权的法律、行政法规规定行使知识产权的行为，不适用本法；但是，经营者滥用知识产权，排除、限制竞争的行为，适用本法"。

技术标准锁定形成的影响因素以及技术标准锁定下市场失灵的特殊表现和非效率问题的复杂性和多样性决定了反技术标准锁定规制方式的多样性。虽然从根源上来说技术标准锁定下的非效率问题是缘于技术标准锁定，但导致每一非效率问题的具体因素会有所不同，有效的规制必须有利于降低乃至消除这些因素可能产生的负面效应，有针对性的规制必须根据各种非效率问题采取不同的规制方式。如针对技术标准锁定下的技术垄断问题，仍然采取法规性规制；针对用户选择黏滞问题，可以采取通过税收和财政补贴等经济手段的引导性规制；针对技术标准锁定下的创新惰性问题，可以采取有利于激励创新的激励性规制；等等。

（四）规制主体和客体不同

从规制主体来看，由于对技术垄断的规制主要采取法律规制的形式，因而其规制主体主要是政府设立的相关立法和执法机构。而由于技术标准锁定下非效率问题的多样性和技术标准锁定形成的复杂性，单纯依靠政府力量难以实现规制目标，对技术标准锁定进行规制需要建立以政府为主导，自愿标准化组织、行业协会等多元化的规制体系。根据不同的规制主体，反技术标准锁定规制可以分为：政府规制、自愿标准化组织规制和行业协会规制等，政府、自愿标准化组织、行业协会在规制技术标准锁定的过程中发挥不同的作用。政府既可以通过制定和完善相关的法律法规对技术标准锁定进行间接性规制，也可以通过制定相关的财政税收政策等形式对技术标准锁定进行引导性规制，以便纠正技术标准锁定下的非效率问题，实现社会福利最大化。自愿标准化组织是标准化组织非政府化的一种主要组织形式，其成员主要来自于各行业、各部门，组织通过共同协商，广泛征求意见，通过投票表决，自愿达成一致意见，从而对标准进行制定或修改（高俊光，2010）。可见，自愿标准化组织在技术标准化过程中发挥重要作用，能促进新技术标准的形成，有利于解除技术标准锁定。行业协会是同行业的企业在自愿的基础上为增进共同利益组成的松散的经济团体。行业协会规制能弥补国家、政府规制和市场调节的不足，通过制定规则、内部监管和解决纠纷等形式对其成员的市场竞争行为发挥规制作用。

从规制客体来看，从反技术垄断规制的内容可知其规制客体是垄断技术的所有者，而反技术标准锁定规制的客体包括技术标准拥有者、非技术标准拥有者和使用标准产品的用户（包括现有用户和潜在用户）。从技术标准锁定的形成过程来看，技术标准锁定是技术标准拥有者、非技术标准拥有者和用户三方行为和博弈的结果，技术标准拥有者是技术标准锁定形成的主动方，而非技术标准拥有者和用户在客观上助推了技术标准锁定的形成；从技术标准锁定下的非效率问题来看，标准锁定下的非效率问题也涉及技术标准拥有者、非技术标准拥有者和用户这三方。可见，反技术标准锁定规制的客体既包括技术标准拥有者，又包括非技术标准拥有者以及使用标准产品的用户。

二、对技术标准锁定下外部性的规制

技术标准锁定既改变了技术创新中外部性的影响程度和影响方式，又限制了标准技术外部性的波及范围。技术标准锁定下外部性的影响程度和影响方式不仅因主体不同而不同，而且因客体不同而存在差异。对于技术标准持有者来说，技术标准锁定通过提高其私人收益降低乃至消除正向外部性对其技术创新活动的不利影响；对于非技术标准持有者来说，技术标准锁定下进入壁垒的提高导致其进行技术创新活动的私人成本增加，从而迫使其做出减少技术创新活动甚至不创新的活动，但由于非技术标准持有者的技术创新不同于具有负外部性的技术创新，这种提高私人成本导致非技术标准持有者降低技术创新活动的影响是有损于整个社会的福利的。技术标准锁定一方面通过提高私人收益而激励技术创新者积极进行技术创新并参与标准竞争成为技术标准持有者及拥有锁定地位的标准持有者；另一方面又通过增加私人成本而制约非技术标准持有者进行技术创新活动，两种作用合力下技术创新活动能否满足整个社会所要求的最优技术创新量是不确定的。同样道理，技术标准锁定下外部性的影响因不同的技术客体而存在差异，技术标准锁定下的直接网络外部性有利于与标准技术同质技术的研发，限制了与标准技术异质技术的发展；技术标准锁定下的间接网络外部性促进与标准技术具有互补关系的技术的研发，使得与标准技术具有替代关系的技术得不到研发。鉴于技术标准锁定下外部性的影响程度和影响方式因不同主体、不同客体而不同，通常意义上对外部性的产权规制、税收和补贴规制、环境规制等不完全适应于对技术标准锁定下外部性的规制，对技术标准锁定下外部性的规制应当针对不同主体和不同客体采取不对称规制。

对于技术标准持有者来说，规制的目标是要规避锁定收益过大以至于远远超过标准技术的外溢效应而产生的激励过度问题；对于非技术标准持有者来说，规制的目标是要降低乃至消除锁定壁垒下高私人成本导致的创新动力不足问题。巨大的锁定收益和专利授权许可费会使标准技术持有者致力于维持性创新，从而不利于整个社会技术变革和技术更替；而非技术标准持有者的创新动力缺乏会进一步加剧这种不利影响，两者合力会导致技术标准形成过程中的标准化过度问题，标准化过度即指市场上只存在少数几个甚至是单一技术标准，标准技术的寡占优势甚至独占优势会限制技术的发展路线，使得技术研发的路径过于狭窄，不仅不能满足用户对技术多样化的需要，而且容易带来市场势力的问题。在标准高度集中的市场上，政府可以通过引入竞争规制和激励性规制，来克服寡占或单一标准的市场势力对市场效率可能造成的负面影响（陶爱萍，2009）。引入竞争规制的一方面是政府可以诱导甚至必要时利用强制力迫使处于锁定地位的标准技术扩大开放度以及与其他技术的兼容度；另一方面对有实力或有潜力与技术标准持有者展开标准竞争的非技术标准持有者应采取税收优惠、补贴等激励性规制措施鼓励其加大对高新技术和异质技术的研发和培育。同理标准锁定下异质、替代技术研发的受抑制也需要政府介入进行扶植性规制（如参与补贴、直接采购等）和激励性规制。

对于技术标准锁定下外部性范围受到限制来说，规制的目标是促进技术标准社会效应的最大化，要通过适当的技术扩散规制促进标准技术的扩散。鉴于锁定下技术标准的扩散和波及范围受到限制主要是由于技术标准的不完全开放及核心专利技术的授权使用导致的，有效的技术扩散规制也必须从这两个方面入手。对于技术标准的不完全开放，标准管理机构和标准研制机构要依据标准技术所在行业的特征和标准技术本身的属性，选择最佳的技术标准开放度，最大化标准技术的社会价值；对于标准核心专利技术的授权使用，专利管理机构规制的关键点，一是保证专利技术的合法收益，二要根据技术标准的推广性在专利技术被纳入技术标准后要求其持有者适度披露专利信息，避免专利技术许可费过高而影响技术标准的扩散和社会效应的充分实现。

三、对技术标准锁定下信息不完全的规制

根据第四章的分析可知，在技术标准锁定情况下，技术创新中的绝对信息不完全性会有所降低，但相对信息不完全性仍会存在，甚至可能加剧，因而对技术标准锁定下信息不完全的规制主要是对相对信息不完全进行规制。对于技术标准锁定下的相对信息不完全性的规制可通过构建技术标准信息披露机制和技术标准审查机制。

技术标准信息披露机制的目的是为了打破技术标准锁定下的相对信息不对称。技术标准信息披露机制可分为事前信息披露机制和事后信息披露机制，事前信息披露机制是指专利权人在技术标准设立的过程中将自己的专利技术信息予以披露的机制，事后信息披露机制是指技术标准设立以后的存续期间专利权人定期将自己的专利技术信息予以披露的机制。多数学者认为信息披露机制主要适用于法定技术标准，由于在知识经济时代，"专利丛林"的广泛存在使得技术标准难以绕开专利技术，而专利技术进入技术标准之后会因众多专利权人主张专利权而产生技术标准运行风险。为了保持技术标准的公开性、通用性、稳定性和有效性，法律要求当某种专利拟纳入技术标准时，专利权人负有在标准设立过程中将自己的专利技术信息予以披露的义务，即专利权人应向标准的提案人或者标准的负责机构报告其对拟纳入标准的哪一项或几项技术拥有专利权，凡未履行该信息披露义务者，其专利技术进入技术标准并得以实施后，专利权人不得向技术标准使用者主张专利权（吕明瑜，2009）。法律的这一规定属于技术标准的事前信息披露，由于事实技术标准是

在没有任何官方或准官方标准设定机构批准的情况下成功地使产业界接受某种技术而形成的标准，因而技术标准的事前信息披露并不适用于事实技术标准。而事后信息披露机制既适用于法定技术标准锁定，也适用于事实技术标准锁定，应建立事后信息披露机制对处于"锁定"状态的技术标准进行定期跟踪，并规定其定期披露其内含技术专利的相关信息。如可以建立技术标准信息披露年报制度，定期向外界公布技术标准内含技术专利的信息，如包含了哪些专利技术，专利权人，专利号，涉及的领域以及功能简介，与技术标准的关系，等等。

技术标准审查机制的目的是为了确定技术标准中的必要专利，避免技术标准持有者利用私有信息以非必要专利甚至无效专利进行不合理的收费。技术标准包含了众多的专利技术，如何确定技术标准中的"必要专利"和"非必要专利"是技术标准审查机制的首要任务。美国将专利池的技术分为三种：阻却性专利（blocking patents），即两项专利中的任何一项的实施都涉及另一项专利；互补性专利（complementary patents），即两项专利相互搭配才能生效；竞争性专利（competetive patents），即两项专利是达到相同目的的不同途径。欧盟将专利池中的技术分为互补性技术和替代性技术，并在此基础上进一步区分了必要技术（essential technology）与非必要技术（non‐essential technology），如果在技术池之内外都没有可替代技术，且为了生产某种与技术池相关的产品或运用某种与技术池相关的方法，所讨论的技术又是"一揽子"技术必不可少的组成部分，那么这项技术就是"必要技术"。从性质上来看，必要技术属于互补性技术，但互补性技术不一定属于必要技术。如果能够在专利池之外为技术池之内的某项技术找到替代技术，那么该技术就属于补充技术，但不是必要技术，因此为"非必要技术"（李腾，2010）。一般来说，构成"必要专利"需具备四个条件：第一，有效性，必要专利首先必须是有效专利，无效专利的许可使用构成滥用专利权的商业欺诈行为，更不能让它以专利技术进入技术标准。第二，不可替代性，即该专利技术必须与要生产的产品或要使用的方法有直接的联系，被许可人实现标准、开发产品的相应技术要求时必然用到该专利，而不能用其他技术或专利替代（Sheila F Anthong，2000）。第三，时间性，即当出现新的技术或专利能够替代时，相应核心专利的资格应该取消,这就是所谓的核心专利流入流出机制。第四,互补性,即核心专利组成专利池,专利之间还必须满足互补性,否则这种专利池的联合授权就会形成垄断。专利包括两类互补关系:一类是专利保护范围重叠,但存在控制和从属关系,实施从属专利必然侵犯控制专利,则认为专利间存在互补关系,可共同进入专利池;另一类是专利范围不重叠,但都是实现标准所必需的,同时也具有互补关系,可进入专利池(吕明瑜,2009)。应成立专门的技术小组或组织独立第三方专家定期对处于"锁定"地位的技术标准内含的所有技术专利进行审查,确定哪些是"必要专利",确定一个"必要专利"集合体,并建立必要专利流入和流出机制,对于不再符合"必要专利"条件的专利从"必要专利"集合体中删除。规定技术标准持有者或者专利权人不得以非必要专利或无效专利向技术标准购买方收取不合理的费用,制定技术标准持有者以非必要专利或无效专利进行不合理收费的具体处罚措施。

四、对技术标准锁定下非效率问题的规制机制

为了保证反技术标准锁定规制目标的实现,需要设计合理的规制机制。从上文对反技术标准锁定规制与反技术垄断规制的比较可知,与对技术垄断规制的激励技术创新、促进有效竞争和维护公众利益的价值目标不尽相同,对技术标准锁定规制的价值取向是促使新旧技术标准顺利更替,促进技术有序演进和技术路径跃升式变迁。围绕着这一价值取向,针对技术标准锁定下用户选择黏滞、技术演化失灵、技术竞争弱化、技术创新惰性等非效率问题,下文分别设计了代际标准补偿机制、技术演进牵引机制、技术竞争激励机制、创新惰性突破机制等相应的规制机制。

(一) 代际标准补偿机制

代际标准补偿机制是针对技术标准锁定下用户选择黏滞问题而设置的规制机制,代际标准补偿机制的核心是通过补偿,缩小用户在新老技术标准上获得的收益差,降低乃至消除现有技术标准的锁定地位对老用户转换技术标

准和新用户选择技术标准的负面影响。针对老用户的选择黏性问题，代际标准补偿机制的关键是克服其转换惰性，规制设计可以从以下三个方面入手：一是通过实体平台、网络平台、电视媒体平台等演示平台为新技术标准提供各种形式的演示和展示，提高用户对新技术标准的认知度和熟悉度，减轻或解除老用户因学习效应而产生的对老技术标准的惯性依赖；二是引导新技术标准的研制者在研发新技术标准时尽可能采用与老技术标准兼容的技术，或是激励老技术标准的提供者采取与新技术兼容的策略，以降低新老技术标准转换可能导致的沉没成本；三是对新旧技术标准产品实行差别税率，即对老技术标准产品实行较高税率，对新技术标准产品实行较低税率，以降低因老技术标准的网络效应而导致新技术标准产品所处的收益劣势。针对新用户的选择滞后问题，代际标准补偿机制的关键是克服"羊群效应"和"企鹅效应"，对"羊群效应"和"企鹅效应"的克服需要设计适当的信息补偿机制和利益补偿机制，如政府对新技术标准的率先购买行为不仅可以为新技术标准积累用户规模，使后续选择新技术标准的用户得到一定的网络效应，而且其所传递出信息有助于用户形成对新技术标准未来用户规模和网络效应的积极预期；对新技术标准性能、功能的展示和演示也是一种有效的信息补偿措施，对于用户对新技术标准的消极预期具有一定程度的消解作用，等等。

（二）技术演进牵引机制

技术演进牵引机制旨在对技术演化的过程进行牵拉和引导，促进技术有序演进，使技术标准内含技术的技术水平与社会技术进步同步演进。根据Nelson 和 Winter（1977）、Dosi（1982，1988）等学者对技术演进动力的研究，市场需求、技术机会、经济行为者的相异性和非对称性等是技术演进的动力（Richard R Nelson & Siduey G Winter，1977；Giovanni Dosi，1988），而技术标准锁定下市场需求向现有技术标准的"一边倒"、技术创新路径被束缚、标准拥有者和非标准拥有者的趋同创新行为使得技术演进的动力不足，导致技术演化沿着图 5 - 2 中 R_2 的技术路径进行，因此，有效的技术演进牵引机制必须有利于激活技术演进的动力。就市场需求来说，如果技术标准锁定下被压抑的用户多样化偏好得到释放，市场需求对技术演进的拉动功能会发挥作用。为了激发多样化的用户需求，新技术的研制者可以通过制造与现有标准的技术差来吸引具有异质性偏好的用户，先通过微弱的技术差来吸引猎奇用户采用新技术，继而逐步扩大技术差以逐次吸引偏好处于不同异质度的用户，从而使技术演化路径逐渐偏离图 5 - 2 中 R_2 而移向 R_1。就技术机会来说，在核心技术演化路径因技术标准锁定难以撼动的情况下，互补组件或潜在互补组件可以为非标准在位者提供技术机会，政府、行业协会等规制主体应引导非标准在位者或培育专门创新主体首先在关键互补组件上进行创新突破，进而把这种创新牵引、渗透到标准核心技术，使得标准锁定下的技术演化路径因互补组件创新对核心技术的沁润而慢慢松化，从而核心技术被新技术替代的概率提高，技术演化路径复归图 5 - 2 中 R_1 的可能性增大。就经济行为者的相异性和非对称性来说，虽然标准拥有者和非标准拥有者有趋同创新的行为，但两者的性质不同，标准拥有者是为了维持既得利益而对现有标准进行渐进式完善创新；非标准拥有者是因为规避风险和不确定性而进行的互补式完善创新，因此，政府、行业协会等规制主体应采取差异性的规制机制来激励两者采取相异性的创新活动，尤其要通过制度保障、政府购买、财政补贴、税收优惠、融资支持等措施激励非标准拥有者进行革命式的创新，缓解标准拥有者和非标准拥有者的趋同创新行为对技术演化方向的不利影响，进而发挥异质技术创新对技术演进的积极推动作用。

（三）技术竞争激励机制

技术竞争激励机制是针对技术标准锁定下技术竞争弱化而设置的规制机制。技术竞争激励机制旨在对技术标准锁定下的技术垄断问题进行规制，并采取各种激励性规制措施对技术创新进行激励，确保技术创新主体具有技术创新尤其是突破式变轨创新的动力，从而促进技术的有效竞争。针对技术垄断问题，技术竞争激励机制设计的依据仍然是《知识产权法》《反垄断法》等相关的法律法规，但由于技术标准锁定下的技术垄断无论在强度、长度还是广度上都要高于普通的技术垄断，针对技术标准锁定下出现的技术垄断新问题，如标准内多项专利技术的捆绑许可问题、利用标准锁定地位收取过高的专利许可费问题、标准内多个专利权持有人串谋限制标准外竞争者的行为、在专利期满以后仍借助技术标准锁定地位继续进行专利授权许可的行为、凭借技术标准锁定的长期性和稳定性在专利许可中添加不合理条款，如此种种。这些新问题扩大了技术垄断对社会福利的负面影响，从而要求《知识产权法》《反垄断法》等与技术垄断相关的法律法规进行相应地修正和完善，如为技术标准锁定下技术垄断行为设置新的界定标准，对技术标准锁定下技术垄断可能造成的损害通过新的标准进行认定，进而设置相应的规制措施。针对技术标准锁定下变轨创新动力不足的问题，技术竞争激励机制的关键是激励各创新主体进行突破式变轨创新，由于导致技术标准拥有者和非技术标准拥有者变轨创新动力不足的原因不同，因此必须对两者设计出不同的竞争激励机制。对于技术标准拥有者来说，最佳的激励机制是通过引入新的技术标准从而引入竞争打破其锁定地位，降低其锁定利益；但在锁定壁垒很高的情况下，引入新技术标准的难度较大，可行的规制机制是通过开拓市场扩大市场规模来相对地缩小处于锁定地位的技术标准的市场份额，从而其从标准锁定中所获得的利益减少，迫使其产生不进行大幅度突破性创新就可能被替代的危机感，这种危机感越强烈，标准拥有者进行变轨创新的动力越大。对于非标准拥有者来说，可以通过资金支持、人才保障、风险分担、服务平台建设等多方面的激励措施来降低其技术创新成果标准化的风险；通过税收优惠、差别税率等措施引导非技术标准拥有者研制比现有标准技术更具有优势的新技术，且使新技术的异质性优势超越现有标准的网络效应，进而激励非标准拥有者做新技术标准的主导者而不是现有标准的追随者。

（四）创新惰性突破机制

创新惰性突破机制是针对技术标准锁定下的积极创新惰性和消极创新惰性而设置的规制机制，由于惰性主要是由于内部因素导致的，所以从严格意义上来说，创新惰性突破机制绝大多数是创新主体的自我突破、自我规制。积极创新惰性突破的关键是要克服标准锁定下的创新主体对过去成功技术的依赖和思维定式，培育危机意识、提高外部环境响应能力和破坏性创新是克服积极创新惰性进而破解标准锁定的药方。前微软总裁 Bill Gatez 总是告诫他的员工：我们的公司离破产永远只差 18 个月；在三星电子业绩最好的 2004

年尹钟龙也频繁向高管灌输"三星到了危险时刻"的危机意识，危机意识铸就了微软、三星等的不败神话。培育危机意识是锁定下技术标准持有者克服安于现状、反击积极创新惰性的一个重要工具。危机意识可以让处于锁定地位的技术标准持有者时刻感受到技术创新的压力，对外部环境的响应能力则可以使技术标准持有者捕捉到合适的技术创新时机，无视外部环境的变化，在外部环境变化时不能适时求变、反应迟钝只会使锁定下标准技术的持有者在既有的技术路径上越陷越深，最终坠入积极惰性的深渊（金错刀，2010）。提高对外部环境变化的响应能力是处于锁定地位的标准技术持有者克服因循守旧、固步难前、保持对技术需求变化敏感度的必备前提。积极创新惰性不是不创新，而是在原有技术架构下进行的修补式或维持性创新，破坏性创新可以在瓦解原有技术架构的同时，构建新的技术架构，具有解构和构建双重功能的破坏性创新可以从根本上突破创新惰性。消极创新惰性突破的关键是克服标准锁定下创新主体的畏难情绪和懈怠行为，创新能力培养和利益诱导是克服消极创新惰性的两种有力举措。畏难情绪从根源上来说还是因为创新主体的创新能力不足，在技术标准锁定情况下，要使非技术标准持有者摆脱畏难情绪，就必须着力培养其创新意识和创新精神，锻炼其创新思维，挖掘其创新潜能，强烈的创新意识、敏捷的创新思维、顽强的创新精神、巨大的创新潜能将激发非技术标准持有者的创新热情，克服其创新懈怠行为。利益诱导机制发挥作用的前提是采取创新行为之后的收益要明显高于接受现有标准技术的收益，可行的办法是通过研发资金支持、税收优惠、财政补贴等形式分担创新主体的创新成本，或是通过政府购买、专利权保护等方式加速技术创新成果市场化和保障技术创新的收益回报。

第六章　我国应对发达国家技术标准锁定的策略

当今世界，发达国家的技术领先地位使得它们在多数行业拥有标准的制定权，在发达国家技术标准锁定的背景下，发展中国家技术创新面临低端锁定和"后发劣势"的困境。一方面，技术标准锁定对技术创新路径的限制和技术标准锁定下技术创新难度的增大，使得发展中国家滋生畏惧创新、依赖发达国家技术标准的思想；另一方面，发展中国家又希望通过自主研发和技术创新突破发达国家的标准锁定，有反技术标准锁定的一面。本章将以典型的发展中大国——中国为例，探讨发展中国家应对发达国家技术标准锁定的策略。

第一节　我国技术创新现状和技术标准落后的原因

一、我国技术创新的现状

考虑到投入产出两个方面，技术创新可以由三个指标来反映：其一从研发投入的人力和财力来衡量科技投入能力；其二用拥有的专利件数和创造的新技术来衡量技术成果；其三用科技论文和出版物的数量和质量来衡量科学成果。下面主要从这三个方面来分析我国技术创新的现状。

（一）研发投入的人力和财力

研发人员是指从事新知识、新产品、新工艺、新方法、新系统的构想或创造的专业人员及研发课题的科研和管理人员。"十一五"以来，我国研发人员总量增长加速，规模上升至全球首位。

研发包括基础研究、应用研究、试验发展三类活动，按国际可比的全时当量计，"十一五"期间（2005～2010年）我国研发人员总量增加118.9万人年，增长87.1%，年均增长率为13.4%，高于"十五"期间（2000～2005年）8.2%的年均增长率（见图6-1）。2012年我国研发人员队伍中，试验发展活动人员达到265.09万人年，占总量的81.1%，年均增长14.3%；基础研究人员21.22万人/年，占总量的6.5%，年均增长9.8%；应用研究人员38.38万人/年，占11.8%，年均增长率为8.7%。2000年以来，我国试验发展活动人员一直呈现数量和比重双增长态势，所占比重从67.5%增长到81.1%；科学研究人员总量（基础研究人员和应用研究人员之和）虽然比重在下降，但人员总量在增长，人员总量年均增长率5.6%。2013年我国研发人员总量达到368.1万人/年，比2012年（324.7万人/年）增加43.4万人/年，增长13.4%，增长速度明显提高。

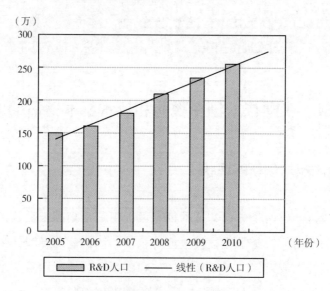

图6-1 我国研发人员总量（2005～2010年）

2011年全球研发人员总量（根据全球41个主要国家和地区的统计，这41个国家和地区的科技资源总量占全球总量的98%以上）约为1138万人/年，比

2010年增长3.7%。2000年以来,全球研发人员总量总体在稳步增长,但2008年金融危机后,增长率有所下降,从2007年的5.2%降到2010年的3.5%,2011年有所回升。2007~2011年全球研发人员总量年均增长率为3.7%,我国研发人员同期年均增长率则高达13.5%,是研发人员增长率最高的国家。2011年我国研发人员总量占世界总量的25.3%,稳居世界第一位;美国研发人员总量估计约占世界总量的17%,居第二位。日本、俄罗斯、印度、德国、法国、英国、韩国和巴西分别位居第三到第十位(见图6-2)。

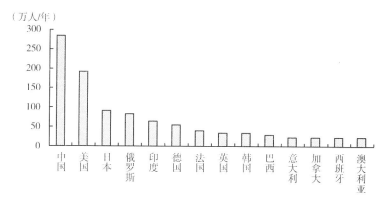

图6-2　2011年世界各主要国家研发人员

2012年我国科学研究与开发机构数为3674个,虽然相比于2011年只增加了一个,但是改变了2008~2011年我国科学研究与开发机构数持续递减的局面,其中中央属科学研究与开发机构占19.3%左右,地方属科学研究与开发机构占80.7%。科研和开发机构研究与实验发展人员达到38.8万人,比2011年增长7.2%,折合全时人员为34.4万人,基础研究人数为5.70万人,占16.6%,应用研究人数为12.13万人,占35.2%,其余是试验发展人员,为16.55万人,占48.2%。2012年我国高等学校研究与试验发展机构数9225个,比2011年增加595个,高等学校研究与试验发展人员67.8万人,比2011年增长6.4%,折合全时人员31.40万人,其中基础研究机构14.0万人,应用研究机构15.4万人,试验发展机构1.9万人,基础研究和应用研究人数占主要部分。2012年我国规模以上工业企业有研究与试验发展活动企业数47204个,比2011年增长了9737个。规模以上工业企业单位数34.5万个,规模以上企业有研究与试验发展活动企业所占比重 13.7%，研究与试验发展人员全时含量 224.6 万人，与 2011 年相比增加 15.8%[①]。

伴随着我国研发人力资源绝对数量的逐年增加，研发人员按活动类型分布的特征也逐年发生变化，从事科学研究人员的比例在下降，而试验发展人员的比例则以较快的速度增加，比重比较大，可以说我国研发活动逐渐走出只求"学术价值"的象牙塔，更多地走向服务经济发展的主战场。从执行部门看，企业、科研机构、高等院校中，企业占据较大比例，已超过全国半数。企业在激烈竞争中，为了增强竞争力，也不断增加科技人员的投入，说明企业已经逐步成为我国研发活动和科技活动的主体（杨宏进、邹珊刚，2005）。

我国 2012 年全社会研发经费投入总量突破万亿元，达到 10298.4 亿元，比 2011 年增加 1611.4 亿元，增长 18.5%；研发经费投入强度为 1.98%，虽比 2011 年的 1.84% 提高 0.14 个百分点，但与经济合作与发展组织的主要国家相比，仍存在一定的差距（见表 6-1）。根据研究与试验发展人员（全时工作量）总数计算的人均经费支出为 31.7 万元，比 2011 年增加 1.6 万元。按照汇率计算，我国研发经费投入总量目前高居世界第三位，研发经费投入强度在新兴发展中国家中居领先地位，与发达国家的差距正在逐步缩小，由此可见，我国科技投入大国地位进一步巩固。

表 6-1　　　　2008~2012 年 OECD 主要国家研发经费占 GDP 百分比　　　　单位:%

国家	2008 年	2009 年	2010 年	2011 年	2012 年
澳大利亚	2.67	2.71	2.79	2.75	2.17
加拿大	1.92	1.94	1.85	1.74	1.69
丹麦	2.85	3.16	3.07	3.09	2.98
法国	2.12	2.27	2.24	2.25	2.29
德国	2.69	2.82	2.80	2.84	2.98
美国	2.86	2.91	2.83	2.77	2.79
日本	3.46	3.47	3.36	3.26	3.35
OECD 合计	2.36	2.41	2.38	2.36	2.40

资料来源:《2013 年中国科技统计年鉴》。

---

① 国家统计局 2012 年度数据。

2013 年，国家财政支出中科学技术支出为 6184.9 亿元，比 2012 年增加 584.8 亿元，增长 10.4%；在当年国家财政支出所占比重为 4.41%。其中，中央财政支出中科技支出为 2728.5 亿元，增长 4.4%，在科技支出所占比重为 44.1%；地方财政科技支出为 3456.4 亿元，增长 15.7%，占比为 55.9%（见表 6 - 2）。

表 6 - 2　　　　　　　　2013 年我国财政科学技术支出情况

项　　目	财政科技支出（亿元）	比上年增长（%）	占财政科技支出的比重（%）
合　计	6184.9	10.4	——
其中：科学技术	5084.3	14.2	82.2
其他功能支出中用于科学技术的支出	1100.6	-4.1	17.8
其中：中央	2728.5	4.4	44.1
地方	3456.4	15.7	55.9

资料来源：2013 年全国科技经费投入统计公报。

（二）拥有的专利件数和创造的新技术成果

2012 年我国专利申请受理量和授权量继续保持增长态势，共受理 3 种专利申请 191.2 万件，同比增长 27.1%，其中发明专利申请 53.5 万件，同比增长 28.9%；国内实用新型专利申请 73.4 万件，同比增长 26.3%；外观设计专利申请 64.2 万件，同比增长 26.6%。在 2012 年受理的全部发明专利申请中，国内申请 53.5 万件，同比增长 28.9%，占发明专利申请总量的 81.9%；国外申请 11.7 万件，占发明专利申请总量的 18.1%。国内发明专利申请中，职务发明专利申请量 42.8 万件，占 80.0%；非职务发明专利申请量 10.7 万件，占 20.0%。2012 年我国共授权 3 种专利 116.3 万件，同比增长 37.7%，其中发明专利授权 14.4 万件，与 2011 年同期相比增长 22.2%；实用新型专利申请授权 56.7 万件，同比增长 40%；外观设计专利授权 45.3 万件，同比增长 23.7%。在 2012 年授权的全部发明专利中，国内授权 14.4 万件，占总量的 66.3%；国外发明专利授权量 7.3 万件，占总量的 33.7%。国内发明专利授权中，职务发明专利授权 12.6 万件，占 87.5%；非职务发明授权 1.78 万件，占 12.5%①。

2012 年我国专利授权量占专利受理量的比重为 60.8%，与主要发达国家的对比如表 6-3 所示。从表 6-3 可以看出，2012 年专利授权量占受理量的比重最高的国家是日本，高达 71.4%；其次是法国和韩国，分别为 64.7% 和 64.5%；2012 年我国的专利授权量占受理量的比重略高于美国和德国，后两国专利授权量占受理量的比重分别为 60.3% 和 59.6%。

表 6-3   2012 年我国和主要发展国家的专利指标

国家	专利申请受理		专利申请授权		授权量占受理量比率（%）
	受理数（万件）	增长率（%）	受权数（万件）	增长率（%）	
日本	4.96	9.8	3.54	15.60	71.4
韩国	1.07	9.4	0.69	4.70	64.5
德国	1.46	11.1	0.87	22.6	59.6
法国	0.51	12.1	0.33	32.3	64.7
中国	191.20	27.1	116.30	37.7	60.8
美国	3.35	4.7	2.02	27.4	60.3

资料来源：《2013 年中国科技统计年鉴》。

2012 年我国重大科技成果 51723 项，比 2011 年增长 17.0%，主要分为基础理论成果、应用技术成果和软科学成果三个构成部分，2012 年基础理论成果为 5995 项，相比于 2005 年增长 181.6%；应用技术为 43234 项，相比于 2005 年增长 51.4%；软科学成果数为 2494 项，相比于 2005 年增长 49.3%。其中 2012 年应用技术成果占 83.6%，处于绝对优势地位，基础理论成果增长最快。按完成单位类型划分，可以分为研究机构、高等院校、企业、其他四个部分，2012 年研究机构成果数为 8244 项，相比于 2005 年增长 34.3%；高等院校成果为 9837 项，相比于 2005 年增长 31.7%；企业发明重大成果为 20904 项，相比于 2005 年增长 81.4%，其他成果数为 12738 项，比 2005 年增长 76.3%，可以看出企业发明科技成果处于领先地位，占总数的 40.4%，增长速度同样较快。应用技术按行业可以分为农林牧渔业、采掘业、制造业、卫生体育和社会福利业等，其中制造业、卫生体育和社会福利业、农林牧渔

---

① 国家统计局 2012 年度数据。

业科技成果数处于前列，相比于 2005 年分别增长 91.6% 、68.0% 、43.5%，制造业增速最快，2012 年占应用技术成果总数的 22.4%，处于占优地位（见表 6 - 4）。

表 6 - 4　　　　　　　　2005 ~ 2012 年我国重大科技成果　　　　　　　　单位：项

项　目		2005 年	2006 年	2007 年	2008 年	2009 年	2010 年	2011 年	2012 年
合　计		32359	33644	34170	35971	38688	42108	44208	51723
基础理论		2129	2107	2509	3227	2997	3288	3083	5995
应用技术		28559	30103	29956	30847	33905	37029	39218	43234
软科学		1671	1434	1705	1897	1786	1791	1907	2494
按完成单位类型分	研究机构	6140	6495	6263	6047	6826	7141	6998	8244
	高等院校	7469	7064	7592	7700	8498	8536	8288	9837
	企　业	11525	11918	12220	13301	14345	16704	18064	20904
	其　他	7225	8167	8095	8923	9019	9727	10858	12738
应用技术成果按行业分	农林牧渔业	5123	5216	5148	5006	5169	5868	6170	7354
	采掘业	1004	1022	1243	1845	1225	1568	1594	1728
	制造业	5054	6164	5338	5836	6824	7526	8107	9683
	电力、煤气及水的生产和供应业	1274	1297	1414	1397	1522	2647	2635	2629
	建筑业	1334	1358	1201	1296	1251	1376	1583	1760
	地质勘查业水利管理业	655	667	1010	1027	987	1077	1192	1467
	交通运输仓储及邮电通信业	1641	1671	1477	1499	1548	1704	1645	2151
	批发和零售和餐饮业	109	111	105	93	48	146	115	139
	金融业	175	178	105	62	96	82	98	210
	房地产业	72	73	57	43	30	52	36	65
	社会服务业	407	414	162	167	296	187	187	275
	卫生体育和社会福利业	5834	5940	6821	6894	7155	7622	8369	9802
	教育文化艺术和广播电影电视业	253	263	318	241	304	342	309	498
	科学研究和技术服务业	4234	4311	4284	4022	3968	4571	4783	2660
	公共管理和社会组织	649	661	207	327	375	423	561	618
	其　他	741	757	1066	1092	3107	1838	1834	2192

资料来源：《2013 年中国科技统计年鉴》。

（三）科技论文和出版物的数量和质量

据 SCI 数据库统计，2012 年世界科技论文总量为 159.67 万篇，比 2011 年增长 5.3%。其中，SCI 收录的中国科技论文 19.01 万篇，排在世界第 2 位，占世界科技论文总数的 12.08%，比 2011 年提升了 1 个百分点。中国人作为第一作者共计发表 16.47 万篇论文，比 2011 年增加了 14.6%，占世界科技论文总数的 10.3%，国际排名仍居世界第 2 位（见表 6 – 5 和表 6 – 6）。SCI 论文数最多的国家是美国，排在世界前 5 位的还有德国、英国和日本。

表 6 – 5　　　　2008～2011 年国外检索工具收录的我国科技人员
在国内外期刊发表的论文数

项　　目		2008 年	2009 年	2010 年	2011 年
《科学引文索引》收录合计		95506	108806	121026	136445
国内发表	数量（篇）	20804	22229	25934	22988
	比重（%）	21.8	20.4	21.4	16.8
国外发表	数量（篇）	74702	86577	95092	113457
	比重（%）	78.2	79.6	78.6	83.2
《工程索引》收录合计		85381	98115	119374	116343
国内发表	数量（篇）	45686	46415	56578	54602
	比重（%）	53.5	47.3	47.4	46.9
国外发表	数量（篇）	39695	51700	62796	61741
	比重（%）	46.5	52.7	52.6	53.1

表 6 – 6　　2008～2011 年国外主要检索工具收录我国论文在世界上的位次

项　　目	2008 年	2009 年	2010 年	2011 年
《科学引文索引》	2	2	2	2
《科技会议录索引》	2	2	2	2
《工程索引》	1	1	1	1

资料来源：《2012 年中国科技统计年鉴》。

2012 年国家安排了 391 项科技支撑计划课题，229 项"863 计划"课题。科技部批准组建了国家眼视光工程技术研究中心等 35 个工程中心，其中依托大学和研究院所组建的中心为 16 家，依托企业组建的中心为 19 家。累计建成国家工程中心 327 个，包含分中心在内为 340 个。截至 2012 年年底，正在运行的试点国家实验室 6 个，院校国家重点实验室 260 个；企业国家重点实验室 99 个；军民共建国家重点实验室 14 个；省部共建国家重点实验室培育基地 105 个；港澳地区伙伴国家重点实验室 14 个。其中，国家重点实验室和试点国家实验室共主持和承担各类在研项目、课题 3.2 万余项，获得经费 149.2 亿元，在国内外学术期刊上发表学术论文 5.1 万余篇，其中被 SCI 检索收录论文 3.5 万篇，占 68.6%；被 EI 检索收录论文 7600 余篇，占 14.9%；在 *Science* 上发表论文 27 篇，在 *Nature* 及系列期刊上发表论文 146 篇。

二、我国技术标准落后的原因

综上所述，不难发现虽然近年来我国技术创新能力有了较大幅度的提升，个别领域已经达到和接近世界领先的技术创新水平，但与发达国家相比，我国技术创新能力和总体科技水平还比较落后，在技术标准制定和国际技术标准竞争中仍处于弱势地位，既要应对旧技术标准的锁定，又要迎接来自新技术标准的竞争和挑战。根据国家标准查询数据库的统计数据，无论是从拥有的标准总量还是从标准占比来看，发达大国都占有绝对优势，发达国家凭借其在技术标准制定和技术标准研制方面的优势，强化其在技术上和经济上的国际垄断地位。世界经济论坛最新发布的《2014～2015 年全球竞争力报告》显示，中国大陆竞争力排名位列第 28 位，比 2013 年上升一位，报告还指出中国竞争力的提高得益于良好的创业和创新环境。尽管如此，我国在国际技术标准制定中的话语权和国际标准竞争中的胜出率还远远落后于发达国家，主要原因可以概括为以下几个方面。

（一）技术变革和技术创新能力不足

目前，我国已经成为仅次于美国的世界上第二大经济体，经济增长速度位居世界前列；但科技进步却明显落后于经济增长，我国技术创新在很多领域刚处于起步阶段，攻克高端复杂技术的能力尤显不足，技术变革能力薄弱，具体表现为：一是科研投入能力不足，2013 年在创新驱动战略的推动下，我国全社会研发支出占国内生产总值的比重虽然超过了 2%，但与美日等发达国家相比，仍存在一定的差距；与世界 500 强企业 5% 以上的研发投入强度相比，我国大企业创新投入明显不足；二是研发主体错位，我国技术研发主体和高层次的研发人员主要集中在高校和科研院所，2011 年我国大中型工业企业中设立研发机构的只占 19.8%，只有 13.4% 的博士毕业研发人员在企业，3/4 左右的企业甚至没有一个专职研发人员；三是科技成果的市场转化率和产业化率低，科技进步对经济增长的贡献率不高，2011 年我国科技成果的市场转化率大约为 25%，形成产业的只有 5% 左右，远远低于发达国家 70% ~ 80% 的水平；科技进步对经济增长的贡献率虽然从 1998 ~ 2003 年的 39.8% 上升至 2007 ~ 2012 年的 52.2%，但与发达国家相比仍有较大差距，发达国家科技进步对经济增长的贡献率多在 70% 以上，对外技术的依存度多保持在 30% 以下；四是我国重视引进技术、轻视消化和吸收，2012 年两者投入比例为 2.5：1，不少企业通过一次又一次的技术引进，既没有完成技术更新，也没有培育出自己的技术创新力量，最终掉进了技术依赖的陷阱（张莎莎、张建华，2011）。五是处于外资大企业外围的我国加工制造企业和零配件供应企业缺乏独立的自主创新能力，在以外资大企业为核心的创新组织结构中，处于顶端的核心企业主要从事核心技术的开发和产品的销售，处于底端的加工制造企业和零配件供应企业只能通过对核心企业的跟随与模仿实现了产品创新和技术变革，从而使得我国在不少产业核心技术上受制于发达国家（王雷，2004）。

（二）企业技术标准化意识不强

2002 年我国科技部实施"专利、人才、标准"三大战略，并在 12 个重大科技专项中，专门设立了"重要技术标准研究专题"，此举充分表明了中国政府对技术标准化的高度重视及其在建立和推行技术标准方面的决心和力度。相比于政府，企业的技术标准化意识比较淡薄：一是对技术标准化的主体意识不够，由于"政府包办"的思维惯性和行为方式长期存在，相当多的企业认为技术标准的研发和制定是国家的事，与自身关系不大，未意识到技术标准的作用，一心谋发展，追求利润最大化；有的企业即使参与，也多为被动执行，主动性和实际投入有限；二是对技术标准化在国际贸易和经济发展中的作用认识不够，许多企业在进行国际贸易时对国外技术标准和国际技术了解不足，防范意识不强，不能及时应对；中小企业技术基础薄弱，组织生产过程中标准意识淡薄，标准体系亦不健全；三是对企业参与技术标准制定和研制的重要性认识不够，由于我国企业对技术标准化工作的忽视及对参与标准认识程度的模糊，导致标准制定与技术研发脱节、标准与生产脱节，造成我国技术标准化与经济社会发展需求存在较大的差距，在国际竞争中更难以实现在某一技术领域抢占国际技术标准的制高点。在高新技术领域，一个技术标准往往决定一个行业或者产业的技术路线，技术标准的竞争已成为产业竞争的关键。如果企业缺乏对技术标准的研究或者研发的水平不高，就只能追随、模仿和采用竞争对手的技术标准，从而受制于人（梁燕君，2005）。

（三）技术标准管理落后

我国技术标准落后的重要原因不仅在于我国技术创新能力落后，还在于我国的技术标准管理体制落后和技术标准市场竞争战略落后。同时，我国的企业技术创新活动与技术标准管理脱节、技术标准管理机构与企业脱节并且缺乏有效的技术标准市场竞争战略（杨武、高俊光、傅家骥，2006）。

我国技术标准工作的运行基本上还是以 1988 年发布的《中华人民共和国标准化法》为准。从国家层面来看，技术标准的管理体制、运行机制尚存在诸多与市场经济发展及经济全球化下开放经济环境不适应的方面。首先，技术标准的管理体制，除企业标准外，其他涉及行政管理的比如国际标准、国家标准、地方标准等多由各级行政主管部门管理；企业标准虽然是企业制定，但仍要取得"合法身份"，即向有关管理部门进行备案。其次，技术标准的运行机制，专业标准化技术委员会多由行业主管部门管理，技术标准的申报、立项、审批以及标准的国际化都需要经过行业主管部门，技术标准的研制、修订常常滞后于社会经济发展需要，造成技术标准制定与科技研发、技术标准修订与市场需求严重脱节。科技主管部门与标准化主管部门之间未产生有效联系，政府支持的现有创新体系和技术标准研制体系没有形成良性发展的协调机制，有关政府部门对研究开发在技术标准制定中的支撑作用认识不足，不能有效地把与技术标准密切相关的研究开发工作纳入到技术标准的整体工作中统筹安排，难以把技术标准工作融入相关科技开发工作中，不能充分利用科技开发成果缩短技术标准制订的时间、提高技术研究开发成果转化为技术标准的速度。从企业层面来看，由于行业主管部门制定和颁布了绝大多数技术标准，企业缺乏技术标准管理的意识，企业内部普遍缺乏对标准工作的组织管理，鲜有企业把标准工作视为企业经营发展的一个重要环节并对其进行管理，往往因为企业的项目、产品和经营事务的变更，从事标准工作的具体人员会产生流动，导致标准化工作的临时性和缺乏连续性（赵婷、胡迟，2006）。

（四）技术标准竞争战略不尽合理

关于技术标准竞争战略，不同学者基于不同视角进行不同的分类，Qualcomm（2001）提出在标准形成初期有参与标准制定战略、技术输出战略和联盟战略，在技术标准形成以后有市场扩张战略、跟随战略、标准引进战略和研发替代战略；闫涛（2009）根据参与标准竞争的不同阶段，将企业的标准战略划分为标准开发战略、标准运营战略和标准市场战略三种类型。标准开发战略对应的是标准竞争的标准引入阶段，在这一阶段，我国选择自主开发技术标准的企业还偏少，不少企业因为缺乏核心技术的知识产权，只能选择追随发达国家的先发技术标准，或是采取适当的兼容策略争取实现与发达国家先发技术标准的兼容，追随或兼容策略使得我国企业在标准竞争中处于弱势地位，难以在技术上取得领先优势。标准运营战略对应的是标准竞争的标准运营阶段，在这一阶段，企业选择的主要标准战略为封闭标准策略或开放标准策略，封闭战略是指单个企业或者企业群为防止其他企业的追赶，严格控制其标准中的知识产权，仅将本企业或者企业群的标准建立成业界事实标准的竞争战略。但由于我国很少有在世界范围内某一业界占有绝对技术优势和雄厚研发实力的企业或企业群，因此，难以成功推行封闭策略；开放战略是指为了产生尽可能大的网络效用而开放标准知识产权并采取与其他企业联合的方式促进事实标准的建立的竞争战略。但我国企业之间缺乏有效的标准推广联盟和合作机制。例如，我国家电和影碟机企业在 DVD 专利纠纷后决定开发自主知识产权的高清晰光盘标准，并先后成立了以阜国公司牵头的 EVD 联盟、由国美全力打造的 HDV（高清数字电影播放机）联盟以及由创维、长虹和 TCL 等 19 家彩电企业组成的 HVD（高清晰度视频光盘）产业联盟等，初衷是通过建立具有自主知识产权的标准来反击国外企业的专利封锁。然而，由于这些产业联盟并没有致力于一个共同的技术标准的建立，而是形成了各自不同的技术标准，这反而加剧国内影碟机市场的割裂和混乱，给消费者的选择增加了难度（赵婷，胡迟，2006）。标准市场战略对应于标准竞争的市场竞争战略，标准市场战略要以顾客为导向，通过免费定价、歧视定价等价格策略，通过提供互补组件、提高网络效应等非价格策略来最大化顾客的价值，然而我国政府和企业在推动技术标准市场化时往往对市场力量重视不够，不能有效协调主要市场力量的利益，导致技术标准很难在市场上得到广泛认可进而广泛应用。

第二节　发达国家技术标准锁定下我国技术创新的困境

在发达国家占据国际技术标准领先优势和技术标准锁定地位的情况下，发展中国家企业技术创新面临路径限制和难以技术标准化的巨大困境，首先，锁定效应作用下既有技术标准的难以替代性和技术创新成功概率的降低诱使发展中国家产生畏惧创新、懒惰不作为的消极创新惰性，导致发展中国家技术创新动力的不足；其次，对标准跨境网络效应的追求使得发达国家致力于标准的跨境扩张，标准的跨境扩张一方面抢占了发展中国家有待开拓的技术领域，另一方面提高了发展中国家技术标准化的壁垒；再次，当发达国家技术标准处于锁定状态时，发达国家会通过各种锁定策略阻止或限制标准核心技术的外溢，使得发展中国家很难充分地获得标准技术的外部经济性，从而实现"后发优势"的可能性大大降低；最后，发展中国家对发达国家技术标准的追随、兼容等策略性行为容易使发展中国家在技术上陷入过度依赖发达国家的陷阱，制约发展中国家技术赶超和跨越式发展战略的推行。本节从以上四个方面探析发达国家技术标准锁定下我国技术创新面临的困境。

一、标准锁定下的创新惰性导致我国技术创新的动力不足

面对发达国家强大的技术标准优势和牢固的技术标准锁定地位，我国相

关经济主体会产生畏惧创新的消极创新惰性。创新管理学者 Geoffrey Moore 指出惰性是创新的隐性伴侣，技术标准锁定激活了这一隐形伴侣，使其由隐形转变为显性，技术标准锁定下的消极创新惰性主要表现在创新意识惰性、创新组织惰性、创新行为惰性等方面。

创新意识惰性是指创新主体安于接受发达国家技术标准，不思创新的惰性心理意识。创新意识惰性是创新动力丧失的根源，不同于积极创新惰性下因创新主体自身的创新成功而生成的惯性思维，消极创新惰性下的创新懈怠、惰性意识是在外生力量的作用下生成的，外生力量的作用力越大，创新主体的创新惰性意识越强烈，因此与技术标准锁定有关的创新意识惰性会随着技术标准锁定强度的增加而加剧，创新意识惰性越强，创新主体越容易陷入创新组织惰性和创新行为惰性。组织结构惰性是由 Hannan 和 Freeman 在《美国社会学评论》上首先提出的概念，Hannan 和 Freeman 认为结构惰性是组织保持现存结构状态不变的特性（张永成、郝冬冬，2010）。借鉴他们关于组织结构惰性的界定，创新组织惰性是指创新主体在发达国家技术标准锁定的情况下，不能及时地感知科技创新和技术进步的步伐或不能随着技术进步和技术变革的步伐及时地调整或改变技术创新的组织模式和管理模式，具有组织惰性的创新主体既不愿意也没有能力在解构旧的技术标准系统基础上重构新的技术标准系统。创新行为惰性是指创新主体创新乏力、疏于创新的行为，创新行为惰性受创新意识惰性的支配，同时与创新组织惰性高度关联，Rajneesh Narula（2002）认为企业的技术研发惰性与组织惰性以及由此产生的系统锁定密切关联，创新系统内研发惰性、组织惰性和系统锁定的相互作用既可能导致也可能不导致事后效率。一方面，发达国家在技术标准锁定下占据了绝大部分市场份额和庞大的锁定利润，留给发展中国家的利润空间有限，使得发展中国家创新主体没有资金实力进行大规模研发新技术和研制新技术标准的投资；另一方面，研发新技术的不确定性和巨大风险以及从属、追随发达国家技术标准下的生存可维持性收益，使得发展中国家创新主体没有意愿开展研发活动，从而在行为上表现懒于创新。

技术标准锁定使得上述消极创新惰性的三个方面在我国创新主体中都不同程度的存在，惰性是创新的敌人，创新惰性是创新惯性的升级，创新惰性会使我们创新主体产生惯性思维、不思变革，会导致创新组织僵化和管理僵化，以致创新主体没有积极性创新或在创新上不够勤勉。创新惰性对我国技术创新构成的障碍越大，通过自主创新取代现有技术标准的成本就越大，创新动力和能力就越弱。

二、标准锁定下标准的跨境扩张提高我国技术标准化的壁垒

全球化和网络化的主要推动力量来自发达世界，相应的，标准的制定权和主导权也在西方发达国家。经济全球化和网络经济使得我国产业和企业在享受全球化大市场及便捷贸易渠道带来更加多样化产品和更为先进技术的同时，也深切地感受到了发达国家技术标准的威力和威胁。技术标准已经成为发达国家进行跨境扩张、占有他国市场，获得税收、利润分配的重要利器，发达国家的跨境扩张常常以安全先进的标准为理由，以专利技术为盾，在发展中国家罩上复杂的技术标准壁垒，削弱占有国家企业的利润以及技术和成本优势（王江、武秀娟，2006）。我国的市场越是开放，贸易越是自由，发达国家的技术标准越容易进行跨境扩张，发达国家技术标准的跨境扩张提高了我国技术标准化的壁垒，增加了我国技术标准化的难度。

标准锁定是发达国家技术标准进行跨境扩张的诱因同时也是发达国家技术标准跨境扩张得以成功的条件之一。一方面，技术标准锁定下国内市场用户规模的饱和和利润空间的狭小驱使发达国家进行技术标准的跨境扩张，在全球范围内拓展技术标准的用户规模，扩大技术标准的赢利空间，最大化技术标准的网络效应及基于其上技术标准收益。另一方面，技术标准锁定的强度决定了技术标准的稳定性程度及可持续时间的长短，技术标准锁定下标准技术的国内用户规模优势和赢利优势使得发达国家技术标准具备跨境扩张的实力，技术标准越稳定，持续的时间越长，其跨境扩张时被发展中国家同类技术或类似技术替代的可能性越小，技术标准的跨境扩张越易于获得成功。标准锁定下发达国家技术标准的跨境扩张对发展中国家技术标准化的壁垒效应可以从以下两个方面来说明：

一是对发展中国家同类或类似技术或技术产品市场份额的侵蚀。首先，

技术标准作为一种非价格竞争手段，有利于发达国家提高自己技术或技术产品出口的竞争力。发达国家通过自己高质量的技术标准，增强本国标准技术或技术产品在国内外市场的竞争优势，在促进本国标准技术或技术产品出口的同时减少进口。高质量技术标准的制定以及采用提高了发达国家相关产品的质量，降低了劣质、次级产品的产出率，相比于消费发展中国家的国内同类或类似技术或技术产品，消费发达国家的标准技术或技术产品可以提高有关消费者的福利水平，从而发展中国家一定的数量用户会被发达国家的标准技术或技术产品所吸引，发展中国家的同类或类似技术或技术产品的市场份额会随之缩小。其次，技术标准作为一种非关税壁垒，与同关税壁垒一样，会对发展中国家的技术或技术产品向发达国家的出口施加限制或阻碍作用。发达国家技术标准在国际贸易中的推行，使得发展中国家技术或技术产品进入该国面临着一道无形的技术贸易壁垒，技术标准的内核技术越是先进，发展中国家技术或技术产品进入该国的门槛相应地越高，达到技术标准要求的技术或技术产品的生产成本也就越大。Keith Maskus，Tsunehiro Otsuki 和 John Wilson（2005）的实证研究表明，为满足进口国的质量标准，每增加 1% 的投资，可变成本会提高 0.06% ~ 0.13%。因此，凡是不符合进口国技术标准的技术或技术产品都将被拒之门外，技术标准在很大程度上阻碍了发展中国家技术或技术产品的出口（陶爱萍、李丽霞，2013）。

二是将发达国家的控制势力由技术链延伸到产业链。发达国家借助于技术标准锁定地位控制核心技术，并通过开发相关技术和配套技术，形成且控制技术链。技术标准的跨境扩张使得发达国家的控制势力由技术领域延伸到产业领域，发达国家对产业链的控制提高了发展中国家在相关产业研制新技术及将之推广为技术标准的壁垒。产业链是技术链的依托和最终落脚点，技术链在实质上是与产业链相对应的，产业链中的每一个环节乃至每一个环节上的不同产品都要运用到不同的技术或者技术束，这些技术或技术束因产业链各链环的上下游关系而具有承接性。发达国家通过技术标准的跨境扩张掌控产业的核心技术，进而控制产业链的核心环节，从而迫使处于产业链核心环节以外其他环节上的企业或其他经济主体不得不研发核心技术的配套技术或互补技术，为发达国家技术标准提供配套组件或互补组件。发达国家由技术链到产业链的控制势力不仅缩小了发展中国家新技术市场化、标准化的产业空间，而且使得发展中国家技术标准化面临发达国家技术控制和产业控制的双重壁垒。

我国作为发展中大国，虽有庞大的国内市场，但标准锁定下发达国家技术标准的跨境扩张一方面抢占了我国相关技术或技术产品的国内市场；另一方面又限制和阻止了我国相关技术或技术产品开拓国外市场，使得我国技术或技术产品获得启动正反馈机制的用户规模和市场份额的难度加大，而技术链和产业链双重控制下的技术标准势力则使我国技术标准化的壁垒倍增。

三、标准锁定下受限的技术外溢效应使我国技术创新难以获得"后发优势"

所谓后发优势，是指在先进国家或地区与后进国家或地区并存的情况下，后进国家或地区所具有的有利条件，能使发展中国家或地区比发达国家或地区实现更快的发展速度（何国勇、徐长生，2004）。具体到技术研发和技术进步上，后发优势是指由于技术引进、模仿创新与自主创新三者之间的巨大成本差异（刘汉荣，2013），相对于依靠自主创新处于技术领先地位的发达国家来说，技术落后的发展中国家通过技术引进和模仿创新节约了大量的创新资源，降低了创新成本，并以相对于发达国家来说更快的速度获得技术进步，这种因引进和模仿而带来的技术获取和技术进步速度上的优势即为"后发优势"。发展中国家在技术创新方面存在后发优势的前提条件是发达国家的先进技术具备充分的外溢效应，使得发展中国家能够不受限的或者弱受限的低成本引进、复制或模仿。

然而在技术标准锁定的情况下，发达国家标准技术的外溢是受到限制的，从而发展中国家在技术创新上很难获得和实现后发优势。技术标准锁定对标准技术溢出效应的限制主要表现在以下三个方面，即对技术引进的产权效应、对技术模仿的制约效应和对自主创新的挤出效应。技术标准锁定是技术标准私有化的产物，而技术标准私有化产生的途径有两条：其一是技术标准专利化；其二是专利技术标准化，这两种途径都推动了技术标准和专利的交叉和融合，因此处于锁定地位的技术标准通常是由一组相互关联的专利技术打包形成的，采用技术标准就必须对其中所有的专利技术付费，这是技术标准的产权效应。对多项专利技术的同时付费极大地提高了发展中国家引进和采用标准技术的成本，使发展中国家难以通过技术引进来缩短与发达国家的技术差距，技术引进的低成本优势被高额的知识产权费用支出所抵消，引进模式下技术的高获取成本使得发展中国家难以依靠技术引进实现后发优势。技术标准锁定对技术模仿的制约效应是指处于锁定地位下的标准技术绝大多数都不是完全开放的，发达国家通常会将标准技术中的核心技术置于自己的控制之下，为了防止标准核心技术被模仿，发达国家会采取各种方式和策略加强对标准核心技术的保护。如发达国家会围绕核心技术研发相关技术专利，实施专利包围，以3G技术标准为例，发达国家公司早在2003年和2004年就在中国申请大量与WCDMA和CDMA2000这两大3G技术标准相关的技术专利，以阻止我国对WCDMA和CDMA2000核心技术的模仿。在发达国家的技术专利包围下，发展中国家的模仿稍有不慎，就会遭到发达国家的侵权诉讼，Intel起诉东进、思科起诉华为就是著名的侵权案例。发达国家还会在原有标准核心技术的基础上进行优化升级以增加标准的新功能，提高发展中国家的仿制难度，阻碍发展中国家通过模仿创新研制出类似技术。技术标准锁定对自主创新的挤出效应可以看作发达国家标准技术外溢对发展中国家自主创新的负面影响作用，自主创新的研发投资和决策受市场需求、技术创新成功机会、技术获利能力等多种因素的影响。发达国家标准技术巨大的市场份额挤压了发展中国家自主研发新技术的市场需求，标准技术的锁定地位使得发展中国家自主创新成功的机会降低，或者即使能够创新成功，也并不能保证发展中国家就能取得领先优势，因为从实现技术创新到市场领先之间，还有很长的距离要走，发动国家标准技术的锁定优势使得发展中国家新技术的获利空间受到限制。

综上所述，发达国家的技术标准锁定通过对技术引进的产权效应、对技术模仿的制约效应抑制标准技术的外溢，或是有条件外溢，使得我国难以通过技术引进和模仿创新获得后发优势；技术标准锁定下发达国家技术标准的市场优势和盈利优势对自主创新的挤出效应，增加我国通过自主研发实现后发优势的市场壁垒和盈利壁垒。

四、标准锁定下的技术依赖陷阱阻碍我国技术赶超策略的推行

按照科技发展水平，当今世界上的国家可划分为三类：科技水平先进的国家和地区，如美国和其他西方发达国家，包括韩国和中国台湾地区；科技水平中等的国家和地区，如中国、印度等；科技水平低等的国家和地区，如孟加拉国、阿富汗等国家和地区。在促进和实现科技进步方面，中等或低等科技水平国家或地区，可以采取三种战略：一是无为战略，采取这类战略的国家或地区因创新基础设施、财力、人才等资源的严重欠缺，不具备推进科技进步的实力，只能被动地接受发达国家科技的扩散和辐射，无法在推进科技进步上主动地进行尝试性探索和努力；二是跟进战略，采取这类战略的国家或地区对待外部的科学技术持拿来主义态度，只采取引进、消化和吸收的策略，以学习和模仿为主，不以拥有最先进科学技术为目标，不主动进行科技相关方面的自主创新；三是赶超战略，采取这类战略的国家或地区，除了引进、消化和吸收，即学习和模仿外部先进科学技术外，更注重自身的自主创新能力的培育，在一定的时间内，通过自主创新和自主再创新实现科技跨越式的追赶，使其在科技整体实力和竞争力上至少与科技水平领先国家持平，并力争在一些重要领域和重大项目上超过发达国家的科技水平，以使其拥有一些独特的科技制高点（周天勇，2011）。

无为战略和跟进战略都是技术依赖战略，采取无为战略的国家和地区对发达国家的技术依赖程度很高，谈不上自主创新能力；采取跟进战略的国家或地区对发达国家的技术依赖程度高于对自主研发技术的依赖。通过对外技术依存度和研发强度，可以衡量一个国家或地区的对外技术依赖程度和自主创新能力的高低。对外技术依存度是反映一个国家或地区对技术引进依赖程度的指标，一个国家的对外技术依存度较高，表明该国对国外技术的依赖程度较强；反之，技术依存度较低则表明该国自主创新成分较大（腾飞，2009）。研发强度是指一个国家或地区研发投入经费在该国或该地区生产总值中所占的比重，研发强度是国际上通用的反映一个国家或地区科技投入水平的核心指标，较高的研发投入强度被认为是国家或地区自主创新能力得以提

升的重要保障。

综合前面的研究，我们不难发现，发达国家强大的技术标准锁定效应迫使发展中国家多数选择无为战略和跟进战略，在处于锁定地位的标准技术几无替代可能的情况下，发展中国家无论创新资源是否欠缺都倾向于选择无为战略，不会主动去进行技术创新；在发达国家技术标准处于中等锁定强度的情况下，发展中国家会选择或追随或从属的跟进战略，追随就是在接受发达国家标准技术的前提下进行消化、吸收，从属就是为发达国家的标准技术提供互补技术和配套技术；只有在技术标准锁定强度比较弱、替代标准技术可能性比较大的情况下，发展中国家才有积极性和动力通过自主创新突破发达国家的技术标准锁定。无为战略和跟进战略使得发展中国陷入对发达国家的技术依赖陷阱和"马太陷阱"。发达国家凭借自身在技术标准上的先发优势和锁定地位，吸引更多的科技资源向其集中与积累，从而导致其科技实力越来越强，科技水平也越来越先进；而发展中国家在科技创新和科技竞争中越来越处在弱势和不利地位，越来越难以摆脱对发达国家的技术依赖，这就是发展中国家在技术发展和技术创新中的技术依赖陷阱和"马太陷阱"（杨武、高俊光、傅家骥，2006）。可见，发达国家的技术标准锁定一方面提高了发展中国家的对外技术依存度；另一方面又降低了发展中国家的研发强度，这两者的合力既削弱了发展中国家实施技术赶超战略的动力，又使发展中国家技术赶超成功的可能性大为降低。

我国经过改革开放三十多年来对发达国家先进技术的引进、消化和吸收，已经在整体技术水平和一些重要领域缩小了与发达国家的技术差距；经过30多年的人才教育和人才培养，已经积累了规模巨大的科技人才；同时我国经济的高速增长和庞大的市场等为我国实施技术赶超战略提供了相应的技术基础、研发人员、经费来源和广阔的市场。但是发达国家的技术标准锁定使得我国难以实现真正意义上的赶超，长期以来，我国实施大规模的技术引进战略，"重引进、轻消化吸收"，没有将科技进步路径由技术引进、模仿创新推进到自主创新，我国的自主创新能力一直没有得到有效地提高，科技发展陷入"引进、落后、再引进"的技术依赖陷阱。据有关部门统计数据显示，目前我国的对外技术依存度高达50%以上，而研发强度却低至2%以下，对外技术依存度偏高和研发强度偏低已经成为制约我国自主创新能力提高和技术赶超战略推行的重要瓶颈。

第三节 我国应对发达国家技术标准锁定的对策建议

技术标准锁定虽然增强了发达国家对全球经济和技术领域的控制权，并使发达国家从技术标准锁定中获得丰厚的盈利。但对于发展中国家来说，技术标准锁定的负面效应要大于正面效应，不仅导致发展中国家的技术创新陷入困境，而且可能长期使发展中国家在技术上和经济上依附于发达国家，因此发展中国家需要采取相应的战略、策略来应对发达国家的技术标准锁定。本节将在对后发大国突破发达国家技术标准锁定可能性进行实证研究的基础上，提出我国应对发达国家技术标准锁定的对策建议。

一、后发大国突破发达国家技术标准锁定的可能性研究
——基于国家规模对标准竞争影响的实证研究

（一）技术和国家规模对技术标准影响的理论机制

1. 标准竞争的实质是技术竞争

标准竞争是事实标准取代法定标准成为主导标准的产物，实质上是不同技术争夺市场主导权和控制权的竞争。标准竞争的技术内容决定了科技实力是制约国家之间标准竞争胜负的根本因素。

标准竞争的实质是技术竞争，技术是标准竞争胜负的决定因素已经成为多数学者的共识。技术和生产的特点通过影响供给和需求决定了标准化的结果（Cristiano Antonelli，1994），标准化，尤其是国际水平的标准化，通常是围绕着一项核心的技术建立一个联盟以取得标准竞争的胜利（Heejin Lee & Sangjo Oh，2006），技术的演进形成了标准竞争的动力（V. K. Narayanan & Tianxu Chen，2012）。通过对苹果和微软建立技术标准过程的比较，Jarunee Wonglimpiyarat（2012）发现适当的技术策略和技术竞争是建立技术标准的基

础。技术壁垒和创新能力是标准竞争的重要资源，是企业核心能力的重要体现（张泳、张海雯，2006），赵英（2007）在研究提高我国制造业国际竞争力的技术标准的战略时指出，企业的技术创新能力是一个国家制造业技术标准能够走向世界，从而引领行业技术发展方向的重要因素。技术标准对技术创新具有促进作用，在技术标准主导市场游戏规则的时代，技术创新是企业的强大竞争武器（王道平等，2007），吉亚辉和祝凤文（2011）、欧阳晓等（2012）认为技术水平差距是影响对国外技术吸收与模仿进而影响标准竞争能力的重要因素。研发能力是技术得以标准化的基础，研发强度对于公司标准化过程起着明显的促进作用（高俊光，2010）。除了理论论证以外，Knut Blind（2004）用专利代表技术变革，用标准流量代表技术标准量，运用1972~1995年36个部门的观测数据，实证检验了技术变革对技术标准的影响，结果显示技术变革对标准流量有显著的正向影响（Knut Blind，2004）。赵树宽等（2012）运用1985~2008年国家发布的标准量作为技术标准，用专利衡量技术创新，实证检验了中国的技术创新、技术标准和经济增长三者之间的关系，结果显示，技术创新对技术标准具有长期的正向促进作用（赵树宽、余海晴、姜红，2012）。

科技实力对于标准竞争胜负的至关重要性不仅在有关文献中得到了理论论证和实证检验，而且现实中，考察发达大国典型代表美国、发展中大国典型代表中国以及美国、德国、英国、加拿大、日本、法国、俄罗斯、意大利、澳大利亚、韩国11个国家的研发投入、专利申请总量、高技术产品出口额等衡量科技实力的指标与技术标准拥有量之间的关系（见图6-3、图6-4、图6-5），我们不难发现技术标准量与科技实力之间具有同向波动的正向相依关系，但技术标准量的波动幅度要大于衡量科技实力的各指标变量，说明标准竞争的胜负除了受制于科技实力以外，还受到其他因素的影响，由此我们得出假说1。

假说1：科技实力是决定标准竞争的根本因素，但不能完全解释标准竞争的胜负。

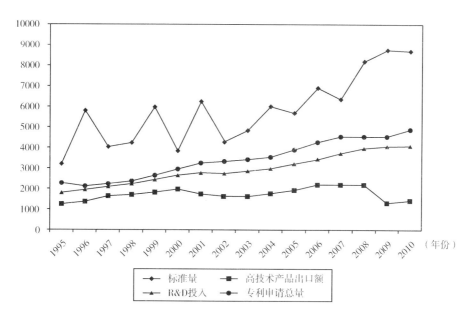

图 6 - 3　1995~2010 年美国标准量和科技实力变化趋势

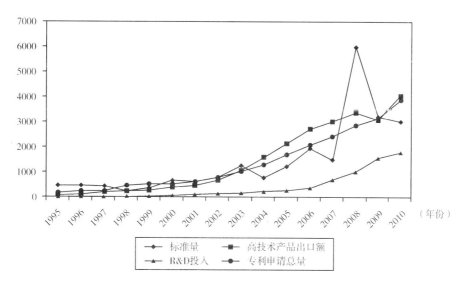

图 6 - 4　1995~2010 年中国标准量和科技实力变化趋势

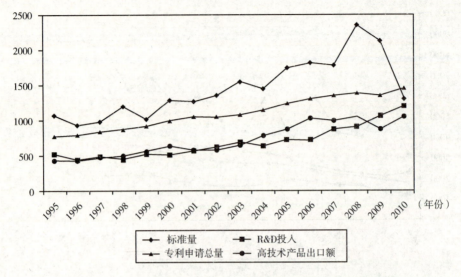

图 6 – 5 1995 ~ 2010 年十一国平均标准量和科技实力变化趋势

2. 国家规模影响标准竞争的机制

图 6 – 6 给出了 2008 年和 2010 年中国、美国等六国拥有的标准量占总标准量的百分比，2008 年，美国拥有的标准量为 8199，占总量的 24.29%，中国的标准量为 5995，占总量的 17.76%，这 6 个国家所拥有的标准量占总标准量的 65.73%；2010 年，美国拥有的标准量为 8692，占总量的 29.88%，中国拥有的标准量为 3019，占总量的 10.38%，6 国所拥有的标准量占总标准量的 59.36%，可见大国在标准拥有绝对额和占比中具有绝对的优势，这说明国家规模可能是影响标准竞争胜负的一个重要因素。国家规模对标准竞争的影响机制可以通过人口规模、GDP、消费支出、贸易额（进口 + 出口）等对标准竞争的作用机制来说明。

（1）国内生产总值与标准竞争。从总体来看，GDP 是一国经济实力的衡量指标，经济实力的增强是提升一国国际影响力和控制力的坚实后盾。一国要想在国际标准制定（法定标准①）中拥有话语权，必须有强大的经济实力作为支撑；同样地，一国要想通过标准竞争赢得国际标准（事实标准）主导

---

① 法定标准是由政府或者由政府授权的技术标准化组织以及国际标准化组织制定的标准；事实标准是由处于技术领先地位的企业、企业集团制定，通过市场竞争而产生的技术标准。

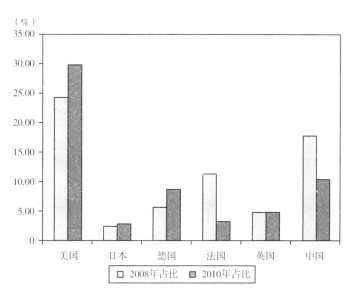

图 6 - 6　六国标准量占比

者地位，也需要有强大的经济实力来支撑。数据显示，2000 年以来，ISO、IEC 主席大多来自欧美国家和日本；技术委员会主席一职，美、德、英、法、日 5 个国家共承担了 118 人次，占技术委员会主席总人次的 63.1%，表明经济实力强大的发达国家在制定国际标准中掌握着绝对占优的主动权和话语权。近年来，金砖四国经济增长迅速，金砖四国在国际标准化组织的影响力不断扩大。在标准竞争中，经济实力雄厚的国家同样占据优势（Wilson & Purushothaman，2003）。第三代移动通信的标准竞争中，国际电信联盟最终选择了美国 CDMA 2000、欧盟 WCDMA、中国 TD - SCDMA 三个标准；在数字电视领域，数字电视标准主要由欧洲的数字电视地面广播（DVB - T）、数字电视卫星广播（DVB - S）、数字电视有线广播（DVB - C）标准，美国的有线数字高清晰度电视标准（ATSC），日本的数字电视标准（ISDB）主导；无线局域网标准也主要是由美国和欧洲电讯研究所制定的标准所主导的，美国先后对 WIFI 确立了 IEEE 802.11 及 IEEE 820.11a - 820.11i 两个标准，欧洲电讯标准研究院制定了 WLAN 标准。

　　从生产角度来看，GDP 反映的是一定时期内一个国家中各个部门的产出，是一个国家生产能力的综合度量。GDP 越高，反映了一定时期内一国的生产要素投入规模和生产规模越大；生产规模和生产要素投入的规模越大，也越容易形成规模经济。按照 Shapiro 和 Varian（2000）的观点，强大的生产能力和规模经济，使得标准竞争者在标准之战中很容易获得成本优势（王道平、方放、曾德明，2007）。在技术水平相同的前提下，标准竞争中具有成本优势的竞争者可以争取到更多的市场份额。

（2）人口规模与标准竞争。人口规模对标准竞争的影响体现在两个方面：其一庞大的人口规模是潜在用户安装基础的来源；其二较大的人口规模是科学研究者的储备库。

一方面，对用户安装基础的控制是赢得标准竞争所需具备的关键资产之一（Shapiro & Varian，2000），安装基础的获得，会影响用户的预期（胡武婕、吕廷杰，2009）。一种技术的安装基础越是庞大，用户从该技术中获得的网络效应也就越大，并会预期该技术的用户规模和网络效应越来越大，从而在正反馈机制的作用下，该技术在竞争中越来越强，胜出的概率越来越大。与小国相比，大国庞大的人口规模构成了标准的潜在用户，对于参与标准竞争的技术拥有者来说，获取本国用户支持就可以获得启动马太效应的用户安装基础，进而在与他国的标准之战中，庞大的用户规模和网络效应所产生的吸附力容易使他国用户偏好和选择该技术，因此基于庞大人口规模的潜在用户安装基础是赢得标准竞争的一个重要筹码（陶爱萍、张丹丹，2013）。譬如，在 TD－SCDMA 标准的推广过程中，中国的人口规模和本土市场就起到了很好的推动作用，TD－SCDMA 标准在推向市场时，美国的 CDMA2000 和欧盟的 WCDMA 已经占据着主要的市场份额，但是中国积极开辟本土市场，充分利用本国庞大的用户规模，最终不仅赢得了本土市场，还获得爱立信、诺基亚、摩托罗拉等企业的加盟。正如 Linden（2004）所指出的，巨大并且持续增长的市场使中国标准有机会在本土市场发展成熟，进而发展成为国际标准。

另一方面，由于标准竞争的根本决定因素就是科研实力和技术创新能力，而在衡量科技实力的各项指标中，最根本、最活跃的是从事科学研究和技术创新的人，创新人才的多寡则又与一国人口规模密切相关。林毅夫（2007）指出，一国的人口规模与"天才和多才多艺的人"正相关，从而使本国在技术进步中具有规模效应；Jones（1995）在研究中发现，一国研究者的数量是其人口规模的函数。可见，人口规模是科学研究者的储备库，一国的人口规模越大，做出科学发现和技术创新的可能性和成功率会相应地较高，赢得标准竞争所需要的知识产权和创新能力也就越大。

（3）消费支出与标准竞争。社会需求是创新主体进行技术创新乃至建立技术标准的动力，离开了社会需求，技术创新就会失去方向和目标，技术进步就会失去动力和源泉，而有效市场需求受到社会经济状况和消费者购买支付能力的限制（黄恒学，1992）。消费支出反映了一国居民的购买能力，一国的人口规模是技术标准的潜在用户规模，而居民的购买能力则可以把这种潜在的用户规模转变为现实的用户规模。消费支出低的国家即使有较大的人口规模，也难以使标准竞争者在国内获得足够的用户安装基础，一国的消费支出总额越大，说明该国的有效需求越大。有效需求是提升国家技术创新能力的主要驱动力（李平等，2012），研发支出在一定程度上决定了一个国家技术创新水平的高低，有效需求规模对一个国家的研发投入具有正向的影响（范红忠，2007）。因此，由购买力和人口规模共同决定的有效需求对于标准竞争的作用主要体现在：有效需求不仅可以引导技术创新的方向、推动技术创新（谢传仓，2005），而且决定了技术标准的市场规模。

（4）贸易规模与标准竞争。贸易额反映了一个国家在国际经济中的参与程度，曲如晓（1997）认为出口额反映了一个国家在国际市场上的竞争力以及对国际经济的参与和影响程度，进口额反映了一个国家参与国际经济的深度，进口规模越大，表明一国的再生产过程融入国际循环越深。贸易额对标准竞争的影响主要体现在扩大标准拥有者的市场规模，使标准拥有者在占据国内市场份额的基础上，通过进出口贸易参与国际经济，实现国内和国外市场的一体化，扩大标准的市场规模（吕永刚，2011），从而为标准竞争者带来规模经济效应。对于技术水平相对落后的发展中国家来说，参与国际贸易可以享受到由此带来的技术扩散效应，尤其是技术贸易，引进和吸收发达国家的先进技术，有助于提高本国的技术水平。Barro 和 Sala-I-Martin（1995）在研究中发现，积极参与国际贸易的国家以及开放度比较高的国家有更强的吸收先进国家技术进步的能力；对于技术处于领先地位的发达国家来说，通过对外贸易占领国外市场，扩大贸易额，既有利于拓展技术的市场份额，又能够提升技术的影响力和控制力，从而使其在标准竞争中处于绝对的竞争优势地位。

综上所述，人口规模、国内生产总值、消费支出以及贸易额这四个衡量国家规模的主要指标，或直接影响标准竞争，或间接地通过作用于标准竞争的其他影响因素而影响标准竞争，国家规模越大，对标准竞争的影响力和控制力越大。为此，我们提出假说2。

假说2：国家规模是影响标准竞争的重要因素，在标准竞争中存在大国效应。

（二）国家规模对标准竞争影响的计量检验

1. 模型、变量与指标

为验证上述两个假说，本节采用跨国面板数据，就国家规模对标准竞争的影响进行实证检验。根据前文理论分析，设定计量经济模型如下：

$$bz_{it} = \beta_0 + \beta_1 scale_{it} + \beta_2 tech_{it} + u_i + \varepsilon_{it} \tag{6.1}$$

其中，i 代表截面单元（国家），t 代表各个年度，β_0 为常数项，u_i 为反应个体效应的虚拟变量，ε_{it} 为随机干扰项。各变量的含义及衡量指标如下：

被解释变量 bz 表示各国每年所发布的标准数量，其多寡反映了该国在标准竞争中的国际地位。

解释变量 scale 表示国家规模。根据前文理论分析，并结合数据可获得性，我们选择真实国内生产总值（rgdp）、总人口（popu）、真实消费支出（rcons）和真实贸易额（rtrade）四个指标来衡量国家规模的大小。其中，真实国内生产总值和真实贸易额均以 GDP Deflator（2005 年 = 100）进行平减，真实消费支出采用 CPI（2005 年 = 100）进行平减。

控制变量 tech 表示科技实力，分别从投入和产出两个方面，选择真实研发经费支出（rd）、研发人员总数（l）、专利申请数量（zl）和真实高技术产品出口额（htex）四个指标来衡量一国的科技实力。其中，真实研发经费支出和真实高技术产品出口额均以 GDP Deflator（2005 年 = 100）进行平减。

基于数据可获得性，样本国家选择美国、中国、日本、德国、英国、法国、意大利、加拿大、澳大利亚、俄罗斯、韩国等 11 个国家，样本时间跨度为 1990 ~ 2011 年。为消除或减轻数据的异方差性，所有变量均取自然对数形式。各国标准数量来自中国标准查询网和国家标准委员会官方网站，国内生产总值、总人口、消费支出、贸易额和高技术产品出口额数据来自世界银行官方网站，研发经费支出、研发人员总数和专利申请数据来自 OECD Factbook。个别缺失数据采用插值法补齐。所有表示金额的数据统一按市场汇率折算成美元计价。表 6－7 列示了各变量的描述性统计。表 6－8 则给出了各变量的 Pearson 相关系数，可以看出，表示国家规模的四个变量 rgdp、popu、rcons 和 rtrade 均与被解释变量 bz 呈现高度显著的相关性；同样，衡量科技实力的变量 rd、l、zl 和 htex 也都与 bz 呈现高度显著的相关性。不过，这仅仅是变量两两之间的相关关系，由于没有控制其他变量的影响，还需要作进一步的回归分析才能获得更稳健的结论。

表 6－7　　　　　　　　　　变量的描述性统计

变量	含义	均值	标准差	最小值	最大值	样本
bz	标准发布数量	6.586684	1.078795	3.295837	9.077494	242
rgdp	真实国内生产总值	9.808435	1.215960	7.849714	18.28241	242
popu	总人口	6.802757	1.091758	5.139615	9.506087	242
rcons	真实消费支出	9.329213	1.074615	7.716425	17.31914	242
rtrade	真实贸易额	9.042811	1.110766	7.334047	16.74192	242
rd	真实研发经费支出	5.792344	1.320477	2.417560	12.02575	242
l	研发人员总数	3.343320	0.909820	1.808289	5.487904	242
zl	专利授权数量	10.76536	1.206876	8.773385	13.16991	242
htex	高技术产品出口额	5.920605	1.471879	2.442614	11.98230	242

表 6－8　　　　　　　　　　各变量相关系数

变量	bz	rgdp	popu	rcons	rtrade	rd	l	zl	htex
bz	1.000								
rgdp	0.537*	1.000							
popu	0.332*	0.318*	1.000						
rcons	0.523*	0.897*	0.523*	1.000					
rtrade	0.539*	0.941*	0.242*	0.865*	1.000				
rd	0.598*	0.919*	0.187	0.739*	0.855*	1.000			
l	0.447*	0.477*	0.794*	0.628*	0.353*	0.484*	1.000		
zl	0.312*	0.375*	0.438*	0.415*	0.268*	0.556*	0.712*	1.000	
htex	0.641*	0.792*	0.351*	0.649*	0.827*	0.847*	0.465*	0.516*	1.000

注：* 表示在 1% 的显著性水平下显著。

2. 实证结果分析与启示

模型估计与检验工作采用 STATA10.0 完成。首先，为验证假说1，我们暂时不考虑国家规模因素，仅考虑科技实力对标准数量的影响；同时，由于科技投入和科技产出之间存在显著的相关性（见表6-8），为避免多重共线性，我们分别加入科技投入变量和科技产出变量进行估计。其次，在前述模型基础上，引入国家规模因素，以检验假说2。同样，由于衡量国家规模的四个变量之间也存在显著的两两相关性（见表6-8），我们分四组模型进行估计，每组仅包含一个规模变量。

此外，由于采用面板数据进行实证分析，分别使用固定效应方法、随机效应方法和混合 OLS 方法进行估计，并使用固定效应检验（F检验）、随机效应检验（LM检验）和 Hausman 检验进行模型形式设定检验，以确保合适的估计方法。表6-9 给出了模型估计结果，依据系数显著性检验和修正后的 R^2 的变化，所有模型仅保留通过显著性检验的变量[①]。

根据估计结果，分析如下。

第一，模型1和模型2的估计结果表明，真实研发投入、研发人员数、专利申请量以及真实高技术产品出口额等四个变量的系数估计值均为正，且至少在5%的显著性水平下显著，表明科技投入和科技产出均对标准数量具有显著的正向影响：一国研发经费支出每增长1%，标准量将增加0.28%；研发人员总数每增加1%，标准量将增加0.23%；专利申请数量每增加1%，标准量会增加0.48%；真实高技术产品出口额每增长1%，标准量会增加0.26%。可以看出，科技产出对标准竞争的影响要大于科技投入对标准竞争的影响。不过，从修正的 R^2 来看，科技投入因素和科技产出因素对标准数量波动的解释程度分别仅为21%和43%。可见，科技实力是标准发布数量的重要决定因素，但后者并非完全由前者决定，即假说1等到印证。

第二，模型3至模型10在模型1和模型2的基础上引入了国家规模因素，估计结果表明，衡量国家规模的四个变量真实国内生产总值、总人口数、真实消费支出和真实贸易额的系数估计值均为正、且高度显著，表明国家规模

---

① 若某个解释变量的系数不显著，且删除该变量能提高 R^2，则该变量将被删除，以得到精简的模型。

表6-9

模型估计结果

解释变量	不考虑国家规模		以 rgdp 衡量规模		以 popu 衡量规模		以 rcons 衡量规模		以 rtrade 衡量规模	
	模型1（re）	模型2（re）	模型3（fe）	变型4（fe）	模型5（fe）	模型6（fe）	模型7（re）	模型8（re）	模型9（re）	模型10（re）
scale			0.22*** (5.77)	0.20*** (6.14)	5.21*** (6.86)	2.37*** (2.87)	0.33*** (6.40)	0.26*** (5.85)	0.28*** (7.77)	0.23*** (7.05)
rd	0.28*** (7.22)				0.20*** (5.06)					
l	0.23** (2.23)		0.34*** (2.95)				0.35*** (3.33)		0.32*** (3.24)	
zl		0.48*** (7.28)		0.68*** (10.13)		0.41*** (5.02)		0.64*** (9.76)		0.62*** (9.30)
htex		0.26*** (7.88)				0.23*** (6.96)				
常数项	4.17*** (9.58)	-0.13 (-0.19)	3.29*** (6.21)	-2.74*** (-3.55)	-29.9*** (-5.89)	-15.3*** (-2.99)	2.36*** (3.80)	-2.75*** (-3.45)	2.94*** (5.93)	-2.18*** (-3.01)
修正的 R^2	0.2119	0.4252	0.7272	0.8044	0.7830	0.8241	0.7398	0.8131	0.7507	0.8128
系数联合显著性检验	66.61 (0.0000)	174.67 (0.0000)	21.56 (0.0000)	75.28 (0.0000)	56.59 (0.0000)	64.66 (0.0000)	55.89 (0.0000)	154.48 (0.0000)	75.66 (0.0000)	83.83 (0.0000)
固定效应检验	34.16 (0.0000)	55.32 (0.0000)	35.81 (0.0000)	63.05 (0.0000)	42.83 (0.0000)	55.63 (0.0000)	42.03 (0.0000)	68.95 (0.0000)	38.43 (0.0000)	64.59 (0.0000)
随机效应检验	793.39 (0.0000)	836.33 (0.0000)	808.35 (0.0000)	861.65 (0.0000)	719.65 (0.0000)	793.49 (0.0000)	961.02 (0.0000)	1009.16 (0.0000)	858.73 (0.0000)	969.15 (0.0000)
Hausman 检验	1.14 (0.5649)	4.16 (0.1252)	6.50 (0.0387)	11.56 (0.0031)	40.07 (0.0000)	27.96 (0.0000)	0.19 (0.9080)	4.52 (0.1045)	3.38 (0.1847)	7.73 (0.0209)
样本容量	242	242	242	242	242	242	242	242	242	242

注：①括号内为 t 值，*、**和***分别表示在1%、5%和10%的显著性水平下显著；②系数联合显著性检验视具体估计方法，使用不同的检验方法，括号中的数值为对应的相伴概率；③固定效应检验（F检验）、随机效应检验（LM检验），Hausman检验用于模型估计方法的选择，括号中的数值均为相伴概率。

越大，越有利于其在国际标准竞争中获得有利地位。从系数估计值来看，一国的真实 GDP 每增加 1%，其标准量会增加 0.2% ~ 0.22%；人口规模每增长 1%，其标准量会增加 2.37% ~ 5.21%；真实消费每增加 1%，其标准量将增加 0.26% ~ 0.33%；真实进出口贸易额每增加 1%，其标准量会增加 0.23% ~ 0.28%。此外，从修正的 R^2 来看，相对于模型 1 和模型 2，引入规模因素的模型 3 至模型 10 的整体解释能力大大增强。从而印证了假说 2，即国家规模是影响标准竞争胜负的重要因素；在国际标准竞争中存在大国效应。

基于 11 个国家 1990 ~ 2011 年跨国面板数据的实证检验表明以科技投入和科技产出指标表征的科技实力是决定标准竞争胜负的重要因素，但它们并不能完全解释标准竞争的结果。以真实 GDP、人口规模、真实消费支出和进出口贸易额表征的国家规模与标准竞争结局具有很强的正相关性，一国的人口规模越大，越有利于标准竞争者获得启动正反馈的用户规模；一国的经济实力越强，反映其支持标准竞争的生产能力越大，其对标准制定和标准竞争的影响力和控制力越大；一国的消费支出越大，基于人口规模的潜在标准用户规模被转化为现实用户规模的可能性越大；一国的对外贸易规模越大，其争取国外用户规模和获取技术扩散效应的机会、进而在标准竞争中取胜的机会也越大。

上述结论对于制定标准战略，提升本国的标准竞争力具有一定的启示意义。第一，科技实力是影响标准竞争的根本因素，提升国家标准竞争力的关键还是提高本国的科技实力，加大研发投入的力度以及人力资本的投资，提高科技创新的产出率，优化出口产品的结构，提高高技术产品的出口比重。第二，国家规模与标准竞争结局具有很强的相关性，一国的国家规模越大，其在国际标准竞争中的竞争力越强，在标准竞争中获胜的概率也就越大。对于后发的发展中大国来说，在标准竞争中应积极利用本国的规模优势，充分发挥大国效应赢得标准竞争；国家规模与标准竞争具有一定的正相关性并不必然说明国家规模是决定标准竞争格局的关键因素，如果是这样，小国就只能始终处于跟随和被锁定的地位。在标准竞争中，小国可以通过科技攻关和科技突破赢得标准竞争，国际标准竞争中也不乏小国凭借革命式创新和高新技术赢得标准竞争的案例。

二、我国突破发达国家技术标准锁定的对策建议

由技术标准的技术内涵和上述实证研究可以看出，决定标准竞争胜负的根本因素是科技实力，因此，突破发达国家技术标准锁定的根本也要依靠技术创新，但由于并非任何新技术都能成功标准化以及形成后续的标准锁定，所以需要选择正确的技术创新策略，以创造出最有可能和最有潜质上升为技术标准的新技术；同时需要制度科学的技术标准化战略，以便有效推进和促成技术的标准化。技术标准成为主流标准或者占优标准是技术标准锁定形成的基本条件，而技术标准化不意味该技术标准就是主流标准或占优标准，技术标准要想成为主流标准或占优标准，还必须在标准竞争中胜出，恰当的标准竞争策略有助于其实施者在标准竞争中取得胜利。技术标准锁定的形成离不开用户的支持，充足的用户规模既是技术标准网络效应的源泉又决定其网络效应的大小，"解铃还须系铃人"，用户可以促成技术标准锁定用户也可以解除技术标准锁定，发展中国家可以借助用户解除发达国家的技术标准锁定。事实标准主导下的技术标准锁定通常是和知识产权保护捆绑在一起的，动态的知识产权管理体系有利于发展中国家在合适的时机利用知识产权策略突破发达国家的技术标准锁定。上文的实证告诉我们，一国的国家规模越大，对标准竞争的影响力和控制力越大，在标准竞争中存在大国效应，因此发展中大国要充分发挥大国效应赢得标准竞争、突破发达国家的技术标准锁定。

（一）选择正确的技术创新策略

技术创新的策略主要指对技术创新模式的选择及助推技术创新成功的策略。如前所析，创新程度高和异质程度大的技术在标准竞争中胜出的概率更大，对于自主创新和引进模仿创新来说，自主创新的技术成果其创新程度和异质程度要高于引进模仿创新的技术成果；对于渐进式创新和革命式创新来说，革命式创新是对在位技术的毁灭式否定，因而其技术成果是高度创新和近乎完全异质的；对于异质创新和同质创新来说，异质是思变的技术变革，同质是维持性技术升级，前者技术成果的创新度和异质度要显著高于后者；

对于系统创新和组件创新来说，无疑整个技术系统的创新程度要高于单个组件或一组组件的创新程度。因此，我国要想突破发达国家的技术标准锁定，自主创新、革命式创新、异质创新、系统创新等创新模式是必然的选择。但鉴于影响技术创新成功的因素是多方面的，我国有关经济主体在选择合适的技术创新模式的同时，还必须选择适宜的技术创新策略，降低技术创新的风险，助推技术创新的成功。如在依靠单个企业力量难以获得创新成功的情况下，可以组织多个企业结成联盟进行合作创新，发挥单个企业在组件创新上的优势，进行组件创新，最终形成合力实现系统创新。

（二）制定科学的技术标准化战略

为有效推动和促成技术标准化，我国应注重培养企业及其他创新主体的技术标准化意识，重视技术标准化建设。要根据技术创新及技术标准化竞争现状，采取标准争夺与标准跟进相结合的标准化战略。对于拥有自主知识产权与较强国际竞争力的优势核心技术，可以实行标准争夺的标准化战略，通过参与制定区域性标准及国际标准，控制与争夺国际标准的制高点。对于自主研发的但不具有明显竞争优势的行业新兴技术，要一边跟进国际标准的发展，一边寻找机会，伺机而动，将国内技术国际标准化。要立足市场需求，采取技术攻坚和标准研制一体化战略，在技术攻坚阶段就必须将标准研制考虑进来，根据市场及行业对技术标准的需求开展技术攻坚活动（姜红、徐岩、王小迪，2013）。要积极推动科技优势向知识产权优势的转化，实行知识产权与技术标准相结合的战略，有效实施"由技术到专利，由专利到标准，最终形成标准锁定"的战略路线，力求将专利上升为技术标准以获取最大经济利益。当今世界，谁掌握了技术标准的制定权，谁就在一定程度上掌握了技术和经济竞争的主动权，因此我国要采取标准工作国际化战略，积极参与国际标准活动并争取获得在国际标准制定、修订中的话语权，尽可能地创造条件将本国标准上升为国际标准（黄艳艳，2008）。

（三）实施合理的标准竞争策略

合理的标准竞争策略可以提高企业在标准竞争中获胜的可能性，根据标准竞争的特征及其影响因素，我国企业可以采用以下几个方面的策略：第一，设定恰当的竞争目标，即在力求使自己的技术成为行业主导技术标准抑或是将自己的技术融入技术标准之中以追随行业标准之间进行决策。目标设定不仅关系到企业在标准竞争中获胜的概率，而且关系到竞争之后企业对标准的控制程度和赢利水平。企业在设定标准竞争目标时既要考虑到自己的生产能力、创新能力、技术性能及知识产权的拥有情况等影响标准竞争的因素，又要考虑到竞争对手在对应方面的真实情况，同时要分析市场环境对标准竞争的各种可能影响，以保证设定的竞争目标既有利于企业在标准竞争中获胜，又能在竞争结束后为企业带来最大的回报。通常地，领先企业的竞争目标是使自己的技术成为主流标准乃至唯一标准；而一般企业的竞争目标则是尽力使自己的技术融入技术标准之中以获得尽可能多的收益。第二，选择合适的进入时机。在标准竞争中取得成功的诀窍之一就是利用网络经济中的正反馈机制，而先一步出发被认为有利于激发正反馈率先启动。在标准竞争中，抢先进入市场有利于产品或技术的安装基础的建立、促进互补产品的供应，从而在竞争中获得先发优势并产生锁定市场的可能。但是，抢先进入市场获取成功也是有条件的。如果抢先进入者不能够使市场迅速达到临界规模，抢先进入市场不仅不能够形成先发优势，而且有可能成为市场的"试验品"。一旦这种产品或技术被竞争对手模仿加以完善后，其市场地位会被后来者超越或取代，所以企业在选择进入时机时是否采用先动策略要视具体情况来确定。第三，合理的组织安排。合理的组织安排支持企业赢得标准竞争。当单一企业的力量不足以建立起正反馈启动所需的临界容量而企业又力图把自己的技术推广为标准时，与利益相关者结成联盟能够有效地扩大技术的用户规模，同时能够诱发消费者产生积极的对企业技术未来前景的预期，从而在选择上偏向于该企业的技术产品。与利益相关者结成联盟，是标准竞争过程中厂商最常用的组织策略（陶爱萍，2009）。

（四）借助用户解除标准锁定策略

技术标准锁定是指由于各种原因，导致从一个技术标准转换到另一个技术标准的转移成本高到转移不经济，从而使得用户在选择了一种技术标准之后就很难退出，网络效应和正反馈的存在使用户很容易被锁定在对该技术标准的路径依赖中，只有当从这一技术标准中退出的转移成本小于转移收益时，退出锁定才可能发生（胡登峰，2008）。可见，用户是否有意愿退出标准锁定取决于转移成本和转移收益的比较及两者的相对大小。新技术的供给者可以从两个方面促使用户解除现有技术标准的锁定：一是提高用户从新技术中所能获得的收益；二是降低用户从现有标准技术转向新技术的成本。由于新技术相对于现有标准技术来说，在用户规模和网络效应上处于劣势，并且在能否替代现有标准技术获得稳定收益方面具有一定的不确定性，因此，一般来说，新技术相较于现有标准技术很难获得收益上的比较优势，在新技术不具有收益比较优势的情况下，用户甘于被锁定或突破锁定的决策主要取决于转换到新技术的成本高低或者转换到新技术的净机会成本的高低。对于我国的技术创新主体来说，在发达国家占据技术标准锁定地位的情况下，要想利用用户解除技术标准锁定，可以采取的策略有：一是降低用户转换成本，对于用户转换行为所必须承担的合同义务、耐用品购买、搜索成本及针对新技术的培训等成本，创新主体可以考虑通过必要的补偿来降低用户的转换成本；二是提高用户在现有标准技术上的投入在新技术中的使用率，降低用户原有投入的沉没成本化率，或者通过提供必要的培训等来减少用户在新技术上所花费的学习成本；三是采取与现有标准技术兼容的策略，使得用户不至于因为转换决策而失去现有标准技术所带给他们的巨大网络效应（李明、王云美、司春林，2010）。

（五）发挥大国效应策略

大国效应是与小国效应相对应的一个概念，在标准竞争中，大国效应表现为大国影响国际标准市场的能力，指有着大型市场规模、经济规模或人口规模的国家其规模效应及由此生成的其他效应都比较大，从而可以左右国际标准竞争的格局。大国效应具有两面性：一方面，发达大国利用先发优势，积极推行大国标准战略，在国际标准竞争中占据了主导权；另一方面，大国效应会造成国际标准竞争更加激烈，使后发大国与小国创造或获取标准的代价提高。大国效应是由大国经济的特点决定的，而在标准竞争中发达大国具有先发优势，发展中大国具有后发优势，在发达大国占据利用大国效应先机的情况下，发展中大国必须充分认识到大国效应对于争夺标准参与权和控制权的重要性，了解大国效应在标准竞争中的表现及其作用机理，以便通过大国标准战略，提升其在国家标准制定中的参与权和话语权。我国无论从人口规模、国内生产总值、消费支出还是进出贸易额方面来说，都是当之无愧的大国，但是，从目前的实际情况来看，相较于发达国家，我国在国际标准竞争中的竞争力还是稍逊一筹，除我国的整体科技实力不强这一重要原因以外，就是我国没能在标准竞争中充分地利用国家的规模优势，因此，提高科技实力和充分发挥大国效应是增强我国在国际标准制定中话语权和国际标准竞争中竞争力的两大重要策略。

参考文献

[1] 陶爱萍. 网络产业的结构、行为与绩效研究 [D]. 上海：上海社会科学院经济研究所，2009.

[2] 王道平，方放，曾德明. 产业技术标准与企业技术创新关系研究评述 [J]. 经济学动态，2007（12）：105 – 109.

[3] 张志欣，杨彬. 现代管理标准化 [M]. 北京：中国经济出版社，1996.

[4] 李春田. 标准化概论 [M]. 北京：中国人民大学出版社，1995.

[5] 洪生伟. 质量管理 [M]. 北京：中国计量出版社，1996.

[6] 李春田. 标准化在市场经济发展中的作用——标准化与秩序 [J]. 上海标准化，2003（2）：6 – 9.

[7] 张公绪，孙静. 质量工程师手册 [M]. 北京：企业管理出版社，2005.

[8] 葛亚力. 技术标准战略的构建策略研究 [J]. 中国工业经济，2003（6）：91 – 96.

[9] 郑成思. 知识产权——应用法学与基本理论 [M]. 北京：人民出版社，2005.

[10] 赓金州，赵树宽，鞠国华. 技术标准化与技术创新过程中的网络外部性研究综述 [J]. 经济学动态，2012（5）：91 – 94.

[11] ［美］梅丽莎·A. 希林. 技术创新的战略管理 [M]. 谢伟等译. 北京：清华大学出版社，2011.

[12] Richard Hawkins, Robin Mansell, Jim Skea. Standards, innovation and competitiveness: the politics and economics of standards in natural and technical

environments [M]. Aldershot, UK: Edward Elgar, 1995.

[13] Economides. The economics of networks [J]. International Journal of Organization, 1996, 1 (14): 673 – 700.

[14] Gregory Tassey. Standardization in technology-based markets [J]. Research Policy, 2000 (29): 587 – 602.

[15] 朱建秋. 基于移动通信标准的标准成功要因研究 [D]. 北京: 北京邮电大学经济管理学院, 2007.

[16] 闫涛. ICT 产业技术标准动态博弈及企业标准竞争战略研究 [D]. 北京: 北京交通大学经济管理学院, 2008.

[17] 李春田. 新形势下企业如何制定好产品标准 [J]. 企业标准化, 2000 (5): 19 – 22.

[18] 熊彼特. 经济发展理论 [M]. 北京: 中国商业出版社, 2009.

[19] 刘利勇. 我国产业技术自主创新模式及政策选择 [D]. 天津: 天津商业大学经贸学院, 2007.

[20] 王庆. 标准促进技术创新机制分析及实证研究 [D]. 长沙: 湖南大学经济与贸易学院, 2009.

[21] Soete L. The Economics of Industrial Innovation [M]. London: Routledge, 1997.

[22] 张建辉, 郝艳芳. 技术创新、技术创新扩散、技术扩散和技术转移的关系分析 [J]. 山西高等学校社会科学学报, 2010 (6): 20 – 22.

[23] Romer P. Increasing Returns and Long-run Growth [J]. Journal of Political Economy, 1986 (99): 1002 – 1037.

[24] 傅家骥. 技术创新学 [M]. 北京: 清华大学出版社, 1998.

[25] 许庆瑞. 研究、发展与技术创新管理 [M]. 北京: 高等教育出版社, 2000.

[26] 陈国玉. 绿色技术创新研究 [D]. 南昌: 南昌大学人文学院, 2008.

[27] 李春田. 标准化在市场经济发展中的作用——标准化与创新 [J]. 上海标准化, 2003 (5): 11 – 15.

［28］陶爱萍，张丹丹，刘志迎. 链合创新：概念模型、模式和效率分析［J］. 科技进步与对策，2013，30（11）：51－55.

［29］Clayton M Christensen. The Innovator's Dilemma: When New Technologies Cause Great Firms to Fail［M］. Cambridge: Harvard Business Press，1997.

［30］薛红志. 突破性创新、既有企业组织障碍与二次创业机制研究［J］. 外国经济与管理，2006，28（7）：23－30.

［31］刘志迎. 现代产业经济学教材［M］. 北京：科学出版社，2014.

［32］Nelson R R. The Economics of Invention: A Survey of the Literature［J］. Journal of Business，1959（2）：101－127.

［33］Scherer F M. Innovation and Growth: Schumpeterian Perspectives［M］. Cambridge: The MIT Press，1986.

［34］高小珣. 技术创新动因的"技术推动"与"需求拉动"争论［J］. 技术与创新管理，2011（6）：590－595.

［35］Schmookler J. Invention and economic growth［M］. Cambridge: Harvard University Press，1966.

［36］Roberts E D. Management of research，development and technology based innovation［M］. Cambridge: MIT Press，1999.

［37］Kano S. Technical innovations，standardization and regional comparison—a case study in mobile communications［J］. Telecommunications Policy，2000（4）：305－321.

［38］Teece D J. Firm organization，industrial structure，and techonlogical innovation［J］. Journal of Economic Behavior & Organization，1996，31：193－224.

［39］Dunphy S M，Herbig P R，Howes M E. The innovation funnel［J］. Technological Forecasting & Social Change，1996（3）：279－292.

［40］Allen R H，Sriram R D. The Role of Standards in Innovation［J］. Technological Forecasting & Social Change，2000（2）：171－181.

［41］毛丰付. 标准竞争与竞争政策［M］. 上海：上海三联书店，2007.

［42］陶爱萍，沙文兵. 技术标准、锁定效应与技术创新［J］. 科技管理研究，2009（5）：59－61.

［43］Heejin Lee, Sangjo Oh. A standards war waged by a developing country: understanding international standard setting from the actor – network perspective ［J］. The Journal of Strategic Information Systems, 2006 （3）: 177 – 195.

［44］陶爱萍，汤成成. 技术标准私有化对技术创新的影响 ［J］. 工业技术经济，2012 （9）: 22 – 27.

［45］熊红星. 网络效应、标准竞争与公共政策 ［M］. 上海: 上海财经大学出版社，2006.

［46］李丽君. 技术标准与专利融合发展研究 ［J］. 现代财经，2009，27 （9）: 33 – 38.

［47］傅沂. 路径依赖经济学分析框架的演变——从新制度经济学到演化经济学 ［J］. 江苏社会科学: 2008 （3）: 63 – 70.

［48］Arthur W B. Competing techonologies, Increasing Returns, and look-in by historical small events ［J］. The Economic Journal, 1989 （3）: 116 – 131.

［49］Besen S M, Farrell J. Choosing how to compete: strategies and tactics in standardization ［J］. Journal of Economic Perspectives, 1994 （2） 117 – 131.

［50］Farrell J, Klemperer P. Coordination and Lock-In: Competition with Switching Costs and Network Effects ［R］. Working Paper, Draft Prepared for The Handbook of IO. December, 2001.

［51］平新乔. "新经济" 的经济学——从《信息规则》谈起 ［J］. 国际经济评论，2000 （8）: 19 – 24.

［52］倪云虎，朱六一. 锁定原理的再探讨 ［J］. 商业研究，2007 （10）: 10 – 13.

［53］Williamson O. The Economic Institutions of Capitalism ［M］. NewYork: McGraw-Hill, 2004.

［54］Jensen M, Meckling W. Theory of the Firm: Managerial Behavior, Agency Costs and Captial Structure ［J］. Journal of Financial Economics, 1976 （13）: 305 – 360.

［55］Klemperer P D. Markets with consumer switching cost ［J］. Quarterly Journal of Economics, 1987, 102 （2）: 375 – 394.

［56］［美］卡尔·夏皮罗，哈尔·瓦里安．信息规则［M］．北京：中国人民大学出版社，2000.

［57］Witt Ulrich. "Lock-in", vs "Critical Masses", Industrial Change under Network Externalities［J］. International Journal of Industrial Organization, 1997（15）：753 – 773.

［58］Katz M, Shapiro C. Product Compatibility Choice in a Market with Techonlogical Progress［J］. Oxford Economic Papers, 1986（4）：146 – 165.

［59］Katz M, Shapiro C. Network Externalities, Competition and Compatibility［J］. American Economic Review, June 1985（75）：424 – 440.

［60］Anthony J Venables. Equilibrium Locations of Vertically Linked Industries, International Economic Review, Department of Economics［J］. University of Pennsylvania and Osaka University Institute of Social and Economic Research Association, 1996, 37（2）：341 – 359.

［61］David Keeble, Frank Wilkinson. Collective Learning and Knowledge Development in the evolution of Regional Cluster of High Technology SMEs in Europe［J］. Regional Studies, 1999, 33（4）：295 – 303.

［62］Wilfred Dolfsma, Loet Leydesdorff. Lock-in and break-out from technological trajectories：Modeling and policy implications［J］. Technological Forecasting & Social Change, 2009（76）：932 – 941.

［63］Pontiggia A, Virili F. Network effects in technology acceptance：Laboratory experimental evidence［J］. International Journal of Information Management, 2010（1）：68 – 77.

［64］陶爱萍，李丽霞，洪结银．标准锁定、异质性和创新惰性［J］．中国软科学，2013（12）：165 – 172.

［65］［以色列］奥兹·谢伊．网络产业经济学［M］．张磊等译．上海：上海财经大学出版社，2002.

［66］易英．切换成本和锁定效应与网络成长［J］．情报杂志，2005（8）：5 – 7.

［67］Joseph Farrell, Paul Klemperer. Coordination and Lock-In：Competition with Switching Costs and Network Effects［J］. Handbook of industrial organization，2007（3）：1967 – 2072.

［68］David P A. Evolution and Path dependence in economic ideas［M］. Cheltenham：Edward Elgar Publishing Ltd，2001.

［69］Gábor Kézdi，Gergely Csorba. Estimating the Lock-in Effects of Switching Costs from Firm-Level Data［J］. Discussion Papers，2011（8）：20 – 32.

［70］陶爱萍，张丹丹. 技术标准锁定、创新惰性和技术创新［J］. 中国科技论坛，2013（3）：11 – 16

［71］马冬. 技术标准选择的博弈模型研究［J］. 商业研究，2011（2）：47 – 53.

［72］陈宇. 基于 PMR 模型的电子信息企业技术标准战略研究［D］. 哈尔滨：哈尔滨工业大学深圳研究生院，2007.

［73］谢科范，汪先三. 企业科技竞争的先动优势分析［J］. 商业时代，2006（32）：35 – 36.

［74］［美］迈克尔·波特. 竞争优势［M］. 北京：华夏出版社，1997.

［75］［奥］约瑟夫·熊彼特. 资本主义、社会主义与民主［M］. 北京：商务印书馆，1999.

［76］许平. 复杂新兴技术产品开发的动态评估研究［J］. 科技管理研究 2013（4）：21 – 24.

［77］陶爱萍，汤成成. 标准锁定效应下企业创新惰性：影响因素与生成机理［J］. 科技进步与对策，2013（5）：1 – 5.

［78］Joseph Farrell，Garth Saloner. Installed Base and Compatibility：Innovation，Product Preannoucements，and Predation［J］. American Economic Review，1986（5）：940 – 955.

［79］陶爱萍，李丽霞. 技术标准锁定与技术创新中的市场失灵研究［J］. 工业技术经济，2013（9）：97 – 103.

［80］Barry J Babin. Atmospheric Affect as a Tool for Creating Value and Gaining Share of Customer［J］. Journal of Business Research，2000（49）：91 – 99.

［81］Viscusi W K, J M Vernon, J E Haarrington Jr. Economics of Regulation and Antitrust ［M］. Cambridge：The MIT Press，1995.

［82］［日］植草益. 微观规制经济学［M］. 朱绍文等译. 北京：中国发展出版社，1992.

［83］［美］丹尼尔·F. 史普博. 管制与市场［M］. 余晖等译. 上海：上海人民出版社，2008.

［84］Kenncth Meier. The Political Economics of Regulation ［M］. New York：University of New York Press，1998.

［85］［美］约瑟夫·E. 斯蒂格利茨，卡尔·E. 沃尔升. 经济学［M］. 黄险峰，张帆译. 北京：中国人民大学出版社，2010.

［86］林成. 从市场失灵到政府失灵：外部性理论及其政策的演进［D］. 沈阳：辽宁大学经济学院，2007.

［87］于立. 产业组织与政府规制［M］. 大连：东北财经大学出版社，2006.

［88］［美］弗朗茨. X 效率：理论、证据和应用［M］. 费方域译. 上海：上海译文出版社，1993.

［89］Minick B M. The Political Economy of Regulation ［M］. New York：Columbia University Press，1980.

［90］Owen B M, R Braentigam. The Regulation Game：Strategic Uses of the Administrative Process ［J］. Cambridge, Mass：Ballinger，1978：332 – 335.

［91］George Stigler, Claire Friedland. What can the Regulators regulate：The Case of Electricity ［J］. Journal of Law and Economics，1962：152 – 157.

［92］M A Utton. The Economics if Regulation Industry ［J］. Basil Black well，1986：11 – 18

［93］Micael A Crew, Paul R Kleindorfer. The Economicis of Public Utility Regulation ［M］. New York，The Macmillan Press，1986.

［94］Stigler G J. The Theory of Economic Regulation ［J］. Bell Journal Economics，1971（2）：3 – 21.

［95］Peltzman S. Towards a More General Theory of Regulation ［J］. Journal of Law and Economics, 1976: 211 – 240.

［96］Baumol W J, J C Panzar, R D Willing. Contestable Markets and the Theory of Industry Structure ［M］. New York: Harcourt Brace Jovanovich, 1982.

［97］Averch H, L Johnson. Behavior of the Firm under Regulatory Constraint ［J］. American Economics, 1962: 1052 – 1069.

［98］Baumol E J, A K Klevorick. Input Choices and Rate of Return Regulation: An Overview of the Discussion ［J］. The Bell Journal of Economics and Management Science, 1970 (2): 162 – 190.

［99］Harold Demsetz. Why Regulate Utilities ［J］. Journal of Law and Economics, 1968, 11 (1): 55 – 65.

［100］Shleifer A. A Theory of Yardstick Competition ［J］. Rand Journal of Economics, 1985 (3): 319 – 327.

［101］王俊豪. 产业经济学 ［M］. 北京: 高等教育出版社, 2008.

［102］Loeb M, W Magat. A Decentralized Method of Utility Regulation ［J］. Journal of Law and Economics, 1979 (2): 399 – 404.

［103］［美］J. 卡布尔. 产业经济学前沿问题研究 ［M］. 于立等译. 北京: 中国税务出版社, 2000.

［104］刘韧. 政府规制视角下的非政府组织发展研究 ［D］. 长沙: 湖南大学政治与公共管理学院, 2008.

［105］Martimort D. The Multiprincipal Nature of the Government ［J］. European Economics Review, 1996 (3): 672 – 685.

［106］Laffont J J, J Tirole. A Theory of Incentives in Procurement and Regulation ［M］. Combridge, MIT Press, 1993.

［107］宫承波. 新媒体概论 ［M］. 北京: 中国广播电视出版社, 2012.

［108］符逸. 从欧美日数字电视标准发展中看中国数字电视标准的发展 ［J］. 电脑与电信, 2008 (6): 86 – 87.

［109］谷时雨. 多媒体艺术 ［M］. 北京: 文化艺术出版社, 2005.

［110］陈光军. 数字音频技术及应用 ［M］. 北京: 北京邮电大学出版社, 2011.

［111］DTMB［EB/OL］. http：//zh. wikipedia. org/w/index. php? title = DTMB&oldid = 31984730，2014 － 7 － 23.

［112］AMPS 系统［EB/OL］. http：//baike. baidu. com/item/AMPS% E7% B3% BB% E7% BB% 9F? fr = Aladdin，2010 － 05 － 26.

［113］杨少华，李再扬. 全球标准的形成与扩散：以移动通信为例［J］. 西北大学学报（哲学社会科学版），2007（4）：116 － 120.

［114］电脑操作系统［EB/OL］. http：//baike. baidu. com/view/ 1740316. htm，2014 － 10 － 16.

［115］WINDOWS 操作系统［EB/OL］. http：//baike. baidu. com/view/ 46646. htm，2014 － 11 － 10.

［116］linux［EB/OL］. http：//baike. baidu. com/view/1634. htm，2014 － 09 － 16.

［117］钟志永，姚珺. 大学计算机应用基础［M］. 重庆：重庆大学出版社，2012.

［118］回顾 Linux20 年光辉岁月网络用户超过 14 亿［EB/OL］. http：// www. techweb. com. cn/world/ 2011 － 08 － 17/ 1081989. shtml，2011 － 08 － 17.

［119］见证 Linux 操作系统发展历史［EB/OL］. http：//www. yesky. com/ 415/1858915. shtml，2004 － 09 － 28.

［120］分析 Windows 在桌面和服务器市场占有率为什么比 Mac OS X，Linux 高?［EB/OL］. http：//www. cnbeta. com/articles/19936. htm，2006 － 12 － 26.

［121］20 年来 Windows 桌面份额首次跌破 90%［EB/OL］. http：// www. cnbeta. com/articles/276531. Htm，2014 － 03 － 16.

［122］电脑键盘基础知识［EB/OL］. http：//www. cndzz. com/diagram/ 3979_ 3981/102811. html，2012 － 08 － 20.

［123］Adams J A. Human Factors Engineering［M］. New York，Macmillan Publishing Company，1989.

［124］Noyes J. The QWERTY keyboard, a review INT［J］. Man—Machine Studies，1983（18）：256 － 281.

［125］QWERTY 键盘［EB/OL］. http：//baike. baidu. com/view/277195.

htm？fr = Aladdin，2014 − 07 − 08.

［126］牟炜民，刘艳芳，张侃. 键盘的种类及评价的工效学指标 ［J］. 人类工效学，1997 （2）：50 − 54.

［127］MALT 键盘 ［EB/OL］. http：//baike. baidu. com/view/808677. htm？ fr = Aladdin，2013 − 07 − 16.

［128］ The Capewell-Dvorak Keyboard Layout ［EB/OL］. http：//www. michaelcapewell. com/projects/ keyboard/layout_capewell-dvorak. htm.

［129］iOS （苹果公司的移动操作系统） ［EB/OL］. http：//baike. baidu. com/subview/158983/ 8747673. htm，2014 − 11 − 10.

［130］android （Google 公司开发的操作系统） ［EB/OL］. http：//baike. baidu. com/subview/ 1241829/9322617. htm，2014 − 07 − 12.

［131］诺基亚不再推出塞班手机：808 PureView 成绝唱 ［EB/OL］. ht-tp：//tech. sina. com. cn/t/ 2013 − 01 − 24/ 20188012392. shtml，2013 − 01 − 24.

［132］闫威，罗雨鹤，刘智慧. 创新竞赛中锦标赛与拍卖激励机制的比较研究：实验的方法 ［J］. 经济管理，2012 （3）：133 − 143.

［133］Simon H A. The Architecture of Complexity, in The Sciences of the Artificial ［M］. Cambridge，MA：MIT Press，1969.

［134］Kauffman S. The Origins of Order ［M］. New York：Oxford University，1993.

［135］U Zander，B Kogvt. Knowledge and the Speed of the Transfer and limitation of Organizational Capabilities：An Empirical Test ［J］. Organization Science，1995，6 （1）：76 − 92.

［136］Wang Q. Tunzelmann V. Complexity and the Functions of the firm：Breadth and Depth ［J］. Research Policy，2000 （29）：805 − 818.

［137］张古鹏，陈向东，牛欣. 基于专利宽度和深度的技术复杂度分析 ［J］. 科研管理，2012 （3）：113 − 121.

［138］高艳红，杨建华，杨帆. 技术先进性评估指标体系构建及评估方法研究 ［J］. 科技进步与对策，2013，30 （5）：128 − 142.

［139］Economides N. Network Externalities, Complementarities, and Invitations to Enter [J]. European Journal of Political Economy, 1996, 12 (2): 211 –233.

[140] 朱振中, 吕廷杰. 兼容性经济学研究的发展 [J]. 中国工业经济, 2004 (9): 12 –19.

[141] 胡登峰. 论企业技术创新度 [J]. 自然辩证法研究, 2008 (11): 37 –41.

[142] Carl Shapiro, Hal Varian. Information Rules [M]. Boston: Harvard Business School Press, 1998.

[143] 张保胜. 网络产业、技术创新与竞争 [M]. 北京: 经济管理出版社, 2007.

[144] 李怀, 高良谋. 新经济的冲击与竞争性垄断市场结构的出现——观察微软案例的一个理论框架 [J]. 经济研究, 2001 (10): 29 –37.

[145] 范柏乃, 单世涛, 陆长生. 城市技术创新能力评价指标筛选方法研究 [J]. 科学学研究, 2002, 20 (6): 663 –668.

[146] 李良成, 杨国栋. 广东省创新型科技人才竞争力指标体系构建及评价 [J]. 科技进步与对策, 2012, 29 (19): 130 –135.

[147] 胡恩华, 单红梅. 企业技术创新绩效的综合模糊评价及其应用 [J]. 科学学与科学技术管理, 2002 (5): 13 –15.

[148] 胡毓达, 田川. 求解群体多指标决策问题的偏爱度法 [J]. 系统工程理论与实践, 1996 (3): 52 –56.

[149] 孟波, 付微. 一种有限方案多目标群决策方法 [J]. 系统工程, 1998, 16 (4): 57 –61.

[150] 郭驰. 美国知识产权政策借鉴 [J]. 特区实践与理论, 2012 (2): 36 –42.

[151] 杨辉. 美国技术标准战略概览 [J]. 中国质量技术监督, 2008 (2): 64 –65.

[152] Google [EB/OL]. http://baike. baidu. com/view/105. htm? from_id =117920&type =syn&fromtitle =谷歌 &fr =Aladdin, 2014 –11 –29.

[153] Android 系统 [EB/OL]. http://baike. baidu. com/view/4971681. htm? fr =aladdin, 2014 –11 –29.

［154］［英］斯蒂芬·芒迪. 市场与市场失灵［M］. 方颖译. 北京：机械工业出版社, 2009.

［155］［英］亚当·斯密. 国民财富的性质和原因的研究［M］. 郭大力, 王亚南译. 北京：商务印书馆, 1972.

［156］［美］爱德华·张伯伦. 垄断竞争理论［M］. 周文译. 北京：华夏出版社, 2009.

［157］［英］琼·罗宾逊. 不完全竞争经济学［M］. 王翼龙译. 北京：华夏出版社, 2012.

［158］［英］庇古. 福利经济学［M］. 金镝译. 北京：华夏出版社, 2008.

［159］阿克洛夫、斯彭斯和斯蒂格利茨论文精选［C］. 谢康, 乌家培编. 北京：商务印书馆, 2010.

［160］Harvey Leibenstein. Allocative Efficiency VS X-Efficiency［J］. American Economic Review, 1966（3）：392 – 415.

［161］周茜. 行业特征、知识外部性与企业自主创新［D］. 广州：暨南大学管理学院, 2012.

［162］金太军. 市场失灵、政府失灵与政府干预［J］. 中国福建省委党校学报, 2002（5）：54 – 57.

［163］高鸿业. 西方经济学（微观部分）［M］. 北京：中国人民大学出版社, 2011.

［164］［奥］约瑟夫·熊彼特. 经济发展理论［M］. 何畏, 易家详译. 北京：商务印书馆, 1990.

［165］胡卫. 论技术创新的市场失灵及其政策含义［J］. 自然辩证法研究, 2006, 22（10）：63 – 66.

［166］朱雪祎, 方存好, 孟硕. 区域技术创新体系中的市场失灵与政府政策选择的研究［J］. 中国软科学, 2007（5）：146 – 153.

［167］孙南申, 彭岳. 技术创新的市场失灵与法律保障的制度构建［J］. 复旦学报（社会科学版）, 2010（1）：65 – 73.

［168］黄刚. 科技型中小企业与区域经济发展的理论探析［J］. 宏观经济研究, 2008（8）：53 – 59.

[169] 任保平，张如意. 技术创新最优市场结构的理论争论及其评价 [J]. 西北大学学报（哲学社会科学版），2010, 40 (1)：75-83.

[170] Fisher F M, Temin P. Returns to Scale in Research and Development: What Does the Schumpeterian Hypothesis Imply? [J]. Journal of Political Economy, 1973, 81 (1)：56-70.

[171] [英] 弗里曼. 工业创新经济学 [M]. 华宏勋等译. 北京：北京大学出版社，2004.

[172] 徐传谌，唐晓燕. 市场结构与技术创新互动关系研究综述 [J]. 科技管理研究，2011 (7)：6-11.

[173] 卜振兴，陈欣. 基于 SCP 范式的集中度与研发度相关性研究——以中国高技术产业为例 [J]. 中国发展，2010, 10 (4)：36-43.

[174] 吴昌南. 熊彼特假说：理论与经验研究及其启示 [J]. 江苏商论，2007 (11)：140-142.

[175] Kamien M I, Schwartz N L. Potential Rivalry, Monopoly Profits and Inventive Activity [J]. The Review of Economic Studies, 1978, 45 (3)：547-557.

[176] Comanor W S. Market structure, product differentiation, and industrial research [J]. Quarterly Journal of Economics, 1967, 81.

[177] 车维汉，张琳. 市场结构、政府行为与技术创新关系研究 [J]. 中国社会科学院研究生院学报，2010 (1)：66-71.

[178] 李建军. 技术创新活动的负外部性及其缓冲机制分析 [J]. 中国人民大学学报，2008 (1)：125-130.

[179] Arrow K J. The Economic Implications of Learning by Doing [J]. Review of Economic Science, 2002 (36)：551-573.

[180] Jacobs J. The Economy of Cites [M]. New York：Vintage, 1969.

[181] Feldman M P, Audretsch D B. Innovation in cities science-based diversity specialization and localized competition [J]. European Economic Review, 1999 (43)：409-429.

[182] Maskell P, Malmberg A. Localised learning and industrial competitiveness [J]. Cabridge Journal of Econimics, 1999 (23)：167-185.

[183] Desrochers P. Geographical Proximity and the Transmission of Tacit Knowledge [J]. The Review of Austrian Economics, 2001, 14 (1): 25 – 46.

[184] 刘湘君. 产业集群下技术创新扩散的外部性分析 [J]. 全国商情, 2012 (7): 10 – 11.

[185] Cohen W, Levinthal D. Innovation and learning: The two faces of R&D [J]. Economic Journal, 1989 (99): 569 – 596.

[186] D'Aspremont C, Jacquemin A. Cooperative and non-cooperative R&D in duopoly with spillovers [J]. American Economic Reviews, 1988 (78): 1133 – 1137.

[187] Kamien M, Muller E, Zang I. Research joint ventures and R&D cartels [J]. American Economic Review, 1992 (82): 1293 – 1306.

[188] [美] 戴维·罗默. 高级宏观经济学 [M] 王根蓓译. 上海: 上海财经大学出版社, 2009.

[189] 陶爱萍. 高新技术产业规制问题探讨 [D]. 合肥: 合肥工业大学人文经济学院, 2004.

[190] [美] 安沃·沙赫. 促进投资与创新的财政激励 [M]. 匡小平等译. 北京: 经济科学出版社, 2000.

[191] 陶爱萍, 刘志迎. 高新技术产业的风险性及其规制问题探析 [J]. 科技管理研究, 2005 (12): 134 – 136.

[192] 苏东斌. 激励创造供给 [M]. 北京: 中国经济出版社, 2001.

[193] 陈昭锋, 黄巍东. 高新技术产业化与政府行为创新 [M]. 北京: 中国物资出版社, 2001.

[194] 余忠等. 基于公共物品理论的专业镇技术创新平台构建研究——以福建省为例 [J]. 中国农学通报, 2010, 26 (5): 346 – 350.

[195] 邱立成. 论资本主义技术垄断 [J]. 南开经济研究, 1993 (2): 43 – 49.

[196] 石林芬, 唐力文. 贸易自由化进程中的技术垄断策略 [J]. 科学学与科学技术管理, 2003 (2): 65 – 67.

[197] 李建民. 技术扩散、技术垄断与中国科技战略转变 [J]. 中国科

技论坛，2006（2）：18－22.

[198] 曾繁华，彭光映. 跨国公司全球技术垄断竞争战略研究 [J]. 武汉科技学院学报，2007，20（4）：76－81.

[199] 刘康. 基于技术存在形式的技术垄断研究 [J]. 科技进步与对策，2012，29（1）：15－20.

[200] Farrell J, Saloner G. Coordination Through Committees and Markets [J]. RAND of Economics, 1988（19）：235－252.

[201] 吕铁. 论技术标准化与产业标准战略 [J]. 中国工业经济，2005（7）：43－49.

[202] 曾繁华等. 产业技术垄断竞争力研究 [J]. 管理世界，2013（1）：180－181.

[203] 李真柯. 在华跨国公司限制竞争行为表现及对策 [J]. 工商行政管理，2004（5）：42－43.

[204] 潘红岩. 技术垄断现象及其影响探析 [D]. 沈阳：东北大学文法学院，2008.

[205] J Utterback, N Abeinathy. A Dynamical Model of Process and Product Innovation [J]. Omgea, 1975（3）：639－656.

[206] 王发明. 技术演进动力机制：基于复杂系统理论分析 [J]. 科技管理研究，2010（4）：224－227.

[207] Giovanni Dosi. Technological Paradigms and Technological Trajectories [J]. Research Policy, 1982, 11（3）：147－162.

[208] Liebowitz S J, Margolis S E. Path Dependence, Lock－in, and History [J]. Joural of Law, Economics and Organization, 1995, 11（1）：205－226.

[209] W. Brian Arthur. Competing Technologies, Increasing Returns, and Lock-In by Historical Events [J]. The Eonomics Journal, 1989, 99（394）：116－131.

[210] 宋则. 反垄断理论研究 [J]. 经济学家，2001（1）：29－33.

[211] 陈甫军，胡德宝. 反垄断理论的经济学基础 [J]. 中国物价，2013（10）：23－28.

［212］彭陟刚，岳振宇．新经济时代反垄断法的困境与出路［J］．江西财经大学学报，2006（6）：101 - 104.

［213］彭玉勇．技术垄断的法律规制——兼论我国《合同法》第329条［J］．电子知识产权，2006（5）：16 - 19.

［214］高俊光．面向技术创新的技术标准形成机理［M］．北京：经济科学出版社，2010.

［215］吕明瑜．技术标准垄断的法律控制［J］．法学家，2009（1）：48 - 62.

［216］李腾．技术标准垄断效应问题研究——以"必要设备"理论为视角［D］．上海：华东政法大学经济法学院，2010.

［217］Sheila F Anthony. Antitrust and Intellectual Law：From Adversaries to Partners［J］. AIPLA Quarterly Journal，2000，28（1）：1 - 28.

［218］Richard R Nelson，Sidney G Winter. Sinulation of Schum peterian Competition［J］. American Economic Review，1977，67（1）：271 - 276.

［219］Giovanni Dosi. Sources，Procedures，and Microeconomic Effects of Innovation［J］. Journal of Economic Literature，1988（26）：1120 - 1171.

［220］金错刀．创新惰性：企业成功的最大挑战［J］．中国发明与专利，2010（8）：43 - 44.

［221］2011年我国科技人力资源发展状况分析［EB/OL］. http：//www. sts. org. cn/tjbg/zhqk/ documents/2012 /20130328. htm，2012 - 12 - 01.

［222］杨宏进，邹珊刚．我国R&D人力资源配置分析［J］．科研管理，2005（2）：96 - 103.

［223］2012年全国科技经费投入统计公报［EB/OL］. http：//www. mof. gov. cn/zhengwuxinxi/caizhengshuju/201309/t20130926_993359. html，2013 - 09 - 26.

［224］2013年国家科技计划年度报告［EB/OL］. http：//www. instrument. com. cn/news/20140424/ 129549. shtml，2014 04 - 24.

［225］张莎莎，张建华．低碳经济技术锁定突破研究［J］．技术经济与管理研究，2011（10）：67 - 70.

［226］王雷．产业集群创新能力增长机理的路径依赖分析［J］．北京工

商大学学报（社科版），2004（4）：22 - 25.

[227] 梁燕君. 发达国家标准体系的特色和启示 [J]. 中国质量，2005（1）：41 - 42.

[228] 杨武，高俊光，傅家骥. 基于技术创新的技术标准管理与战略理论研究 [J]. 科学学研究，2006，24（6）：979 - 984.

[229] 赵婷，胡迟. 我国技术标准工作的现状、滞后原因及建议 [N]. 中国企业报，2006 - 12 - 29（007）.

[230] 闫涛. 网络效应下 ICT 产业技术标准竞争战略 [J]. 管理现代化，2009（2）：18 - 20.

[231] 张永成，郝冬冬. 技术创新的"积极惰性"及其克服 [J]. 统计与决策，2010（8）：64 - 67.

[232] Rajneesh N. Innovation Systems and "Inertia" in R&D Location: Norwegian Firms and the Role of Systemic Lock-in [J]. Research Policy, 2002（31）: 795 - 816.

[233] 王江，武秀娟. 国外实施技术性贸易壁垒的新动向及我国的应对措施 [J]. 国际商务（对外经济贸易大学学报），2006（3）：23 - 27.

[234] 陶爱萍，李丽霞. 促进抑或阻碍——技术标准影响国际贸易的理论机制及实证分析 [J]. 经济理论与经济管理，2013（12）：91 - 100.

[235] 何国勇，徐长生. 比较优势、后发优势与中国新型工业化道路 [J] 经济学家，2004（5）：16 - 22.

[236] 刘汶荣. 企业技术后发优势向技术后发劣势转折点及其规避初探 [J] 税务与经济，2013（6）：191 - 194.

[237] 周天勇. 赶超型科学技术进步战略与建设创新型国家 [N]. 学习时报，2011 - 06 - 23（011）.

[238] 滕飞. 谨防金融危机下加重对外技术依赖 [N]. 学习时报，2009 - 04 - 20（004）.

[239] Cristiano Antonelli. Localized technological change and the evolution of standards as economic institutions [J]. Information Economics and Policy, 1994（3）: 195 - 216.

[240] V K Narayanan, Tianxu Chen. Research on technology standard: accomplishment and challenges [J]. Research Policy, 2012 (8): 1375 – 1406.

[241] Jarunee Wonglimpiyarat. Technology strategies and standard competition—comparative innovation cases of Apple and Microsoft [J]. The Journal of High Technology Management Research, 2012 (2): 90 – 102.

[242] 张泳, 张海雯. 国际化与中国企业政治策略分析 [J]. 特区经济, 2006 (5): 302 – 303.

[243] 赵英. 提高我国制造业国际竞争力的技术标准战略研究 [J]. 中国工业经济, 2007 (4): 38 – 45.

[244] 吉亚辉, 祝凤文. 技术差距、"干中学"的国别分离与发展中国家的技术进步 [J]. 数量经济技术经济研究, 2011 (4): 49 – 63.

[245] 欧阳晓, 易先忠, 生延超. 技术差距、资源分配与后发大国经济增长方式转换 [J]. 中国工业经济, 2012 (6): 18 – 30.

[246] Knut Blind. The Economics of Standards Theory, Evidence, Policy [M]. Cheltenham, Edward Elgar Publishing Limited, 2004.

[247] 赵树宽, 余海晴, 姜红. 技术标准、技术创新与经济增长关系研究——理论模型及实证分析 [J]. 科学学研究, 2012, 30 (9): 1333 – 1341.

[248] Wilson D, Purushothaman R. Dreaming with BRICS: the path to 2050 [J]. Global Economics, 2003 (99): 1 – 24.

[249] 胡武婕, 吕廷杰. 技术标准竞争关键影响因素及其作用机理 [J]. 现代电信科技, 2009 (10): 38 – 44.

[250] Linden G. China standard time: a study in strategic industrial policy [J]. Business and Politics., 2004 (3): 1469 – 3569.

[251] 林毅夫. 李约瑟之谜、韦伯疑问和中国的奇迹——自宋以来的长期经济发展 [J]. 北京大学学报 (哲学社会科学版), 2007 (4): 5 – 22.

[252] C Jones. R&D-based models of economic growth [J]. Journal of Political Economy, 1995 (4): 759 – 784.

[253] 黄恒学. 论技术创新与需求创新 [J]. 科技进步与对策, 1992 (5): 42 – 44.

［254］李平，李淑云，许家云．收入差距、有效需求与自主创新［J］．财经研究，2012（2）：16－26．

［255］范红忠．有效需求规模假说、研发投入与国家自主创新能力［J］．经济研究，2007（3）：33－44．

［256］谢传仓．试论有效需求对企业技术创新的作用［J］．特区经济，2005（3）：117－119．

［257］曲如晓．经济开放度指标新探［J］．经济学家，1997（5）：75－81．

［258］吕永刚．大国经济引致大国效应的生成路径探析［J］．知识经济，2011（8）：9－10．

［259］Barro R J, X Sala-I-Martin. Economic Growth［M］. New York：Mcgraw-Hill，1995.

［260］姜红，徐岩，王小迪．重点产业的技术标准化战略模式构建［J］．社会科学战线，2013（9）：248－250．

［261］黄艳艳，发达国家实施企业技术标准化战略的成功经验［J］．中国石油和化工标准与质量，2008（1）：16－18．

［262］李明，王云美，司春林．企业如何走出创新困境——基于锁定效应的分析［J］．科技管理研究，2010（10）：187－189．

后　　记

　　本书是国家社会科学基金项目（11BJY027）的研究成果。技术标准锁定与技术垄断作为知识经济时代的两种现象，既有一定的相关性，又有差异性。技术标准锁定是通向技术垄断的路径之一，技术标准锁定可以强化技术垄断；但技术垄断未必能导致技术标准锁定，技术垄断导致技术标准锁定的前提是垄断技术能够标准化，技术标准锁定导致的非效率问题在某种情况下比技术垄断更严重。如何在现有相关文献不足、资料不易搜集的条件下，构建一个具有创新性和前瞻性的技术标准锁定与反技术标准锁定的研究框架，是本书需要突破的重大难题。在这方面，我尽了最大的努力，力图使本书的研究更具有理论价值和现实价值。

　　本书的主要建树和创新表现在三个方面：第一，立足技术标准拥有者、非技术标准拥有者和用户三方构建技术标准锁定形成的三维模型，系统深入剖析技术标准锁定的形成机理；从技术标准本身、技术标准供给者、技术标准需求者和影响技术标准锁定形成的外部力量四个层面构建了技术标准锁定强度的测度指标体系，有新的理论研究价值。第二，基于微观规制理论和市场失灵理论研究反技术标准锁定问题，在论证微观规制的经济学理由及技术标准锁定与技术创新中市场失灵相关性的基础上，从与技术垄断比较的视角研究反技术标准锁定下规制目标、规制内容、规制方式等的重构，针对技术标准锁定下的用户选择粘滞、技术演化失灵、技术竞争弱化、技术创新惰性等非效率问题，设计相应的代际标准补偿机制、技术演进牵引机制、技术竞争激励机制、创新惰性突破机制等规制机制，具有新的研究视角。第三，通过典型案例选取和案例分析，佐证和检验理论研究的重要结论，使研究更贴近经济现实、更具有说服力。

在本书的写作过程中，我得到了硕士生导师——中国科技大学刘志迎教授的指导和帮助，合肥工业大学洪结银副教授提出很多宝贵建议，硕士研究生李丽霞、盛蔚、李青钊、班涛、管金梁、张淑安同学在搜集资料、处理和分析数据以及文字校对方面做了大量的工作，在此一并表示感谢！

最后，要特别感谢我的父母，感谢他们的养育之恩和无私奉献；感谢我的丈夫、女儿多年来对我学习和研究的默默支持和鼓励！